CHRONIQUES DU CRIME

Michael Connelly

CHRONIQUES DU CRIME

articles de presse
(1984-1992)

TRADUIT DE L'ANGLAIS (ÉTATS-UNIS)
PAR ROBERT PÉPIN

ÉDITIONS DU SEUIL
27, rue Jacob, Paris VIe

COLLECTION DIRIGÉE
PAR ROBERT PÉPIN

Titre original : *Crime Beat, a Decade of Covering Cops and Killers*
Éditeur original : Little, Brown and Company

ISBN original : 0-316-15377-X

Ces articles ont déjà été publiés en 2004
par Steven C. Vascik Publications, sous le titre original :
Crime Beat : Selected Journalism 1984-1992

ISBN 2-02-084785-X

www.seuil.com

La mort est mon affaire. C'est grâce à elle que je gagne ma vie. Que je bâtis ma réputation professionnelle. Je la traite avec la passion et la précision d'un entrepreneur des pompes funèbres, grave et compatissant quand je suis en présence des personnes en deuil, artisan habile quand je suis seul avec elle. J'ai toujours pensé que pour s'occuper de la mort le secret était de la tenir à distance. Ne jamais la laisser vous souffler dans la figure.

Michael Connelly, *Le Poète*
(Traduction de Jean Esch)

Avant-propos

Instants. Tout tient à des instants. Cela fait plus de trente ans que j'observe des inspecteurs de police. Unique fut l'instant qui mit tout en branle en moi. Instants, tout ce que je vis de mieux et dont je commençai par nourrir mon imagination avant d'en nourrir ma fiction. « Et si... ? » cela me hante de temps en temps. Et si ce soir-là – j'avais alors seize ans –, je n'avais pas regardé par la vitre de ma voiture ? Et si je n'avais pas vu l'inspecteur ôter ses lunettes ? Et si je m'étais rendu à Los Angeles pour la première fois le lendemain ? Et si je n'avais pas décroché mon téléphone le jour où mon rédacteur en chef m'appela pour me demander d'aller enquêter sur un meurtre dans les collines de Hollywood ?

Que j'essaie de vous expliquer. De vous dire quelques-uns de ces instants.

À seize ans, je travaillais comme plongeur dans un restaurant d'hôtel de la plage de Fort Lauderdale, en Floride. L'établissement restait ouvert tard, et les pots et les marmites dans lesquels on faisait la cuisine toute la journée devaient être passés au détergent, récurés et complètement nettoyés. Il n'était pas rare que je quitte le boulot à une heure avancée.

Un soir, je rentrai chez moi au volant de ma Coccinelle. Les rues étaient presque désertes. J'arrivai à un feu rouge et m'arrêtai. J'étais fatigué et ne voulais plus qu'une chose : être à la maison. J'étais seul au croisement et, aucune voiture ne venant en sens inverse, je songeai à griller le feu. Je vérifiais déjà qu'il n'y avait pas de flics en planque lorsque j'aperçus quelque chose sur ma gauche.

Un homme qui courait. Il courait à toute vitesse sur le trottoir, vers la plage, soit dans la direction d'où je venais. Grand et barbu, il avait des cheveux touffus qui lui tombaient jusqu'aux épaules. Il n'avait rien d'un jogger. Il filait vers quelque chose, ou fuyait. Il portait de grosses chaussures, pas des chaussures de course. Oubliant mon feu rouge, je l'observai et le vis enlever sa chemise toujours en courant et dévoiler ainsi le T-shirt imprimé qu'il portait en dessous. Sa chemise ôtée, il l'enroula autour d'un objet qu'il serrait dans sa main. Puis, en ralentissant à peine l'allure, il fourra sa chemise dans une haie le long du trottoir et continua sa route.

Je fis demi-tour dès que le feu passa au vert. L'homme qui courait avait plusieurs rues d'avance sur moi. Je roulai lentement pour le suivre et l'observer. Je le vis baisser la tête en entrant au Perroquet, un bar que je connaissais. Pas parce que j'y serais jamais entré – j'étais trop jeune. Je le connaissais parce que j'avais souvent remarqué l'alignement de motos garées devant. Et vu les gros costauds qui y entraient pour s'abreuver. L'endroit ne m'inspirait pas confiance.

Je passai devant Le Perroquet, fis à nouveau demi-tour, regagnai la haie et garai ma Coccinelle. Puis je regardai autour de moi, descendis rapidement de voiture, plongeai la main dans les branches et récupérai la chemise enroulée. Elle était lourde. Je la déroulai, il y avait une arme dedans.

La peur et l'adrénaline me submergèrent. Je remballai l'arme au plus vite et la remis à sa place. Puis je revins à ma voiture en courant et filai.

Arrivé à une cabine téléphonique, je m'arrêtai. Et lorsque j'eus mon père au bout du fil, je lui racontai ce que je venais de voir, de faire et de découvrir. Il me demanda de passer le prendre et me dit que nous allions appeler la police et revenir à la haie.

Un quart d'heure plus tard nous y étions, lorsque deux voitures de police avec lumières bleues lançant des éclairs du haut du toit s'arrêtèrent devant nous. Je rapportai aux policiers ce que j'avais vu et fait, et les conduisis jusqu'à l'arme. Ils m'informèrent qu'il y avait eu un cambriolage dans les environs. La victime avait reçu une balle dans la tête. Pour eux, le type qui courait ressemblait fort à celui qu'ils recherchaient.

Je passai les quatre heures suivantes dans le bureau de l'inspecteur. J'y fus interrogé et réinterrogé par divers enquêteurs, un en particulier – bougon et l'air « je ne plaisante pas ». Il m'apprit qu'il y avait des chances que la victime ne s'en sorte pas et que je finisse par être le seul témoin de l'affaire. Suite au signalement que j'avais donné, plusieurs individus à cheveux longs, barbe et T-shirt imprimé avaient été cueillis au Perroquet et amenés au commissariat pour tapissage. Je fus celui qui les regarda à travers la vitre sans tain. J'étais bien le seul témoin et devais montrer du doigt l'individu qui avait tiré.

Mais il y avait un problème. Les flics ne tenaient pas le bon. Certes, il faisait nuit, mais la rue était éclairée et j'avais bien vu le type qui avait planqué l'arme et savais donc qu'ils ne l'avaient pas pris. Entre le moment où je l'avais vu entrer au Perroquet et celui où la police avait fait sa descente pour arrêter les types qui correspondaient à mon signalement, le tireur avait filé.

Cela ne faisait pas l'affaire des inspecteurs. Ils croyaient tenir leur bonhomme. Pour eux, j'avais tout bêtement trop peur ou étais trop intimidé pour identifier le suspect. Je n'arrivai pas à les convaincre du contraire, tout se terminant mal après des échanges qui me parurent durer des heures entières avec l'inspecteur bourru. Mon père exigeant qu'on me laisse partir, je quittai enfin le commissariat en y laissant un inspecteur selon qui j'avais eu trop la trouille pour me mouiller. Je savais qu'il se trompait, mais je ne m'en sentais pas mieux. J'avais été honnête, mais je sentais bien aussi que je l'avais laissé tomber.

À partir de ce soir-là, je commençai à lire le journal. Religieusement. Au début pour y trouver des articles sur la fusillade. La victime avait survécu, mais je n'avais plus eu signe de vie de la part des inspecteurs et me demandais ce qu'il était advenu de l'affaire. Le tireur avait-il été identifié ? L'avait-on attrapé ? Il y avait aussi que je fus vite fasciné par les histoires de crimes et les inspecteurs qui enquêtaient sur ces affaires. La Floride du Sud était un endroit bizarre. L'argent de la drogue coulait à flots sur ses côtes. Vedettes et voitures rapides. Les contrebandiers emménageaient dans les plus beaux quartiers. Il y avait des crimes violents partout et tout le temps. Il semblait y avoir pléthore d'articles à lire sur ces sujets.

Je devins accro. Bientôt je commençai à lire des livres consacrés à des histoires vraies, puis je passai à la fiction. Les années qui suivirent, je découvris les œuvres de Joseph Wambaugh et de Raymond Chandler. Jusqu'au jour où j'arrêtai que je voulais être écrivain. Que je voulais tenir la rubrique des faits divers pour un journal. J'avais envie d'observer les inspecteurs de police et de me renseigner sur eux pour être un jour en mesure de les décrire dans des romans. Tout cela à cause d'un instant, tout cela parce que j'avais regardé par la vitre de ma voiture.

Bien des années devaient s'écouler avant que je revienne dans le bureau où j'avais passé toutes ces heures et déçu tant d'inspecteurs. Lorsque je le fis, j'étais devenu reporter. Je m'occupais des affaires criminelles et y consacrais pratiquement toutes mes journées, ma tâche consistant à tenir la chronique des crimes de la ville.

L'inspecteur bourru était toujours en poste. En passant, les années l'avaient un peu émoussé. Au début, je l'ignorai et lui ne se souvenait pas de moi. Je finis néanmoins par lui dire qui j'étais, lui rappelai cette nuit mémorable et m'expliquai une fois encore : pour moi, ils ne tenaient pas le tireur – le type qui courait avait réussi à leur échapper. Il ne me crut pas davantage. Pour lui, ce soir-là, j'avais eu peur de monter au créneau. Et d'ajouter que c'était à cause de ça qu'ils n'avaient jamais résolu l'affaire.

Au fil des ans, je me retrouvai souvent dans ce bureau, mais jamais je ne pus convaincre l'inspecteur bourru. Cela me peinait, mais ne me fit pas fléchir. De fait, c'est dans ce bureau même que se produisit le deuxième instant capital.

Pour n'être pas grand-chose, ce fut quand même ce que je vis de plus important en tant qu'écrivain. C'est ce que je raconte dans le premier article de ce recueil.

Après de nombreuses demandes et des négociations interminables qui m'amenèrent jusqu'au chef de police, j'obtins le libre accès à la brigade des Homicides pendant une semaine. Accès libre et entier. Que la brigade soit appelée et je l'étais aussi : on m'avait donné un biper. J'avais pour tâche de décrire la vie de la brigade, de la voir de l'intérieur.

L'ironie de ce type de journalisme – de tout journalisme peut-être même – est que les meilleurs articles tournent autour des pires histoires. C'est pour les tragédies et les calamités que vit le journaliste. Ça vous fait monter l'adrénaline dans le sang et peut très vite vous démolir, mais ça n'en reste pas moins la dure réalité de l'affaire. Nos pires journées sont les meilleures.

Cela ne fut pas démenti pendant la semaine que je passai à la brigade. Cela me fournit même ma meilleure histoire – mais tourna fort mal pour les trois personnes qui furent assassinées pendant que je suivais partout la brigade.

Aucun autre fait divers n'a plus influencé mon écriture que celui-là. Aucun instant ne fut plus décisif. Il se produisit à la fin de la semaine, pendant la dernière heure que je venais de passer avec la brigade. C'est dans le bureau même du superviseur que je mis au point les derniers détails et réglai les dernières questions de l'affaire avant de rendre mon biper et de retourner au journal pour y rédiger mon article.

Le sergent George Hurt était fatigué – avec ses inspecteurs, il avait enquêté sur trois affaires de meurtre en cinq jours. Assis à son bureau, il ôta ses lunettes pour se frotter les yeux. Et lorsqu'il posa ses lunettes sur son bureau, je remarquai qu'une des branches en était profondément entaillée. Ce fut comme de découvrir un diamant dans le sable : cette entaille, je savais exactement comment elle était arrivée là.

Pendant la semaine que j'avais passée à regarder travailler les inspecteurs, j'avais vu le sergent Hurt ôter ses lunettes en de nombreuses occasions. Et, invariablement, il en serrait une branche entre ses dents pour avoir les mains libres. Je l'avais vu s'approcher du corps de la victime sur trois scènes de crime et chaque fois il ôtait ses lunettes et les tenait entre ses dents. Ces moments-là étaient solennels. C'était, naturellement, ceux où il observait la victime comme un inspecteur, mais il se passait aussi autre chose. Comme une espèce de communion, ou de promesse secrète. Ce n'était pas quelque chose dont il acceptait de me parler lorsque je le lui demandais.

Mais là, j'avais vu sa branche de lunettes et compris quelque chose. J'avais compris que lorsqu'il mettait ainsi ses lunettes dans sa bouche, ses dents se serraient si fort qu'elles creusaient une entaille dans le plastique dur des branches. Cela disait quelque chose sur le bonhomme, sur son boulot et sur le monde. C'était un détail qui m'ouvrait une fenêtre sur la vie qu'il menait. Cela disait tout ce qu'il fallait dire sur son dévouement, sa motivation et son rapport au travail. C'était la chose la plus importante que j'avais vue pendant cette semaine que j'avais passée à voir des choses qui, je le savais, étaient d'une importance vitale pour moi.

D'instinct je sus que, pour l'écrivain que j'étais, c'était cela que je devais rechercher. Désormais, il faudrait que je trouve le détail qui dit quelque chose sur les gens que je décrivais, que ce soit pour un article de journal sur un meurtre ou dans un roman sur un enquêteur. Je devais consacrer ma vie d'écrivain à traquer le détail qui révèle. Pour réussir, il fallait que je trouve encore et encore les lunettes du sergent Hurt dans mes histoires.

À l'époque, je commençais à peine à me lancer dans la fiction. J'y travaillais le soir, sans le dire à personne. J'expérimentais, et apprenais. Il devait s'écouler encore cinq ans avant que je publie quelque chose. Mais la leçon que j'avais apprise dans le bureau du sergent Hurt me permit de mener mon projet à bonne fin. Quelques années plus tôt j'avais quitté son bureau en me sentant incompris et trompé. Maintenant j'avais le sentiment d'être un homme chargé d'une mission et qui avait la voie libre pour l'accomplir.

Pour autant, les instants ne s'arrêtèrent pas là. Ils se produisaient sans cesse. J'avais de la chance, j'étais béni. Je décidai de changer de vie et de faire cinq mille kilomètres pour gagner l'endroit qu'avaient décrit mes héros littéraires. Le jour même de mon arrivée à Los Angeles, le rédacteur en chef d'un journal m'interrogea dans son bureau afin de me confier la rubrique des faits divers. Il me lança un exemplaire du numéro qui venait de paraître. La veille, un grand crime s'était produit – un hold-up de banque en prévision duquel les voleurs s'étaient enfoncés dans le véritable labyrinthe des égouts de la ville pour y creuser un tunnel sous la banque qu'ils voulaient dévaliser. Afin de me tester, le rédacteur en chef me demanda comment je m'y prendrais pour suivre l'histoire. La réponse que je lui donnai ce jour-là lui paraissant acceptable, je fus engagé. Quelques années plus tard, ma réponse sortit sous la forme du premier roman que je publiai – un récit où, tunnels et hold-up de banque, j'avais tout fait basculer dans la fiction[1].

Instants. Instants qui ne cessaient de se produire. Le journaliste de Los Angeles n'enquête pas sur tous les crimes – il y en a trop et la ville est bien trop étendue pour ça. Il choisit. Parfois aussi on choisit pour lui. Un matin, un rédacteur en chef m'appela pour me demander d'aller voir une scène de crime qui se trouvait sur le chemin du bureau. Voilà, comme ça : comme si j'allais boire un café en partant au boulot. Il m'informa que l'assassinat s'était produit dans Woodrow Wilson Drive, dans les collines de Hollywood. Je fis ce qu'on me disait et récoltai tout ce qu'il me fallait pour mon article. Je trouvai aussi l'endroit où j'allais faire vivre l'inspecteur de police sur lequel j'avais commencé à écrire en secret. C'était là qu'il habiterait et aurait vue sur la ville qu'il aiderait à protéger, là qu'il pourrait s'installer sur sa terrasse de derrière pour lire et prendre le pouls de la mégalopole.

Rien ne se perdait. Tout ce que je vivais passait au mixer de la création et finissait par en ressortir sous la forme de quelque chose de nouveau dans ma fiction. L'histoire d'un type qu'on

1. Cf. *Les Égouts de Los Angeles*, publié dans cette même collection *(NdT)*.

avait retrouvé dans le coffre de sa Rolls-Royce devint le sujet d'un roman tournant autour d'un homme retrouvé dans le coffre de sa Rolls[1]. Des histoires de flics passant en jugement se transformèrent en un roman où un flic passe en jugement[2].

Il n'y avait pas que les flics dont je m'inspirais. Il y avait aussi les assassins. C'est pour le *Daytona Beach News-Journal* que j'écrivis mon premier article sur un crime. Il date de 1981 et se réduit à un travail de base sur un cadavre trouvé dans les bois. Mais, ce cadavre étant plus tard relié à l'un des tueurs en série les plus célèbres de Floride, je fus fasciné par ce que les flics que je connaissais prirent alors pour la forme la plus extrême du mal.

Autre tueur en série, Christopher Wilder. J'écrivis beaucoup sur lui, au point d'avoir à un moment donné la désagréable impression qu'il contrôlait ma vie. Au fur et à mesure qu'il traversait le pays dans un effort désespéré pour échapper aux autorités, je fus envahi par les mêmes sentiments d'urgence et d'inquiétude que les policiers qui le traquaient. J'avais l'impression qu'il ne se passait pas de jour sans qu'une nouvelle femme ne soit enlevée ou un autre cadavre découvert. L'affaire était énorme – peut-être fut-ce même la plus grosse de ma carrière –, mais cela ne l'empêchait pas d'être abominable.

Il arrivait aussi que les assassins m'appellent. C'est ainsi que le faux tueur à gages reconnu coupable d'avoir assassiné et enterré sa femme m'appela de sa prison pour me dire que j'avais été trop dur avec lui. Et ne pas oublier Jonathan Lundh, l'assassin dont la police craignait qu'il ne corresponde au profil d'un tueur en série. Il était malin et manipulateur et s'exprimait bien. Il était aussi très en colère contre les femmes. Les flics mirent le paquet pour le faire condamner pour un crime dont ils étaient sûrs. Lundh passait son temps à m'appeler de la prison. Pas seulement pour protester de son innocence, aussi pour me manipuler et savoir ce que les flics disaient de lui et de quels crimes ils me parlaient. Je me rappelle bien comment je raccrochais chaque fois et me sentais heureux d'être séparé de lui non seulement par

1. Cf. *Le Cadavre dans la Rolls*, publié dans cette même collection *(NdT)*.
2. Cf. *L'Envol des anges*, publié dans cette même collection *(NdT)*.

toute la ligne téléphonique, mais aussi par tout le béton et tout l'acier de la prison. Je n'ai jamais parlé à quelqu'un d'aussi ignoble de toute ma vie.

Ce que je vous dis ici, c'est qu'il m'a fallu vivre tous ces instants pour être en mesure de faire ce que je fais aujourd'hui. Ce que j'ai vécu avec les flics et les assassins et les jours que j'ai passés à traquer le crime m'ont été d'une aide inestimable dans mon travail d'écrivain. Jamais il n'aurait pu y avoir d'écrivain s'il n'y avait d'abord eu le reporter qui traque le crime. Jamais je n'aurais pu créer le personnage de Harry Bosch si je n'avais pas commencé par décrire de vrais inspecteurs de police. Jamais je n'aurais pu inventer mes tueurs si je n'avais pas commencé par parler à certains assassins en chair et en os.

Ces instants n'ont pas tous donné lieu à des articles publiés dans les journaux ou dans ce recueil. Pour certains, c'était impossible. Je me rappelle encore la nuit où j'allai sur une scène de crime à Los Angeles pour aider un autre reporter. C'était son papier à lui et je n'étais là que pour lui donner un coup de main au cas où l'affaire prendrait de l'ampleur. Nous nous tenions à l'extérieur du ruban jaune et attendions avec beaucoup d'autres reporters que les inspecteurs sortent d'une maison où quatre personnes venaient d'être trouvées mortes. C'était tout ce que nous savions. Quatre morts. Dont des enfants. Nous attendions de voir ce que ça donnerait.

Je m'éloignai des autres en suivant le ruban. J'espérais obtenir un entretien privé parce que je connaissais certains des inspecteurs entrés dans la maison. C'est ce que font tous les journalistes. Ils essaient d'obtenir quelque chose pour eux seuls, quelque chose que personne d'autre n'aura. Faites ce métier assez longtemps et vous finirez par connaître beaucoup d'inspecteurs. Ça vous donne un avantage.

Lorsque les inspecteurs sortirent enfin de la maison, je fis signe à celui que je connaissais le mieux. Il s'approcha et nous parlâmes en privé tandis que les autres reporters s'affairaient autour d'autres enquêteurs. L'homme avec qui je parlai était un inspecteur avec lequel je m'étais déjà entretenu des centaines de fois lors d'affaires précédentes. Je ne l'avais jamais vu montrer beaucoup d'émotion, même à l'enterrement d'un collègue. C'était un trait de sa personnalité dont je me servais déjà pour mon propre inspecteur, Harry Bosch.

– Celui-là est vraiment crade, me souffla-t-il.

Et de me préciser que les quatre morts étaient une mère et ses trois enfants en bas âge, tous tués d'une balle en pleine tête, et tous dans le même lit. Il hocha la tête comme s'il ne comprenait pas. Je lui demandai s'il y avait le moindre indice permettant d'identifier l'individu qui avait fait une chose aussi horrible.

Il acquiesça d'un signe de tête.

– Oui, dit-il. C'est elle. La mère. Elle a tué tout le monde et laissé un mot.

Il fut alors obligé de s'éloigner et je crois bien l'avoir vu écraser une larme. À cet instant je compris certaines des difficultés aussi bien que les dangers et la noblesse de son travail. Alors je sus que je tenais quelque chose de plus à donner à Harry Bosch.

PREMIÈRE PARTIE

LES FLICS

L'appel

South Florida Sun-Sentinel

25 octobre 1987

HOMICIDE À LAUDERDALE

Carnage et ennui donnent le ton d'un week-end passé en première ligne de la bataille livrée à la criminalité citadine

Cela fait quatre jours que plus personne n'a vu ou entendu parler de Walter Moody et l'on commence à se dire que quelque chose ne va pas. Pour les locataires de l'immeuble dont il s'occupe dans South Andrews Avenue, il n'aurait ouvert à personne depuis jeudi. Ses parents n'arrivent pas à le joindre au téléphone. Et il n'a pas appelé son patron samedi alors qu'il ne s'était pas présenté à son travail de camionneur à temps partiel.

Cela ne lui ressemble pas, tout le monde en est d'accord.

Il est maintenant treize heures quarante, lundi 29 juin. Que tant de gens s'inquiètent pour Walter Moody a eu pour résultat d'envoyer deux policiers et un serrurier de Fort Lauderdale frapper à la porte de son appartement. Un petit groupe de locataires observe attentivement la scène.

L'immeuble locatif de trois étages est de style château espagnol : murs blancs, toit de tuiles rondes et rouges, petite tour avec fenestrons gothiques au coin. En forme de U, le bâtiment entoure une cour bien entretenue et dominée par un arbre qui donne de l'ombre et monte jusqu'au toit. Il y a des buissons et des arbustes dans la cour, tous bien taillés et soignés par le gérant, Walter Moody. Les locataires se sont assis sur un banc sous l'arbre et regardent la galerie ouverte du deuxième étage, où le serrurier vient d'ouvrir la porte de l'appartement. Les policiers entrent les premiers et découvrent tout sens dessus dessous et la porte de la grande chambre fermée à clé. Ils demandent au serrurier de la leur ouvrir. Et, au bout de quelques instants, ils appellent la brigade des Homicides.

George Hurt est rentré tôt. Ses sinus se sont mis à lui faire mal et depuis quelques jours tout est bien lent. Il se dit qu'il a bien mérité ce repos. Assis sur le canapé, il a le journal de l'après-midi dans les mains lorsqu'il reçoit « l'appel ».

Encore un meurtre. Le gérant d'un immeuble. Pas de pistolet fumant. Il n'a pas cette chance.

On lui dit où c'est. On lui dit à quelle heure. Le comment n'est pas encore clair. C'est l'inspectrice Vicky Russo qui lui dit tout ça. Elle démarre. Et les autres aussi – tous de la brigade et tous disponibles. George Hurt, le sergent-chef de la brigade, dit qu'il démarre lui aussi. Une semaine comme toutes les autres vient de commencer aux Homicides. Hurt raccroche et jure dans sa barbe. C'est le trente-huitième de l'année.

À Fort Lauderdale les meurtres sont de toutes sortes et se produisent partout, à toute heure et en toutes circonstances. Le crime ne peut être classé que par son résultat final – à savoir que quelqu'un a pris la vie à quelqu'un d'autre. Pour George Hurt et la brigade des Homicides, on ne peut parier que sur une chose : les meurtres ne cesseront jamais. Nous sommes le lundi 29 juin et il y a déjà eu 38 homicides depuis le début de l'année. Il y en a eu 42 en 1986. Avec 52 assassinats, le record a été atteint en 1981. À ce rythme-là, George Hurt se dit qu'il va lui falloir un autre panneau où afficher les affaires en cours sur le mur de la salle de garde. C'est assez fou. C'est pour ça qu'il jure dans sa barbe chaque fois qu'il reçoit « l'appel ».

Difficile d'attribuer ces chiffres à quoi que ce soit de précis. L'économie, la drogue, la chaleur, la pleine lune, tout et le reste. La brigade a enquêté sur la mort de trois personnes tuées par balles dans un fast-food lors d'un vol un samedi matin ; sur l'assassinat d'un célèbre avocat spécialisé dans les divorces, retrouvé mort à quelques pas de l'ascenseur de son bureau ; sur le meurtre d'un chanteur de rock and roll battu à mort parce qu'il était gay. À plus de douze reprises la victime était quelqu'un qui achetait ou vendait de la drogue quand les choses ont mal tourné. Certaines affaires n'ont donné lieu qu'à deux ou trois paragraphes dans les journaux, d'autres ont attiré jusqu'aux camions télé avec leurs paraboles satellites.

Tous crimes confondus, la brigade s'est déjà rassemblée trente-sept fois en six mois sur des scènes de crime qui, véritables portraits de la vie à la Norman Rockwell, défient la sensibilité de tous. Et voilà qu'il faut encore une fois se rassembler. Le numéro 38, Walter Moody, est étendu sur son lit et là, du sang vieux de quatre jours répandu partout sur les draps et les oreillers, il attend la brigade des Homicides.

– Tu sens ça ? demande George Hurt. Ils viennent de retourner le corps.

Le capitaine Al Van Zandt, un des patrons de la division des inspecteurs, tire sur son cigare pour que l'arôme du tabac couvre l'odeur immonde de la mort.

Les deux hommes se tiennent devant la porte de l'appartement de Moody. Hurt n'a pas eu à entrer pour reconnaître l'odeur ; il la fréquente depuis des années. Cela remonte à son passage à l'unité de médecine légale qu'il a dirigée avant d'entrer aux Homicides. De fait, cela remonte même à vingt ans en arrière, lorsqu'il était au Vietnam. Il a l'impression, et il le dit, d'avoir passé une bonne partie de sa vie à retourner des cadavres.

Cette fois, il se contente de rester le plus possible à l'extérieur de l'appartement avec Van Zandt et de laisser les enquêteurs du service médico-légal et le légiste adjoint faire le boulot à l'intérieur.

Cinq inspecteurs des Homicides se sont mis au travail aux premières heures de l'affaire. Un des premiers arrivés sur les lieux a été Phil Mundy, le doyen des inspecteurs de la brigade. Mais après avoir examiné la scène de crime et déterminé qu'il s'agissait d'une « énigme » plutôt que d'une « preuve tangible », il est retourné au bureau afin d'entamer les recherches sur Moody aux archives et de coordonner les demandes que vont lui faire les inspecteurs restés sur place. Son coéquipier, Pete Melwid, est, lui, toujours dans l'immeuble, où il interroge les locataires. Même chose pour les inspecteurs Mike Walley, Gary Ciani et Vicki Russo. Le coéquipier de ce dernier, Kevin Allen, s'est mis en route : on l'a rappelé alors que c'était son jour de liberté. Quand Walter a-t-il été vu pour la dernière fois ? Qui étaient ses amis ? Qui étaient ses ennemis ? Telles sont les questions que posent les inspecteurs. Aux premiers stades d'une affaire, les informations sont les seuls outils disponibles.

Il y a une règle de base dans toute enquête sur un meurtre : plus le temps passe et moins l'on a de chances de résoudre l'affaire. Voilà qui explique que chaque fois que c'est possible, et cela dépend des contraintes d'horaires, des budgets alloués au paiement des heures supplémentaires, de la fatigue, etc., etc., George Hurt mette tous les inspecteurs disponibles sur l'affaire à ses débuts. « Cela s'appelle essayer de déterminer de quoi il s'agit et partir de là », dit-il.

La brigade a un système de rotation pour attribuer les affaires à celui-ci ou celui-là. Cette fois, c'est à Russo et Allen « d'y passer ». Ils seront en charge de l'affaire du début jusqu'à la fin. Si elle n'est pas résolue par les efforts de tout le groupe dès les premières heures, ce sera à eux seuls de trouver la solution plus tard.

– Je n'ai pas eu de « preuve tangible » depuis le début de l'année, dit Russo en commençant à noter des renseignements dans un carnet. J'aimerais quand même bien avoir « un cadeau » pour changer : on entre et là est la victime et là-bas le suspect.

Mais cela n'est pas plus arrivé à Russo qu'au reste de la brigade pendant les trois quarts de l'année.

Tandis que les inspecteurs rassemblent et interrogent les locataires et le propriétaire de l'immeuble, trois enquêteurs du service de médecine légale cherchent des empreintes digitales dans l'appartement et recueillent et photographient des éléments de preuve. Le Dr Felipe Dominguez, l'adjoint au légiste, est dans la chambre, à côté du corps.

Moody est étendu sur son lit, visage tourné vers le haut ; on dirait presque qu'il dort. Presque, pas tout à fait. Il a reçu un coup de couteau au bras et d'autres ailleurs, mais il est clair qu'aucun d'eux ne lui a été fatal. Et s'il y a du sang sur les draps et l'oreiller, l'odeur de la mort n'est perceptible qu'à Hurt – il a le nez. L'assassin a laissé la climatisation allumée, ralentissant ainsi la décomposition du cadavre.

Le téléphone sonne dans l'appartement, mais les inspecteurs ne décrochent pas parce qu'il y a du sang dessus et peut-être aussi des empreintes. Après plusieurs sonneries, la voix enregistrée de Walter se fait entendre et demande au correspondant de laisser un message. Il les rappellera. L'interlocuteur n'est autre que sa mère. Elle est complètement hystérique et veut savoir ce qui se passe.

– S'il vous plaît ! Que quelqu'un nous appelle dès qu'on saura ce qui se passe, dit-elle d'un ton suppliant après le bip sonore.

Un inspecteur emprunte un téléphone dans un autre appartement pour appeler.

Les inspecteurs qui interrogeaient les locataires ont ouvert trois voies d'investigation possibles : Walter mettait des gens à la porte de l'appartement ; il devait aussi témoigner dans un procès pour cambriolage ; et il autorisait souvent des jeunes gens à rester dans son appartement, ceux-ci devant effectuer des travaux dans l'immeuble en échange.

L'expérience aidant, les inspecteurs choisissent cette troisième piste comme meilleur point de départ. Les locataires leur ayant fourni le signalement d'un certain Troy qu'ils auraient vu traîner à l'appartement vendredi dernier, ils décident de tout tenter pour le retrouver.

C'est au tour du Dr Dominguez de quitter l'appartement. Il informe Hurt qu'on peut expédier le corps au bureau du légiste pour autopsie. Hurt veut connaître la cause du décès.

– Coup de couteau dans le dos, entre les omoplates, lui répond Dominguez.

– Grand, ce couteau ? Petit ?

– Grand, dit Dominguez. Couteau de cuisine.

Trois hommes garent leur camionnette blanche devant l'appartement et en sortent une civière. Ce sont les croque-morts – ils travaillent pour la société Professional. Ils portent tous les trois un costume et une cravate, le bouton du haut de la chemise défait. Ce sont à l'évidence les mieux habillés de tous. Solennels, ils entrent en file indienne dans l'appartement de Walter pour lui faire faire sa dernière sortie.

Pendant ce temps-là, la scène de crime retrouve son calme. Les inspecteurs partent dans des directions différentes ; Melwid vers un fast-food pour suivre la piste Troy, Ciani et Walley rentrant au commissariat avec les locataires qui vont les aider à faire un portrait-robot du suspect. Van Zandt y retourne lui aussi. Hurt, Russo et Allen bouclent les derniers détails sur la scène de crime avant de s'en aller. Et dans l'appartement, les techniciens vont faire une pause dîner. Ils devront revenir plus tard afin d'entamer une très longue et très méticuleuse recherche d'indices et d'éléments de preuve ; ils travailleront jusqu'à une heure avancée de la nuit.

Lorsque Walter Moody sort de chez lui pour la dernière fois, un locataire est toujours debout sous l'arbre et regarde la scène en sirotant une bière. Moody a été recouvert d'un drap blanc. Deux employés de la Professional – l'un d'entre eux a maintenant du sang sur sa manche et sur le pantalon de son costume bleu clair – peinent sous le poids de la civière et traînent les pieds sur le ciment. Une fois en bas, le cadavre est déposé doucement sur une civière à roulettes et recouvert d'une couverture en velours vert. Alors seulement, les deux hommes le font rouler jusqu'à la camionnette blanche. L'un d'eux a des larmes bleues tatouées au coin des yeux. D'une certaine manière, cela semble approprié. Tous ces gens ne sauraient laisser leur sympathie trop interférer avec le travail.

À dix-neuf heures le ruban jaune que la police avait tendu en travers de l'entrée de l'immeuble est retiré. La camionnette blanche s'ébranle. Le dernier policier quitte les lieux. Dans le passage devant l'appartement de la victime, les flics ont laissé cinq gobelets à café vides derrière eux. Et il y a trente-six mégots de cigarettes écrasés sur le ciment ou tombés dans les copeaux de bois étalés autour des arbrisseaux dont Walter Moody s'occupait après les avoir un jour plantés.

Il est presque vingt et une heures lorsque les inspecteurs finissent de collecter les renseignements que leur fournissent les locataires sur Troy et les passent à Russo et Allen, les deux inspecteurs chargés de l'affaire.

Ceux-ci ont plusieurs pistes. D'abord vérifier un nom que Mundy a trouvé dans l'ordinateur de la police. L'individu est détenu à la prison du comté et a donné comme adresse celle de Walter Moody. Ce pourrait être un ancien colocataire qui connaît Troy. Tandis que Hurt et les autres inspecteurs rentrent chez eux, Russo et Allen décident d'aller à la prison pour y interroger le prisonnier, Russo commençant par appeler sa fille pour lui dire qu'elle rentrera tard.

Une fois chez lui, George Hurt allume la télé, regarde la première moitié du match de base-ball qui oppose les New York Mets aux Saint Louis Cardinals, et s'endort. Mais à minuit et demi il est tiré de son sommeil par un coup de téléphone. « L'appel. » Un quart d'heure plus tard, il arrive au 600, 12e Avenue Southwest, au coin de Riverside Park, et contemple le corps d'un homme étendu face contre terre : blessure par balle dans le dos. Numéro 39.

Walley et Ciani, l'équipe de service, sont déjà sur place. De même que Van Zandt – un cigare à la main –, Dominguez et les inspecteurs chargés de l'analyse de la scène de crime. Quelqu'un veut savoir si les Mets ont gagné. Quelqu'un d'autre faisant démarrer un générateur électrique, un spot inonde le corps d'une lumière blanche impitoyable. Au-dessus de toute cette lugubre activité, les inspecteurs voient de gros nuages se former. Il va bientôt pleuvoir. Ils se dépêchent.

Ils commencent par parler à des témoins et aux deux hommes qui se trouvaient avec la victime avant qu'elle meure. Ils se font une idée de ce qui s'est passé.

Michael Connable, trente et un ans, descendait la 6e Rue avec deux amis pour rejoindre le Riverside Pub. Il faisait noir comme à minuit et un groupe de trois hommes venait en sens inverse. Lorsque les deux groupes se sont croisés, un des hommes du deuxième a ouvert le feu. Ceux du premier se sont mis à courir. Cinquante mètres plus loin, Connable s'est effondré, mort, à quelques pas de la porte du Riverside Pub, son sang dégoulinant lentement vers la bouche d'un collecteur d'eaux pluviales du parking en pente douce.

Les hommes du premier groupe ne connaissent pas ceux du deuxième. Ils ne leur ont rien dit. Le premier groupe était constitué de trois Blancs homosexuels, le deuxième de trois Noirs. Qu'est-ce que cela signifie ? Quel est le mobile ? S'agit-il d'un acte de violence aveugle ? D'un crime racial ? Est-ce parce que les hommes du premier groupe étaient homosexuels ? Dans le silence et l'obscurité, comment le tireur aurait-il même pu le savoir ?

Lorsque les croque-morts de la Professional arrivent – ce sont les trois qui se sont occupés de Walter Moody –, les inspecteurs savent déjà qu'ils sont en présence d'une affaire qui va leur demander beaucoup de travail de rue.

– Notre seul espoir est de trouver un indic, dit Walley.

En douze heures, c'est du deux à zéro pour Hurt et sa brigade. Ils ont deux « énigmes » et peu d'indices sur les assassins. Hurt déclare qu'il aimerait assez avoir une « preuve tangible ». Et pouvoir dormir un peu.

Il se met à pleuvoir au moment où Connable est déposé sur la civière et transporté à la camionnette qui attendait. Les inspecteurs se séparent et rentrent chez eux. Le sang de Connable commence à couler dans la bouche du collecteur d'eaux pluviales. Et des gouttes d'eau à tomber sur le visage du croque-mort aux larmes tatouées.

Sur le mur du bureau de George Hurt, il y a une pancarte qui dit : « Levez-vous le cul et allez frapper aux portes... » Il n'est pas impossible que la formule ait été destinée à un représentant de commerce, mais ce slogan est son credo.

De l'autre côté de la porte de son bureau, la salle de garde restera calme pendant les jours qui suivront ces assassinats. Plus de meurtres, mais les inspecteurs sont partout dans les rues et frappent aux portes.

Jeudi, jour de l'autopsie. Dans les deux cas, elle ne fournira aucune information décisive permettant de résoudre l'affaire. Walley, Ciani, Russo et Allen seront informés de la cause des décès de Connable et de Moody par téléphone. Il n'y aura pas besoin de se tenir dans la salle carrelée pour observer les procédures post mortem comme on le voit dans les séries policières à la télé.

Ce dont on a besoin, c'est d'un travail de terrain presque toujours assommant et qu'on ne montre pas à la télé. Walley et Ciani passent le reste de la semaine à chercher des témoins de l'affaire Connable et, pour ce faire, frappent aux portes des maisons du quartier de Riverside, parlent aux piliers de bar du Riverside Pub et vérifient les tuyaux qu'on leur a donnés par téléphone. Ils n'avancent pas.

Ils travaillent aussi leurs indics et font savoir au réseau souterrain des gens qui leur vendent des renseignements qu'il y a mille dollars de récompense pour celui qui leur donnera le nom du tireur.

Travailler les indics est une des ironies de l'enquête sur homicide, les indics étant souvent eux-mêmes des criminels ; les renseignements sont recueillis par ceux qui travaillent la rue – entre autres les dealers et les voleurs. Certains d'entre eux portent des bipers de façon à ne pas rater les coups de fil de leurs clients… ou des flics. Ces derniers les méprisent, mais ont besoin d'eux. Pour l'heure, le problème est que personne n'appelle pour leur donner quoi que ce soit sur l'affaire Michael Connable.

– Pour l'instant, on n'a rien, dit Walley.

Il est grand et, dans la salle des inspecteurs, il donne plus l'impression de se tasser à son bureau que de s'y asseoir.

Russo et Allen rencontrent les mêmes difficultés. Les efforts qu'ils déploient pour retrouver Troy ne les mènent nulle part. Le prisonnier auquel ils ont parlé n'a jamais entendu parler d'un quelconque Troy et ne leur a été d'aucune utilité. Il n'y a pas moyen de localiser le Troy qui, d'après Melwid, travaillait au fast-food et il se pourrait bien que ce ne soit pas le bon établissement de toute façon. Il a donné une fausse adresse dans sa demande d'emploi. Russo et Allen ont des tuyaux sur trois autres individus qui pourraient être leur Troy, mais pour l'instant, ils sont dans l'impasse.

Jeudi arrivant, une seule chose est sûre : les deux affaires de la semaine commencent à refroidir et deviennent plus difficiles à résoudre.

George Hurt s'est assis à son bureau et hoche la tête. Il a ôté les lunettes de vue qu'il porte généralement quand il remplit de la paperasse et il en serre le bout d'une branche entre ses dents. Il le fait si souvent qu'une entaille s'y est creusée. C'est vrai qu'avec ce qu'il fait…

S'il hoche ainsi la tête, c'est parce que quelque chose l'amuse, le rend perplexe et l'agace. Dans la foulée de ces deux assassinats de la semaine, il a dû réfléchir et lire beaucoup de choses qui le laissent indécis. Suite au meurtre de Connable, une rencontre a eu lieu entre les autorités de la police et les résidents de Riverside, certains membres de la communauté gay faisant part de leurs craintes : selon eux, les homosexuels du quartier seraient la cible de tueurs. La question est largement débattue dans la presse et à la télé, le seul problème étant que personne ne s'est renseigné auprès de Hurt et de Walley et Ciani, les deux inspecteurs chargés de l'enquête. Et, pour eux, ces peurs sont infondées.

« Pour autant que nous le sachions, les préférences sexuelles n'ont rien à voir avec cette affaire, a déjà déclaré Hurt. Pour nous, il s'agit de violence aveugle. Un gamin armé d'un flingue voulait zigouiller quelqu'un, et l'a fait. »

La confusion, ajoute-t-il, a encore grandi lorsque, aux infos de la veille au soir, une des chaînes de télé de Miami a montré le portrait-robot de Troy (affaire Moody) et affirmé que c'était l'homme recherché par la police pour l'assassinat de Connable. Or Troy est blanc, et le suspect dans l'affaire Connable est noir.

– Pas croyable ce que ça devient parfois, conclut-il.

Un peu avant minuit le jeudi 2 juillet, Johnnie Eddines devient la quarantième victime de meurtre. En plus de Hurt, les inspecteurs Phil Mundy et Pete Melwid sont appelés chez eux.

Mais cette fois il n'y a pas de scène de crime où se rendre. Eddines est décédé à l'hôpital. Les efforts déployés pour le sauver ont été vigoureux, mais pour finir inutiles. Et, comme dans la plupart des cas où l'on fait de tels efforts, la scène de crime a été détruite : on ne l'a pas protégée à cause de tout ce qui a été tenté dans la voiture d'Eddines pour le sauver. Ce que cela signifie ? Que les efforts déployés pour sauver quelqu'un sont susceptibles de détruire ceux qu'on fait pour inculper les individus responsables de sa mort.

Cela signifie aussi que les inspecteurs des Homicides n'ont pas besoin de se retrouver sur la scène de crime. Melwid passe à l'hôpital pour y recueillir des renseignements sur Eddines. Mundy s'y arrête un instant avant de gagner le bureau des inspecteurs. Tout comme Hurt.

Des policiers de patrouille et un inspecteur en service de nuit ont rassemblé des témoins de la fusillade et les amènent au commissariat. La voiture de la victime est arrimée à l'arrière d'une dépanneuse et ramenée, elle aussi, au commissariat. À minuit, l'enquête a déjà commencé.

Ce devrait être tous les jours vendredi. Toutes les semaines devraient se terminer ainsi.

À deux heures du matin, Mundy, Melwid et Hurt mettent fin à l'enquête – c'est la première affaire de la semaine qu'ils bouclent.

Les témoins aidant, ils ont compris qu'ils étaient en présence d'une « preuve tangible » – du tout cuit, autrement dit. Eddines ayant volé des bijoux à sa sœur, l'homme qui les lui avait offerts s'est lancé à sa poursuite… avec deux amis et un flingue. Les inspecteurs ont passé les premières heures de la matinée à enregistrer les déclarations des témoins et à préparer des demandes de mandats d'arrêt pour les trois suspects. Il ne s'agit plus que de les attraper. Les inspecteurs vont pouvoir rentrer chez eux avec une affaire pratiquement close.

Et la chance ne s'arrête pas là. En arrivant au bureau, Vicki se voit offrir un petit bout du vœu qu'elle avait formulé devant l'appartement de Walter Moody quatre jours plus tôt – celui d'avoir « un cadeau ».

Un ami de ce Troy qu'on recherchait depuis si longtemps vient de lui téléphoner pour lui dire que Troy a envie de venir lui parler de Moody. Russo lui répond que pas de problème, elle l'attendra. Une avancée est une avancée, même lorsqu'elle arrive au bout d'une semaine passée à courir les fausses pistes.

Dès qu'il se montre, Russo et Allen emmènent Troy dans une des salles d'interrogatoire de la brigade. Elle est tout juste assez grande pour qu'un suspect et deux inspecteurs puissent s'y asseoir autour d'une table éclairée par un plafonnier au fluo. Petite, carrée et à vitre sans tain, la seule et unique fenêtre de la salle est encastrée dans la porte.

Le suspect, qui s'appelle Troy Tetreault, a dix-huit ans et

commence par dire qu'il était présent lorsque Moody s'est fait assassiner, mais que ce n'est pas lui qui l'a tué. Il finit par reconnaître le meurtre, mais affirme qu'il ne faisait que se défendre. « Moody m'agressait », dit-il.

Mais dans toutes les explications qu'il donne, aucune ne peut expliquer comment un homme qui se défend pourrait poignarder son adversaire entre les omoplates avant de saccager sa maison pour le dévaliser. Troy est accusé de meurtre avec préméditation et l'affaire numéro 38 est déclarée résolue.

Ce qui était une mauvaise semaine s'est bien terminé pour la brigade. Deux affaires sur trois ont été résolues. Celle de Moody est la trente et unième à l'être depuis le début de l'année – soit un pourcentage de réussite de plus de soixante-quinze pour cent.

Dans les semaines suivantes, Walley et Ciani continueront à travailler sur l'assassinat de Connable, mais l'affaire ne sera pas résolue. Jamais les inspecteurs ne seront plus près des trois hommes du deuxième groupe qu'ils ne l'étaient le soir où l'un d'entre eux a ouvert le feu sur le premier. À la mi-août, Ciani quittera la police pour rejoindre une agence de détectives privés. Le dossier Connable restera ouvert sur le bureau d'un inspecteur Walley qui attend toujours d'avoir un nom ou un élément de preuve pouvant le conduire au tireur. Mais rien ne viendra, et il devra s'occuper d'autres affaires.

Les meurtres, eux, continueront au même rythme à Fort Lauderdale, la ville battant le record de quarante-deux victimes de l'année précédente dès la fin juillet et continuant régulièrement sur cette lancée jusqu'à atteindre le chiffre jamais égalé de cinquante-trois assassinats. Deux inspecteurs supplémentaires seront même assignés temporairement à la brigade afin d'aider à une gestion plus fluide des affaires.

Assis à son bureau peu de temps après la dernière semaine de juin, George Hurt se demande si, à ce rythme, trois assassinats par semaine ne vont bientôt plus être considérés comme une aberration à Fort Lauderdale.

« Croyez-moi, dit-il, j'y ai beaucoup réfléchi, mais on ne peut pas vraiment prédire ce qui va se passer. J'espère qu'il ne s'agit que d'une année anormale. Autrefois, un mois où l'on avait quatre ou cinq homicides était perçu comme difficile. Aujourd'hui, ça ne me paraît plus si terrible… »

De toute façon, ajoute-t-il, quoi qu'il arrive, la brigade est prête.

« Qu'il y ait quarante-cinq ou soixante-quinze homicides, nous serons là. Je pourrais citer le vieil adage selon lequel "c'est un sale boulot, mais il faut bien que quelqu'un le fasse", mais je ne vois pas les choses de cette façon. Certes, c'est un sale boulot, mais quelqu'un doit savoir le faire. Et ça, nous le savons. Ici, nous faisons du bon boulot. »

Le Territoire libre

South Florida Sun-Sentinel

29 mars 1987

LA BRIGADE ANTIMAFIA

Les plus secrets de tous les flics, ils travaillent dans l'ombre et surveillent le milieu. L'étau se resserre sur le Territoire libre

Au volant de sa Rolls-Royce dans Commercial Boulevard, à Fort Lauderdale, Little Nicky se rend à un dîner lorsqu'il voit un gyrophare bleu dans son rétroviseur. Il se gare le long du trottoir.

Et reconnaît tout de suite le flic qui s'approche de sa fenêtre. C'est un des inspecteurs du coin qui l'arrête de temps en temps pour lui dire de se tenir à carreau.

– Comment que ça va, m'sieur Drago ? lance-t-il après avoir baissé sa vitre.

– Très bien, Nicky, lui répond l'inspecteur. Vous avez votre permis de conduire ?

– Vaudrait mieux que j'l'aie, pas vrai, m'sieur Drago ?

– Oui, Nicky, vaudrait mieux.

Nicodemo Scarfo – grand patron de la mafia à Philadelphie et Atlantic City, il descend fréquemment à Fort Lauderdale – tend son permis à l'inspecteur Chuck Drago. Tout est en ordre – pas comme la fois où son chauffeur et garde du corps de cent cinquante kilos a tendu à Drago un faux permis et s'est fait aussitôt arrêter.

Ce coup-ci Drago et Scarfo se parlent quasiment comme de vieilles connaissances. Scarfo dit qu'il va quitter la ville le soir même et qu'il a pris un charter pour atterrir à l'aéroport de Pomona, près d'Atlantic City. Il en a assez du soleil de la Floride pour un temps.

– J'aime bien votre style, ajoute-t-il à l'adresse du policier. Vous au moins, vous ne passez pas votre temps à chercher partout, à me surveiller, à essayer de vous asseoir à côté de moi au restaurant, à me suivre sans arrêt, quoi. Vous, vous venez me voir directement, d'homme à homme. J'aime bien.

Drago sourit. Nicky Scarfo vient de lui adresser le plus grand compliment qui soit et ce, sans savoir pourquoi.

De fait, Drago et les membres de l'unité de police secrète à laquelle il appartient espionnent et filent Scarfo en permanence : ils l'accompagnent au champ de courses et mangent dans les mêmes restaurants, parfois à la table voisine. Ils ont suivi son yacht le long de la côte et sont même allés se faire couper les cheveux chez le même coiffeur. Ils sont bien plus près de lui qu'il ne pourrait l'imaginer – ce compliment le lui confirme.

C'est du « Territoire libre » que vient cette histoire : du comté de Broward, lieu qui n'est revendiqué par aucune mafia particulière, mais qui n'en reste pas moins une terre d'asile pour les membres de nombreuses familles appartenant au crime organisé.

Autrefois, le sud de la Floride se montrait tolérant envers les mafieux. Mais la nature du territoire a changé – et l'histoire de Nicky Scarfo en est le signe. À peine s'est-il éloigné après avoir remonté sa vitre que l'inspecteur Drago gagne une cabine téléphonique et y passe un appel longue distance. Le soir même, Scarfo est accueilli par la police et des agents du FBI à sa descente d'avion. Pour la deuxième fois depuis bien des mois, il se retrouve menotté et mis en accusation pour divers crimes en relation avec la mafia.

Drago a fait plus qu'avertir ses homologues de son arrivée. C'est grâce à son travail et à celui de ses collègues en Floride que Scarfo finira en prison. Eux aussi sont un signe des temps, une des raisons pour lesquelles le Territoire libre est en train de changer. Eux, ce sont les flics en civil, et le renseignement policier ne jure plus que par eux.

Le panneau apposé sur la porte du bureau change sans arrêt, comme le nom de la société. De fait, cela n'a pas vraiment d'importance, dans la mesure où ce nom est toujours faux et où jamais cette société n'aura de clients véritables.

En réalité, il s'agit de la MIU, ou Metropolitan Organized Crime Intelligence Unit[1]. Et ce nom de MIU convient beaucoup mieux aux opérations troubles qu'elle mène dans ce lieu tout aussi trouble.

Les inspecteurs affectés à cette unité travaillent en civil. Ils observent et recueillent des renseignements. Ils sillonnent les rues dans des voitures aux vitres d'un beau noir de fumée, ils fouillent dans les archives du tribunal du comté et ont accès à tous les réseaux d'ordinateurs des services du maintien de l'ordre.

Ils observent ce qui se passe avec des téléobjectifs et écoutent les conversations en secret. Ils demandent à leurs amis de ne jamais les reconnaître au supermarché, au centre commercial et même lorsqu'ils sont assis au bord de la piscine d'un bar sur le front de mer. Ils pourraient être en plein travail.

Les quelque vingt-cinq inspecteurs de la MIU viennent des services de maintien de l'ordre de Broward. Leur affaire, en gros, est le renseignement brut et leur arme principale la collaboration, la main qu'ils tendent à d'autres services de maintien de l'ordre proches et lointains.

L'inspecteur de la MIU Steve Raabe aime bien raconter comment, il y a deux ans, il descendit un jour à Miami pour assister

1. Soit Unité métropolitaine de renseignement sur le crime organisé *(NdT).*

à une audience de la Commission présidentielle sur le crime organisé. Le témoin du jour avait jadis été un des grands fournisseurs de narcotiques de la ville de New York. Assis une capuche noire sur la tête, il détailla tout ce qu'il savait sur les mécanismes internes du crime organisé.

Lorsqu'il eut fini, un des membres de la commission se pencha vers son micro et lui demanda ce que, à son avis, les services du maintien de l'ordre faisaient de travers. Comment se faisait-il que le crime organisé soit toujours aussi florissant malgré tous les détachements spéciaux, commissions et services de police qu'on déployait contre lui, sans même parler des sommes dépensées ?

Le témoin n'hésita même pas. « Vous feriez mieux de commencer à communiquer entre vous, lança-t-il à la commission. Les services de police doivent coopérer. C'est la seule façon de s'y prendre. »

« Voilà qui peut paraître étrange dans la bouche d'un criminel, précise Raabe. Mais il tapait juste. Le crime ne s'arrête pas à la limite de la ville ou du comté. Il n'a pas de frontières. Bref, le seul espoir en matière de maintien de l'ordre à tous les niveaux réside dans la coopération.

La constitution de réseaux : telle est l'essence même de la MIU… »

En espionnant discrètement les activités du milieu dans le comté de Broward, la MIU est devenue une manière de bureau central du renseignement pour les autorités locales et fédérales et pour celles de l'État. Nicky Scarfo n'était qu'une des cibles de la MIU. D'autres histoires du Territoire libre ressemblent à des scénarios de films.

Cela étant, la MIU n'en reste pas moins un des secrets les mieux gardés de Broward. La MIU ne cherche pas à faire la une des journaux. « Ce n'est pas un groupe glamour qui se démène pour arrêter les gens, dit le chef de police de Fort Lauderdale Ron Cochran, qui fait partie de la direction de la MIU. Nous travaillons depuis toujours en coulisse. Les arrestations sont du ressort d'autres services. »

« Nous sommes des maçons, explique l'inspecteur Raabe. Les

agents de la MIU aident à établir des dossiers, à mettre les fondations en place. Ils ne sont en général pas là lorsque le bâtiment est fini. »

Tout cela remonte à l'époque de Capone et de Lansky. Depuis un demi-siècle, les grands mafieux descendent en Floride du Sud pour s'y reposer, prendre leur retraite ou se tenir à l'écart des services de police du Nord qui suivent toutes leurs activités.

« La Floride du Sud, dit encore Raabe, est depuis toujours considérée par ces gens comme un endroit où ils peuvent se détendre et ne pas s'inquiéter d'être surveillés par l'inspecteur de Philadelphie ou de New York qu'ils ont sur le dos depuis vingt ans. »

Et le comté de Broward est depuis toujours une des planques préférées de la mafia. À la fin 85, plus de six cents membres et associés du crime organisé avaient été repérés comme habitant le comté de Broward à plein temps ou à temps partiel. Et cela allait du simple « soldat » au « don ». Jusqu'à ce qu'il soit assassiné devant un grill-room en 1985, Paul Castellano, le patron du clan Gambino de New York, avait une maison à Pompano Beach. Gus Alex, le chef célèbre et vieillissant de la mafia de Chicago regroupée dans l'« Outfit[1] » avait une adresse à Fort Lauderdale. Même chose pour le boss, lui aussi de Chicago, Jackie Cerrone, jusqu'à ce qu'il soit emprisonné il y a peu de temps. Etc.

« Le crime organisé est une industrie en expansion et il y a de l'argent à gagner dans le comté de Broward, nous explique l'inspecteur de la MIU Curt Stuart. Il n'est pas risqué de dire que les vingt-huit familles du crime organisé de tout le pays s'y intéressent. » Ce que cela veut dire ? Que le Territoire libre ressemble à peu d'endroits où l'on trouve du crime organisé.

« Dans une ville du Nord, la police doit connaître les membres d'une ou deux familles, nous explique le sergent Ken Staab, un des superviseurs de la MIU. Ici, nous devons connaître toutes les familles parce qu'elles y sont toutes... »

1. Soit l'« Équipe » *(NdT)*.

Et c'est pour cela qu'existe la MIU.

Par deux fois au début des années 80, des jurys de mise en accusation chargés d'évaluer les efforts déployés pour mettre un terme aux activités criminelles dans le comté de Broward ont conclu que la structure des services du maintien de l'ordre semblait parfaitement adaptée à l'expansion du crime organisé.

Il n'y avait pas assez de personnel pour les enquêtes et les efforts déployés ne pouvaient venir à bout des jalousies interjuridictionnelles. La MIU fut fondée en 1983 après que deux détachements spéciaux avaient vu le jour pour être aussitôt démantelés à cause des mêmes problèmes.

La MIU a un budget de 2 millions de dollars, chaque service du réseau payant les salaires de ceux qui participent à ses activités et partageant les frais généraux. Pour l'heure, les enquêteurs viennent des forces de police de Fort Lauderdale, Pompano Beach, Hollywood et Plantation, sans parler des services du shérif, du bureau de l'attorney général de Floride et de la division locale du Bureau des alcools, tabacs et armes à feu. Le patron de chaque service détient un siège au conseil d'administration.

« Une des critiques fréquemment adressées aux forces du maintien de l'ordre est qu'elles ont trop l'esprit de clocher, nous dit Cochran. Si l'approche "esprit de clocher" peut se justifier dans certains cas, nous sommes d'avis que la meilleure façon de s'attaquer au crime organisé est de consolider notre savoir-faire. Notre première ambition a été de créer une unité de renseignement de première qualité. Je suis heureux de constater que c'est une des meilleures du pays. »

Les directeurs et inspecteurs de la MIU citent souvent l'affaire Scarfo pour montrer ce qu'une telle unité est capable d'accomplir.

D'après les enquêteurs, l'intérêt de Nicodemo Scarfo pour le comté de Broward coïncidait avec sa libération de prison en 1984 et son ascension à la tête de la mafia de Philadelphie/Atlantic City. Âgé de cinquante-sept ans, Scarfo était certes minuscule, mais on trouvait dans son casier l'assassinat et la détention illégale d'armes.

L'organisation Philadelphie-Sud du New Jersey était dirigée

par le « Don docile » Angelo Bruno jusqu'à ce qu'il soit abattu devant chez lui en 1980. Nicky reprit la direction des opérations après que le successeur de Bruno, Phil Testa, eut été tué par l'explosion d'une bombe de fabrication artisanale. D'après les enquêteurs, il y aurait eu au moins dix-sept meurtres liés à la mafia dans la Cité de l'amour fraternel[1] à l'époque où Scarfo commençait à prendre la direction de tous les rackets.

Cette ascension devait lui valoir d'entrer dans la liste des mafieux les plus puissants et les plus riches du pays publiée par le magazine *Fortune*, son argent provenant des syndicats, des loteries clandestines, de l'usure, de l'extorsion de fonds et du jeu.

Tout indique que Scarfo cherchait à monter dans la liste de *Fortune*. Il commença par rendre de longues visites à Fort Lauderdale. En 1985, il installa son poste de commandement dans la 47e Northeast, près de l'autoroute côtière, dans une maison de deux étages de style espagnol équipée d'un portail métallique sur le devant. Sur un panneau de la façade il fit inscrire le nom « Casablanca South ». Le yacht amarré derrière s'appelait lui aussi *Casablanca*, mais son nom comportait un post-scriptum peint en lettres plus petites : « Les suspects habituels. » Allusion qui ne manquait pas d'humour à l'ordre donné par l'inspecteur de police du célèbre film de Bogart : « Ramassez-moi tous les suspects habituels... »

Il y a quelque chose de drôle dans cette histoire de maison et de bateau, nous dit l'inspecteur Drago : Scarfo n'était propriétaire ni de l'un ni de l'autre. Les enquêteurs en sont toujours à chercher par quel moyen il était arrivé à les avoir.

« Il aimait beaucoup cette maison et ce bateau, enchaîne Drago. Il s'en est donc emparé. Quand Little Nicky voulait quelque chose, il le prenait, point à la ligne. Et pas question de discuter. »

Selon toutes les estimations des autorités du maintien de l'ordre, Scarfo voulait s'emparer du comté de Broward, à tout le moins d'une partie. La Floride devait décider du sort des casinos par voie de référendum et, d'après les enquêteurs, Scarfo se

1. Soit Philadelphie *(NdT)*.

préparait à prendre le contrôle des intérêts de la mafia si jamais les casinos étaient interdits.

Une décennie plus tôt, il avait procédé de la même façon à Atlantic City. La Commission présidentielle sur le crime organisé avait vu en lui la figure essentielle dans l'essor de la construction des casinos dans la région. Coïncidence, coïncidence, d'après les enquêteurs de la MIU, les chefs des entreprises du bâtiment qui entraient en concurrence avec les sociétés dirigées par la mafia avaient tendance à se faire tuer.

Peu après l'arrivée de Scarfo à Fort Lauderdale, le FBI organisa une conférence des services de maintien de l'ordre sur l'influence du crime organisé dans le sud de la Floride, conférence dite « Sommet du Sud ». Nicodemo Scarfo y fut désigné comme la cible principale à abattre, la MIU, qui n'était encore qu'un service assez peu connu et à peine âgé de deux ans, recevant l'ordre de travailler avec les enquêteurs de Philadelphie et du New Jersey qui montaient des dossiers contre celui qu'on disait être le grand patron du crime organisé.

La MIU devait devenir un des principaux canaux de renseignements sur Scarfo, la raison en étant que celui-ci croyait avoir toute liberté d'action dans le Territoire libre.

« Il était une de nos priorités ici dans le Nord, mais il devait croire ne pas en être une en Floride, nous dit le sergent Bill Coblantz de l'unité du renseignement de la police d'État du New Jersey. Ils avaient des tas de gens du crime organisé à surveiller là-bas dans le Sud. Il est donc descendu en Floride du Sud sans la paranoïa qu'il avait ici. Il s'est détendu. Parce que c'est bien à ça que sert Fort Lauderdale, non ? »

Mais Nicky se trompait.

Le palace qu'il s'était choisi comme « Casablanca South » se trouvait dans une impasse éloignée de tout, mais faisait face à un terrain vague en bordure d'un canal. Et de l'autre côté de ce canal se trouvait un ensemble résidentiel en copropriété.

Alors que Nicky et ses comparses se retrouvaient à « Casablanca South », leurs voitures alignées dans toute la rue, Chuck Drago et d'autres inspecteurs de la MIU, du FBI et même de

Philadelphie et du New Jersey les observaient derrière les vitres teintées d'un des appartements de l'autre côté du canal. La vue étant bonne, le FBI l'avait loué pour un an. Les caméras de surveillance n'arrêtaient pas de tourner.

Dans ce Territoire libre, c'était un monde jamais encore étudié que découvraient les enquêteurs. Alors que dans les villes du Nord la pression des services de police avait fait des grands rassemblements de familles du crime organisé une chose du passé, à Fort Lauderdale, Scarfo, lui, donnait des réceptions si énormes qu'il avait besoin d'un traiteur. Il lui arrivait d'inviter jusqu'à des quinze à vingt personnes, toutes de la mafia, à aller faire une promenade en mer sur son yatch.

« Ce que nous découvrions était incroyable, se rappelle Staab, le superviseur de la MIU. Les agents qui descendaient du Nord n'en revenaient pas de voir à quel point ce type était ouvert. »

« Quand on les voit entrer dans un restaurant et qu'aussitôt chefs et serveuses sortent pendant qu'on ferme les portes pour tenir une réunion à l'intérieur, on se fait une assez bonne idée de ce qui se passe », dit Raabe.

Little Nicky ne frayait pas seulement avec les membres de son équipe. Les flics en civil l'ont vu rencontrer à Fort Lauderdale même de hauts représentants des plus grandes familles mafieuses du pays – les Colombo, Lucchese et autres Buffalino.

« L'essence du renseignement est de recueillir l'information brute et d'échafauder des hypothèses, de trouver la théorie de ce qui est en train de se produire, dit Raabe. Et donc, on voit Nicky rencontrer tous ces gens. Il est clair qu'ils discutent affaires. On ne peut pas dire ce qui se passe exactement, mais on en a une assez bonne idée. »

Et ces réunions donnaient lieu à tous les clichés qu'on trouve dans les films comme *Le Parrain*. Les chefs étaient traités avec révérence – on leur baisait les mains et les joues en grande pompe.

« Parfois, ça devenait amusant, dit Drago. On voyait arriver des voitures et quinze ou vingt gars qui en sortaient pour se réunir et ils n'arrêtaient pas de tourner et virer dans le jardin de devant pour être bien sûrs d'embrasser et serrer tout le monde dans leurs bras. »

Exactement comme les mafieux, les flics n'aiment pas offenser les leurs. Les services du maintien de l'ordre sont territoriaux et l'on veille à ne pas empiéter sur le territoire du voisin sans y être invité. Tel est cet esprit de clocher axiomatique dont parle le chef Cochran de Fort Lauderdale.

Et c'est cela qui s'oppose au « tous-pour-un de la MIU », à ce concept du partage des informations entre les différents services de police. Après des années passées à enquêter, la MIU n'a toujours pas été rejointe par tous les services de maintien de l'ordre du comté de Broward, pas plus qu'elle n'a remplacé les unités de renseignement et de lutte contre le crime organisé de ses services membres. Au lieu de cela, elle continue de travailler avec eux et, comme toujours, reste discrètement à l'arrière-plan. « J'espère que la MIU deviendra un jour la seule et unique entreprise de renseignement sur le crime organisé dans ce pays », dit Cochran. En attendant, il est probable que certains enquêteurs de Pennsylvanie et du New Jersey – voire des gens comme Nicky Scarfo – comprennent mieux la nature de la MIU que les citoyens de Broward qui participent à son financement.

« La MIU est en train de devenir une banque de renseignements très respectée sur les agissements du crime organisé dans le Sud, nous assure Coblantz, de la police du New Jersey. On peut dire que dans l'affaire Scarfo, la MIU nous a fourni des pistes sur lesquelles nous travaillons encore. »

Au moment même où Nicky Scarfo était surveillé par la MIU de Fort Lauderdale, à Philadelphie, deux membres haut placés de son organisation parlaient au FBI avant de devoir répondre aux questions d'un jury de mise en accusation. Il y avait aussi huit cents bandes d'écoutes téléphoniques. Et de

Fort Lauderdale arrivaient les dossiers de la MIU et un certain nombre d'indications faisant penser que Scarfo dirigeait l'organisation depuis « Casablanca South ». Le 3 novembre 1986, il fut arrêté lors de son voyage dans le New Jersey. Un jury de mise en accusation avait demandé sa mise en examen et celle de dix-sept de ses associés pour racket et conspiration.

Un jour plus tard, la Floride interdisait les casinos.

Scarfo fut libéré sous caution et rentra une fois de plus à Fort Lauderdale, mais le jury de mise en accusation n'en avait pas fini avec lui. Tandis qu'il traînait sur une chaise longue derrière « Casablanca South », son empire se faisait très discrètement démanteler. Une autre mise en examen l'attendait.

Le 7 janvier de cette année, la Rolls blanche de Little Nicky se gara à l'aéroport international de Fort Lauderdale-Hollywood, son passager à cheveux blancs et beau bronzage étant déposé à l'entrée d'une société de vols charters. Scarfo voyageait avec peu de bagages – il n'avait pas de garde du corps.

Il entra dans le salon de l'aéroport pour y boire un verre avant d'embarquer. Il ne le savait pas encore, mais deux heures plus tard, des policiers du New Jersey et des agents du FBI l'attendraient à sa descente d'avion. L'inspecteur Drago les avait mis au parfum un peu plus tôt ce jour-là, après l'avoir interpellé alors qu'il allait dîner. Ce soir-là, Scarfo devait être jeté en prison, et sans possibilité de libération sous caution, suite à sa deuxième mise en examen.

Au bar, deux hommes s'étaient assis et l'observèrent jusqu'à ce qu'il rejoigne le guichet d'embarquement. Sans qu'on sache pourquoi, quelque chose le fit se retourner au moment où il arrivait à la porte de l'avion. Il remarqua un homme au pied de la passerelle, et cet homme le regardait. Nicky Scarfo ne l'avait jamais vu. Alors l'inspecteur de la MIU, Steve Raabe, se départit de son rôle habituel et lui sourit. Puis il lui fit au revoir de la main. Ainsi le Territoire libre souhaitait-il bon voyage à Little Nicky.

Franchissement de frontière

Los Angeles Times

13 décembre 1987

L'UNITÉ DU LAPD
POUR LES POURSUITES JUDICIAIRES
À L'ÉTRANGER

Passer la frontière ne garantit plus la sécurité aux criminels

Il y a sept ans, le corps d'une élève de onzième, Lisa Ann Rosales, était retrouvé dans un fossé près de son domicile de Pacoima. Elle avait été violée et étranglée.

L'affaire n'avait rien de facile pour la police de Los Angeles – les inspecteurs durent attendre cinq ans avant qu'un tuyau ne leur permette d'identifier un suspect... et de découvrir que l'individu s'était enfui dans son Mexique natal.

Il y a quelques années, l'affaire aurait pu en rester là, tous les efforts de la police se trouvant anéantis parce que le suspect était maintenant hors de portée des lois américaines. Le problème, qui a très longtemps bloqué l'action des forces du maintien de l'ordre en Amérique, était que le Mexique refusait d'extrader ses citoyens vers les États-Unis pour qu'ils y soient jugés, cela alors même que les deux pays avaient signé une convention d'extradition.

Cette fois, l'affaire n'en resta pas là. Les inspecteurs se tournèrent vers une nouvelle brigade du LAPD, l'Unité des poursuites judiciaires à l'étranger.

Six mois après avoir compris qui avait tué Lisa Ann Rosales, les inspecteurs de Los Angeles firent passer aux autorités mexicaines un dossier complet sur Luis Raúl Castro – dossier traduit en espagnol –, en leur précisant même où l'on pouvait trouver le suspect.

Les autorités mexicaines prirent l'affaire en main.

Aujourd'hui, Castro vient d'être déclaré coupable de meurtre par un tribunal fédéral mexicain. Il devrait recevoir sa condamnation à la fin de l'année et pourrait écoper de quarante ans dans une prison mexicaine.

« Avant la formation de cette unité, les assassins l'emportaient littéralement en paradis, nous a déclaré le patron de l'Unité des poursuites judiciaires à l'étranger, le lieutenant Keith Ross. De fait, nous ne traquions pas vraiment les suspects mexicains qui s'enfuyaient au Mexique. C'est ça qui a changé. »

L'affaire Rosales est un des nombreux exemples de la manière dont tuer à Los Angeles peut entraîner une peine de prison au Mexique depuis que cette unité de quatre personnes a commencé à travailler avec les autorités mexicaines en 1985. Depuis lors, quarante-huit affaires (toutes de meurtre, sauf trois) ont été transférées au Mexique. Plus de la moitié des suspects ont été appréhendés, reconnus coupables et jetés en prison.

Est-ce légal ?

Des dossiers ont aussi été transmis de temps en temps à d'autres puissances étrangères, dont un en France.

« La première chose qu'on nous demande est la suivante : "Avez-vous le droit de faire ça ? Est-ce légal ?", nous dit Ross. La réponse est qu'il s'agit d'un moyen de poursuite légal qui nous est offert. »

Cela dit, certains observateurs juridiques se demandent s'il convient de déférer des suspects à la justice mexicaine pour des crimes commis aux États-Unis. Ils font remarquer que le système judiciaire mexicain ne leur offre pas toutes les protections accordées par ces derniers – le fait le plus important étant qu'ils ne sont pas confrontés à ceux qui les accusent, les dépositions des témoins américains se résumant *de facto* à des documents écrits.

« Ma première réaction est de dire que cela présente un énorme problème, nous a déclaré Leon Goldin, le directeur exécutif de la branche de Los Angeles de la Guilde nationale des avocats. Il s'agit ici d'un LAPD qui agit en tant que représentant de notre gouvernement et a recours à des procédures mexicaines qui seraient immédiatement rejetées dans notre pays. »

Pas d'acquittements

Les statistiques montrent que les officiels des services de maintien de l'ordre californiens sont sûrs de rentrer chez eux le sourire aux lèvres après avoir transmis une affaire au Mexique. Aucune d'entre elles n'a encore débouché sur un acquittement.

Cela contraste fortement avec la situation qui était celle de la police de Los Angeles lorsqu'elle procéda à l'étude de 1984 qui devait conduire à la création de l'unité. Dans cette étude, selon Ross, la police examina tous les mandats d'arrestation requis dans de grosses affaires de meurtres – affaires dans lesquelles un suspect avait été identifié, mais pas encore arrêté. Sur ces deux cent soixante-sept personnes qu'on recherchait, environ deux cents avaient des noms mexicains, poursuivit-il.

« Cela nous donna l'impression qu'un grand nombre de ces suspects se sauvaient au Mexique pour y trouver un sanctuaire. Il n'y avait pas de procédure pour les y traquer, arrêter et déférer devant des tribunaux. »

« La frustration était grande », nous dit l'inspecteur Arturo Zorrilla en faisant aussi remarquer que chez la plupart des policiers, l'attitude était plutôt « on met le dossier en souffrance et on espère que [le suspect] repassera la frontière ».

Le traité d'extradition

En théorie, les procureurs américains demandent l'extradition de tous les suspects dont la présence au Mexique leur a été confirmée. Les deux pays ont un traité d'extradition qui prévoit le retour aux États-Unis des citoyens mexicains accusés de crimes graves. À ceci près que, comme le souligne un porte-parole du ministère de la Justice des États-Unis, « cela ne s'est jamais produit ».

D'après les officiels, ce refus d'extrader s'ancre dans l'idée que, selon le droit mexicain, tout citoyen de ce pays commettant des crimes à l'étranger devrait être poursuivi par la justice mexicaine.

Le droit américain stipule au contraire que tout citoyen américain commettant un crime à l'étranger doit être poursuivi par les autorités locales. (D'après le ministère de la Justice, une demi-douzaine de citoyens américains ont ainsi été extradés au Mexique dans la dernière décennie afin d'y être jugés.)

Dans le code depuis 1928

Ces approches différentes se traduisent dans un article du code pénal mexicain qui autorise la poursuite de crimes commis à l'étranger. Bien qu'inscrit dans le code depuis 1928, cet article n'a été que très peu appliqué jusqu'à une date récente, les services du maintien de l'ordre des pays étrangers n'attirant que rarement l'attention des autorités mexicaines.

Avant que l'Unité des poursuites judiciaires à l'étranger du LAPD n'ait été formée en avril 1985, la police de Los Angeles, comme la majorité des services du maintien de l'ordre des États-Unis, n'avait pas de procédure lui permettant de simplifier les démarches diplomatiques en vue de poursuivre des criminels au Mexique. Peu d'inspecteurs savaient même la chose possible.

Aujourd'hui, l'unité de Los Angeles est, d'après un spécialiste du droit international du ministère de la Justice américain, « à l'avant-garde de l'application de cette tactique ».

Partie intégrante de la Division des personnes en fuite commandée par Ross, l'Unité des poursuites judiciaires à l'étranger est placée sous la direction de deux vétérans de la brigade des Homicides, les inspecteurs Zorrilla et Gilberto Moya.

L'un et l'autre voient dans leur travail une tâche ressortissant aussi bien à l'enquête qu'à la diplomatie.

Le dossier

Pour déposer plainte au Mexique, l'unité, dont les membres sont bilingues, prépare un dossier rédigé en espagnol. Certificats, dépositions des témoins, photographies et description des éléments de preuve sont inclus dans un rapport, le « livre du meurtre » dans leur jargon.

Préparer et traduire ce dossier est souvent la partie la plus longue de la procédure – elle dure en général plusieurs semaines. Le dossier de l'affaire Lisa Ann Rosales comportait quatre chemises épaisses.

Le bureau du district attorney doit alors se dessaisir officiellement de sa compétence, décision qui ne saurait être prise à la légère. Les procureurs le reconnaissent volontiers dans la mesure où, la Constitution des États-Unis protégeant tout citoyen américain contre la remise en cause de l'autorité de la chose jugée, ils savent que poursuivre un individu au Mexique et ne pas obtenir un verdict de culpabilité leur interdirait toute tentative de rejuger l'accusé aux États-Unis, les avocats de ce dernier déclarant aussitôt leur démarche illégale.

D'après Norman Shapiro, un des adjoints au district attorney qui s'occupe des poursuites judiciaires à l'étranger, cette décision dépend surtout de l'idée qu'on se fait des possibilités de poursuites judiciaires en territoire américain et de la certitude qu'on peut avoir que le suspect ne reviendra pas du Mexique.

« Nous sommes satisfaits »

« Nous devons savoir, et sans ambiguïté, que le suspect se trouve bien au Mexique, nous dit encore Shapiro. Lorsque nous en avons la certitude, nous sommes tout à fait disposés à laisser les autorités mexicaines diriger les poursuites. Nous sommes satisfaits des résultats. »

D'après l'Unité des poursuites judiciaires à l'étranger, les vingt-six affaires de Los Angeles transmises à la justice mexicaine se sont toutes soldées par des condamnations. Et bien que le

Mexique n'ait pas la peine de mort, les policiers qui connaissent bien les affaires jugées dans ce pays s'accordent à dire que les peines de prison semblent y être sensiblement plus longues qu'aux États-Unis. Le droit étant différent dans les deux pays, il est impossible de faire des comparaisons exactes. Avant que l'affaire soit transmise au Mexique, le consulat mexicain de Los Angeles doit certifier que les documents d'enquête sont authentiques. Dans la pratique, cela signifie en général qu'il certifie qu'un crime a bien été commis et que les enquêteurs ont l'autorité requise.

Dès que, grâce à leurs informateurs et à d'autres travaux d'enquête, les inspecteurs ont localisé leur suspect au Mexique, l'Unité y va.

On laisse ses armes à la frontière

Cette année, les inspecteurs du LAPD ont laissé leurs armes à la frontière et pénétré au Mexique en moyenne deux fois par mois.

Il arrive qu'ils accompagnent les policiers mexicains pour observer l'arrestation, mais la plupart du temps ils se contentent d'attendre soit au commissariat soit à l'hôtel que le suspect soit incarcéré ou que les policiers locaux se déclarent incapables de mettre la main sur lui. D'après Moya, les policiers du LAPD passent la frontière pour peaufiner le dépôt de plainte, renforcer les relations avec les autorités locales et donner des détails supplémentaires sur l'affaire, voire interroger eux-mêmes les suspects.

Tous ces officiers ne font pas mystère du bénéfice à tirer de l'aspect relationnel de ces déplacements.

« La diplomatie et l'image ont leur importance, ajoute Moya. On fait des concessions, on se montre polis envers leurs procédures. On leur rend hommage. Il n'est pas question d'aller mettre son nez dans les rouages du maintien de l'ordre à l'étranger. Nous travaillons à l'intérieur même du système local. »

Le protocole à suivre

Lors d'un voyage récent à Mexicali, où ils devaient transmettre des éléments de preuve dans une affaire de meurtre à East

Los Angeles, Moya et José Herrera, les inspecteurs en charge du dossier, ne se rendirent pas directement chez le procureur qui devait reprendre l'affaire.

Ils commencèrent par aller voir le directeur de la police d'État, dont les hommes avaient attrapé un suspect une semaine auparavant, suite à des renseignements que Moya et Herrera leur avaient fournis. S'ensuivirent plusieurs réunions où ces derniers présentèrent leurs respects et serrèrent la main à des inspecteurs mexicains et à des chefs administratifs de la police.

Moya et Herrera leur firent alors cadeau d'équipements de base que les directions mexicaines ne leur fournissaient pas : des torches électriques, des menottes, des blocs-notes, et même des balles. Nos Californiens les avaient achetés aux États-Unis sur leurs deniers personnels.

Lorsque les inspecteurs arrivèrent enfin au bureau d'Angel Saad, l'attorney général de l'État de Baja California, leur séjour au Mexique touchait à sa fin. Saad jeta un coup d'œil au dossier, fit la grimace en regardant les photos du corps et posa des questions précises sur les procédures juridiques et diplomatiques qu'avaient suivies les Américains.

Au bout de trois quarts d'heure d'entretien, Saad confiait le « livre du meurtre » à l'un de ses procureurs.

Notification de résultat

Dans un an environ, une fois le procès terminé et les procédures d'appel épuisées, les autorités mexicaines notifieront officiellement à la police de Los Angeles le résultat obtenu.

Les autorités du maintien de l'ordre reconnaissent que, les différences de procédure aidant, il est plus facile d'obtenir une condamnation au Mexique qu'aux États-Unis.

Dès lors que le Mexique accepte de relayer des poursuites, l'accusé est présumé coupable et doit prouver son innocence. Dans les affaires de meurtre, il n'y a ni mise en liberté sous caution ni procès devant un jury, et les procédures qui régissent la recevabilité des éléments de preuve sont beaucoup moins strictes.

D'après les officiers de l'Unité des poursuites judiciaires à l'étranger, personne, policiers y compris, n'a jamais été appelé au Mexique pour témoigner. Au lieu de ça, c'est sur les dépositions écrites des témoins et les certificats fournis par la police que se fondent les procureurs.

Des avocats inquiets

Que les accusés se voient ainsi privés de la possibilité de faire face à leurs accusateurs – et c'est une des pierres angulaires du système judiciaire américain – inquiète beaucoup certains avocats.

« Personne ne dit qu'un criminel ne doit pas être puni, nous a déclaré Jaime Cervantes, un ancien président du barreau mexicano-américain de Los Angeles. Sauf que notre pays a mis longtemps pour élaborer la manière dont on doit procéder pour déclarer quelqu'un coupable d'un crime et qu'il y a quelque chose de fondamentalement injuste à aller à l'étranger pour y condamner et punir quelqu'un. »

Peter Shey, le président du Comité de droit international de la branche locale de la Guilde nationale des avocats, remet lui aussi en cause la procédure mexicaine.

« Certaines notions de base de l'équité sont ou bien inexistantes ou rarement utilisées dans leur système judiciaire. Être soumis à un procès au Mexique pour un crime commis aux États-Unis, c'est être désavantagé de manière significative. »

« Voir tout en noir »

Pour le superviseur de l'Unité, le lieutenant Ross, de telles inquiétudes sont infondées. « Je pense que beaucoup de gens ont tendance à voir la justice mexicaine tout en noir, dit-il. Mais c'est là une perception américaine et un contresens. Le Mexique a un système judiciaire tout à fait légitime et qui fonctionne très bien. »

Ross et ses collègues officiers sont d'avis que tout suspect de meurtre qui s'enfuit pour éviter d'être poursuivi à Los Angeles accepte *de facto* le système judiciaire du pays vers lequel il fuit.

« Il faut accepter les risques encourus en fuyant », dit Moya.

D'une manière assez proche de l'Unité du LAPD, le bureau de l'attorney général de Californie a formé des spécialistes de la transmission des affaires au Mexique. Le grand expert en est Ruben R. Landa, un agent spécial du bureau de l'attorney général de San Diego qui a exporté sa première affaire de meurtre au Mexique en 1980.

Soixante-dix affaires de meurtre transférées

Depuis lors, Landa a aidé divers services de police de Californie à transférer soixante-dix affaires de meurtre au Mexique, dont pour l'instant quatorze en 1987, soit plus que n'importe quelle année auparavant. Une vingtaine de ces affaires ont réussi à être jugées par des tribunaux mexicains, toutes se soldant par des condamnations, à l'exception d'une seule qui ne résista pas à une procédure d'appel.

« Aujourd'hui, tout cela fait boule de neige, dit-il. De plus en plus d'inspecteurs découvrent que c'est une manière de résoudre leurs affaires. »

Pour les autorités fédérales, un des bénéfices est d'ordre financier. C'est le Mexique qui paie la mise en route des poursuites et, d'après les officiels de la police, il en coûte moins de mille dollars au contribuable américain pour régler tous les frais, voyages compris, pour déférer une affaire de l'autre côté de la frontière. Cela n'a rien à voir avec ce qu'il lui en coûte pour mettre en prison, poursuivre et défendre un individu suspecté de meurtre à Los Angeles.

« C'est de milliers de dollars d'économies qu'il faut parler pour chaque affaire », nous dit Ross.

« Dans les deux sens »

Pour Angel Saad, l'attorney général de Baja California, cet arrangement n'aide pas que les agences de maintien de l'ordre des États-Unis.

« Ça marche dans les deux sens et donne des résultats positifs dans les deux pays, dit-il. Pour le Mexique, cela signifie que le pays est prêt à punir ses citoyens qui commettent des crimes à l'étranger. »

Preuve encore plus tangible des bénéfices de ces relations pour le Mexique, ceci d'après la police, le fait que l'Unité des poursuites judiciaires à l'étranger réussisse, suite à des tuyaux donnés par la police mexicaine, à arrêter à Los Angeles des Mexicains soupçonnés de meurtre dans leur propre pays. Rien que cette année et ce jusqu'à aujourd'hui, treize de ces suspects ont été arrêtés par la police de l'immigration de Los Angeles et renvoyés au Mexique avec l'aide de l'Unité. Parce qu'il s'agit d'immigrés clandestins, leur renvoi ne nécessite pas de longues procédures d'extradition.

Autres types d'affaires

Bien que passant l'essentiel de son temps sur des affaires de meurtre, l'Unité des poursuites judiciaires à l'étranger se consacre de temps à autre à des enquêtes pour abus sexuels sur enfants, cambriolages et vols de voitures. Ses officiers poursuivent aussi des affaires de meurtre dans d'autres pays où la loi les y autorise. Deux affaires ont ainsi été transmises au Salvador et une à la France, une requête étant sur le point d'aboutir au Honduras.

Les crimes qui amènent ces policiers à franchir la frontière sont très variés, leurs victimes étant aussi bien américaines que mexicaines.

Lorraine Kiefer, soixante-dix ans, était une veuve fort aimée à Van Nuys. Ancien agent immobilier à la retraite, elle travaillait bénévolement dans une petite boutique d'articles d'occasion gérée au profit de la Société américaine contre le cancer. En 1980, elle épouse Gilberto Flores, un homme qu'elle connaît depuis longtemps et qui a trente-huit ans de moins qu'elle. Quatre ans plus tard, d'après la police, Flores aurait engagé un certain Andreas Hernandez Santiago pour la tuer… pour cinq mille dollars.

Plainte déposée au Mexique

Les inspecteurs ayant démêlé le meurtre du 2 octobre 1984, l'affaire fut transmise au Mexique, où les deux hommes, l'un et l'autre mexicains, s'étaient enfuis. Santiago fut arrêté à Oaxaca, puis condamné à dix-huit ans de prison. Flores, lui, est toujours recherché.

Lors d'une des premières affaires gérées par l'Unité en 1985, Juan Francisco Rocha, trente-six ans, fut arrêté à Monterrey, Mexique. Dix ans plus tôt, il avait assassiné sa petite amie, Brenda Joyce Abbud, à Hollywood. Il l'avait arrosée de solvant à peinture et lui avait mis le feu.

« Nombre de ces affaires ont de forts impacts sur la communauté environnante », nous dit Zorrilla.

Le meurtre de Lisa Ann Rosales, le 8 décembre 1980, en est un exemple qui poussa le conseil municipal de Los Angeles à offrir vingt-cinq mille dollars de récompense pour tout renseignement conduisant à l'arrestation de l'assassin. Un lycée offre aujourd'hui une bourse d'études supérieures au nom de la victime, une école élémentaire ayant, elle, donné le nom de Lisa Ann Rosales à un jardin public.

Les pistes solides étaient rares jusqu'au jour de 1985 où une femme passa un coup de fil anonyme à la police : sa conscience ne la laissant plus tranquille, elle voulait faire savoir que Castro, qui travaillait comme homme d'entretien chez les Rosales, était l'assassin. Ce tuyau redonna vie à l'enquête, d'autres preuves étant alors découvertes contre ledit Castro.

D'après les polices américaine et mexicaine, ce dernier, qui était retourné au Mexique quelques semaines après le meurtre, passa aux aveux peu après avoir été arrêté à Mexicali en 1986.

Des policiers mis en examen

Los Angeles Times

15 septembre 1991

SOUPÇONNÉE DE MEURTRE, ELLE CHERCHE
À SE DISCULPER EN ATTAQUANT EN JUSTICE

Selon Mary Kellel-Sophiea, les inspecteurs des Homicides ont tenté de lui imputer l'assassinat de son mari. La police, elle, croit toujours à sa culpabilité.

Mary Kellel-Sophiea déclare être en procès pour meurtre. Mais c'est elle qui l'a voulu.

Pendant deux mois l'année dernière, elle a été menacée de la peine capitale après qu'on l'eut accusée d'avoir assassiné son mari dont elle s'était séparée. Le 31 janvier 1990, Gregory Sophiea était poignardé dans son lit, au domicile de Shadow Hills que le couple avait partagé pendant cinq ans.

C'est alors qu'un procureur renonça aux poursuites en arguant auprès d'un juge qu'il n'avait pas assez de preuves pour aller au procès.

Un an et demi plus tard, il n'a toujours pas été trouvé d'autres preuves. Mais Kellel-Sophiea est de nouveau devant un tribunal. Cette fois, c'est elle qui a entamé les poursuites et qui accuse deux inspecteurs de police de Los Angeles d'avoir violé ses droits constitutionnels en l'arrêtant sans preuves et en conspirant pour lui imputer un meurtre qu'elle n'a pas commis.

Ce procès en violation des droits civils qui a débuté il y a quinze jours devant un jury de l'US District Court[1] se déroule d'une manière très semblable à celle d'un procès pour meurtre. Les inspecteurs ont témoigné sur leur enquête et identifié un jeune routard de dix-huit ans condamné pour ce meurtre et qui, selon eux, aurait aidé Kellel-Sophiea à assassiner son mari. Un médecin légiste a ensuite détaillé l'autopsie. Puis ce fut au tour d'un voisin de dire aux jurés comment il avait découvert le cadavre et le couteau de boucher couvert de sang.

Que la peine de mort ne soit pas en jeu dans le verdict des jurés n'empêche pas que ces derniers – ils sont dix – auront, de fait, à juger Kellel-Sophiea et à décider si oui ou non elle a été poursuivie à tort par des enquêteurs obsessionnels ou si non seulement elle n'a pas été punie pour son crime, mais cherche en plus à obtenir des dommages et intérêts de la part de ceux qui l'ont poursuivie.

Kellel-Sophiea, qui est âgée de quarante ans, habite actuellement à Long Beach. Elle cherche à obtenir des dommages et intérêts d'un montant inconnu des inspecteurs Woodrow Parks et Gary Milligan. Elle pense que les jurés vont l'exonérer en décidant que ces deux hommes l'ont arrêtée à tort, et que ce verdict va enfin mettre un terme aux soupçons qui pèsent sur elle.

« Si j'étais coupable, pourquoi ne voudrais-je pas continuer à mener ma vie comme avant en remerciant Dieu de m'en être tirée sans encombre ? nous a-t-elle déclaré au cours d'une interview la semaine dernière. Pourquoi me donnerais-je la peine de subir ce procès ? Car c'est comme un procès pour homicide. Si j'étais coupable, je ne serais pas ici. »

Ce procès a pour objet ce qui s'est produit aux premières heures du 31 janvier dans la maison de famille des Sophiea, dans Orcas Avenue, le but étant de déterminer si les inspecteurs mis sur l'affaire ont correctement et honnêtement interprété le sens des éléments de preuve laissés par l'assassin. Pour Kellel-Sophiea, ce n'est pas le cas.

« Ils ont jeté cette femme dans un train pour l'enfer et ils

1. Tribunal fédéral siégeant dans chaque district de l'Union *(NdT).*

essaient encore de pelleter du charbon dans la loco », nous a déclaré Ken Clark, un de ses avocats.

Selon un témoignage présenté au procès, Gregory Sophiea se serait disputé avec sa femme le dernier soir de sa vie.

Gregory et Mary s'étaient séparés après dix ans de mariage, mais étaient tombés d'accord pour se retrouver dans cette maison qu'ils possédaient en commun. Gregory, qui exerçait la profession de vendeur et de traiteur, y habitait encore et ils devaient discuter de sa vente.

La mort au bout de la querelle

D'après Kellel-Sophiea, une ancienne directrice d'agence publicitaire, ils se seraient disputés à propos des meubles dont elle avait besoin pour son nouvel appartement de Long Beach et des problèmes financiers ayant trait à la vente.

Plus tard, Gregory serait allé dormir dans la grande chambre pendant que sa femme dormait dans une autre, Kristen, leur fillette de six ans, dormant dans une troisième pièce.

Au cours d'un interrogatoire enregistré par la police le jour du meurtre, Kellel-Sophiea déclare avoir été réveillée peu après trois heures du matin par un bruit suivi d'une espèce de gargouillement. Sachant que son mari était asthmatique, elle se serait précipitée dans sa chambre et l'aurait trouvé en train de chercher sa respiration, couché sur le dos sur son matelas à eau.

Elle dit aussi avoir vu du sang sur les draps et pensé qu'il s'était blessé – ce qui était déjà arrivé lors d'une précédente crise d'asthme un matin. Elle aurait déclaré aux inspecteurs ne pas avoir remarqué de blessures sur la poitrine et le cou de son mari.

Bien qu'il y ait un téléphone sur la table de nuit, Kellel-Sophiea se précipite sur un autre appareil de la maison, appelle police secours pour dire que son mari n'arrive plus à respirer et court chez un voisin pour trouver de l'aide. Pendant que ce voisin, Larry Rotoli, entre dans la chambre pour essayer d'aider Gregory Sophiea, Kellel-Sophiea, elle, reste devant la maison pour attendre l'ambulance.

À leur arrivée quelques instants plus tard, les infirmiers constatent que Gregory Sophiea est mort et qu'il a reçu sept coups de couteau en haut de la poitrine.

Kellel-Sophiea est alors emmenée au commissariat de police de la division de Foothill pour y être interrogée pendant que plusieurs inspecteurs se rassemblent sur la scène de crime. Parmi eux se trouvent un Parks qui a huit ans d'expérience en tant qu'inspecteur des Homicides et un Milligan qui, lui, enquête pour la première fois sur un meurtre en qualité d'élève inspecteur. C'est à eux que reviendra l'affaire.

Parmi les éléments de preuve qui attendent les inspecteurs, il y a un couteau de boucher couvert de sang sur le plancher de la chambre à coucher. Parks et Milligan découvrent aussi que la fenêtre d'une des salles de bain donnant sur le jardin de derrière est ouverte, un grillage antimoustiques intact étant appuyé sur un mur dehors. Et il y a de la poussière sur le siège des toilettes et le plancher de la salle de bain.

Ils trouvent en outre des taches de sang dans d'autres endroits de la maison et des empreintes sanglantes sur une clôture du jardin de derrière. Ils tombent encore sur des marques de bris de clôture sur la face externe d'une porte de derrière.

À première vue, tout semblerait donc indiquer que quelqu'un s'est introduit dans la maison par la fenêtre de la salle de bain et a fui en passant par la même fenêtre et en sautant par-dessus la clôture après avoir poignardé Sophiea. Sauf qu'après avoir mené leur enquête préliminaire de routine, les deux inspecteurs arrivent à une conclusion différente.

Aucune trace de pas

Parks et Milligan ont déclaré n'avoir retrouvé aucune trace de pas sous la fenêtre de la salle de bain. Ils auraient alors compris que le grillage de la fenêtre ne pouvait pas avoir été ôté du dehors sans être endommagé. En éclairant la scène avec une lumière rasante, ils constatent aussi que la poussière sur l'allée en pierre conduisant à cette fenêtre n'a pas été déplacée

– indiquant par là même que personne n'est passé dans cette allée cette nuit-là.

Sans parler des résidus chimiques de ce qui aurait pu être du sang retrouvés dans deux lavabos et une baignoire de la maison.

Pour eux, l'effraction a été montée de toutes pièces afin de les faire partir sur une fausse piste.

« Nous sommes tous d'accord pour affirmer qu'il n'y a pas eu effraction, a déclaré Milligan la semaine dernière. À mon avis, personne n'est passé par cette fenêtre pour entrer dans la maison ou en sortir. »

L'effraction ainsi écartée, leurs soupçons se sont portés sur la veuve. Ils ont déclaré que, selon eux, la victime était déjà morte depuis au moins une heure quand Kellel-Sophiea dit l'avoir vue chercher sa respiration et avoir appellé police secours. Un test chimique effectué sur ses mains a révélé la présence de traces de sang, ceci alors même qu'elle disait ne pas se rappeler avoir touché son mari avant de chercher de l'aide. Mais plus que toute autre chose, c'est son histoire qui sonnait faux, ont-ils encore affirmé.

« Cet homme qui avait sept plaies dans le corps aurait eu une crise d'asthme ? ! s'est exclamé Milligan. Ce qu'elle nous disait n'était pas crédible. Je me suis posé des questions... Comment quelqu'un aurait-il pu regarder cet individu et déclarer qu'il avait une crise d'asthme ? »

Selon la transcription de l'enregistrement passée aux jurés, les deux inspecteurs interrogèrent Kellel-Sophiea au commissariat de Foothill deux heures durant sans qu'elle démorde de ses premières déclarations. Au lieu de ça, elle sombre dans l'hystérie en apprenant que son mari est mort de ses blessures et pas d'une crise d'asthme et qu'elle se trouve donc en état d'arrestation :

PARKS : Vous avez assassiné ce type.

KELLEL-SOPHIEA : Oh, allons ! Je n'y comprends rien... Que voulez-vous dire ? Je ne sais même pas de quoi vous parlez.

PARKS : Bien, que je vous le dise tout de suite... Ce que je vous raconte, c'est que vous allez finir en prison... pour avoir assassiné votre mari.

KELLEL-SOPHIEA : Je n'ai jamais... Je n'ai rien d'un assassin. Je n'ai pas ça en moi... Je n'arrive pas à y croire.

PARKS : Ben, vaudrait mieux.

KELLEL-SOPHIEA : ... Je n'ai rien fait de mal. Pourquoi aurais-je fait ça ? Je rêve ou quoi ? »

Kellel-Sophiea fut alors incarcérée et formellement inculpée de meurtre deux jours plus tard par la cour municipale de San Fernando. Elle plaida non coupable.

L'enquête se poursuivant, à la mi-février les inspecteurs apprirent que les empreintes sanglantes retrouvées sur la clôture n'appartenaient pas à Kellel-Sophiea comme ils le pensaient. De fait, c'était celles d'un jeune drogué et ancien pensionnaire d'asile psychiatrique de dix-huit ans répondant au nom de Tony Moore.

Le 20 février 1990, les inspecteurs l'arrêtent, l'interrogatoire de six heures qui s'ensuit se soldant par diverses versions des faits, certaines l'impliquant, lui, alors que d'autres font apparaître Kellel-Sophiea comme l'assassin.

D'après David Romley, un autre avocat de Kellel-Sophiea, l'enregistrement de l'interrogatoire de Moore est un des éléments clés du procès que sa cliente a intenté contre les deux inspecteurs. Pour lui, il montre qu'ils sont tombés « dans une enquête-tunnel » avec syndrome de « suspects commodes » en poussant Moore à adhérer à leur théorie préconçue, selon laquelle ce cambriolage aurait été monté de toutes pièces et que, de fait, Kellel-Sophiea était impliquée dans le meurtre.

« Ils se sont contentés d'essayer de tout faire entrer dans le moule de leurs conclusions », dit-il encore.

D'après une transcription de l'interrogatoire enregistré, Moore aurait commencé par nier s'être jamais trouvé dans la maison des Sophiea, mais aurait répondu : « Bon, d'accord. Là, vous me tenez », lorsqu'on l'informa que ses empreintes sanglantes avaient été retrouvées sur les lieux.

Moore raconte ensuite aux deux inspecteurs comment il est entré dans la maison en passant par une fenêtre de salle de bain et s'est emparé d'un couteau de boucher dans la cuisine. Il aurait ensuite poignardé la victime lorsque celle-ci se serait réveillée et l'aurait vu en train de chercher des objets à voler.

Mais, les inspecteurs lui disant qu'il ment, il change sa version des faits pour y inclure Kellel-Sophiea en tant qu'assassin. Elle l'aurait payé six cents dollars pour qu'il tue son mari, mais l'aurait fait elle-même en découvrant qu'il en était incapable. Il aurait ensuite monté le coup du cambriolage avec elle pour faire croire que c'était un voleur qui avait tué Sophiea.

Des versions qui changent

Moore change encore deux fois de version au fur et à mesure que l'interrogatoire se poursuit – la première pour reconnaître avoir tué Sophiea en cambriolant la maison, la deuxième en répétant que l'assassin est Kellel-Sophiea et en ajoutant qu'il a une liaison avec elle.

Kellel-Sophiea qualifie de ridicules les assertions de Moore comme quoi elle aurait eu une liaison avec lui ou aurait assassiné son époux. D'après Romley, les deux inspecteurs auraient « mené Moore en bateau » en en lui fournissant des renseignements sur Kellel-Sophiea et en lui parlant de certains éléments de preuve au début de l'interrogatoire. C'est ce qui lui aurait permis de l'impliquer dans l'assassinat.

Romley dit encore avoir l'intention de faire passer l'enregistrement aux jurés cette semaine, bien que l'adjointe à l'attorney de la Ville Honey A. Lewis, qui défend les deux inspecteurs, se soit opposée à ce que le jury l'entende. Lewis, Parks et Milligan ont refusé de discuter de l'affaire avant la fin du procès.

Suite à l'arrestation de Moore, Kellel-Sophiea a été réinculpée de meurtre, avec cette fois visée sur un gain financier, ce qui peut se solder par la peine de mort. Cette visée sur gain financier a été rajoutée aux charges, la police et les procureurs étant d'avis que Kellel-Sophiea a tué son mari pour toucher l'assurance et ne pas avoir à partager le produit de la vente de la maison.

Moore a plus tard plaidé coupable de meurtre et été condamné à une peine de prison de vingt-sept ans. Mais les inspecteurs n'ont toujours pas trouvé de preuves qui impliquent Kellel-Sophiea dans le meurtre de son ex-mari et ont renoncé à toute poursuite contre elle le 5 avril 1990, soit le jour même où une audience préliminaire[1] devait avoir lieu.

L'adjoint au district attorney Craig R. Richman a témoigné la semaine dernière au cours du procès fédéral : pour lui, les accusations pourraient être reprises si des preuves supplémentaires étaient retrouvées contre Kellel-Sophiea. Il a aussi déclaré n'avoir aucun élément de preuve qui le dissuade de croire que le cambriolage chez les Sophiea n'ait pas été monté de toutes pièces.

Parks et Milligan n'ont eux non plus pas été ébranlés dans leurs soupçons sur la veuve. L'un comme l'autre, ils ont déclaré toujours croire qu'elle a pris part à l'assassinat de son ex-mari.

« Je crois que Tony Moore et elle ont comploté », a notamment déclaré Milligan.

Les avocats de Kellel-Sophiea cherchent à renforcer la thèse de l'innocence de leur cliente à l'aide de divers témoins et dépositions. Bien que, d'après les inspecteurs, Sophiea ait péri une heure avant que sa femme ne cherche de l'aide, l'adjoint au médecin légiste Irwin Goldwin, qui a dirigé l'autopsie de la victime, a déclaré qu'il était impossible de donner l'heure de la mort à deux heures près avant l'arrivée des infirmiers. Contrairement à ce qu'ont affirmé les deux inspecteurs, deux experts en criminologie certifient qu'ôter le grillage de la salle de bain de l'extérieur ne posait aucune difficulté.

Des blessures passées inaperçues

Rotoli, le voisin auprès duquel Kellel-Sophiea était allée chercher de l'aide cette nuit-là, a déclaré avoir passé deux minutes à essayer d'aider Sophiea, mais ne pas avoir lui non plus remarqué de blessures sur le corps de la victime – en grande partie parce que celle-ci avait la poitrine très velue.

Rotoli déclare aussi s'être lavé les mains au lavabo pour en

1. Audience au cours de laquelle le juge resserre l'objet du procès et indique aux avocats de l'accusation et de la défense ce qu'il sera admissible de faire, dire ou présenter devant la cour *(NdT)*.

faire partir le sang. D'après un expert en médecine légale, les résultats des tests pratiqués sur les traces de sang trouvées dans l'autre lavabo, dans la baignoire et sur les mains de Kellel-Sophiea pourraient être inexacts et identifier un sang qui n'a rien à voir avec cet assassinat.

Les avocats de Kellel-Sophiea avancent que tous ces renseignements étaient disponibles aussitôt après le meurtre, mais que les deux inspecteurs ont bousillé l'affaire en se focalisant trop tôt sur Kellel-Sophiea. Et que, maintenant qu'ils l'ont accusée, ils refusent de se rétracter.

« Avant même d'arriver sur la scène de crime, ils étaient persuadés que c'était sa femme qui avait fait le coup, affirme Romley. Après, ils ont découvert les preuves du cambriolage, mais n'ont pas voulu en tenir compte. Ils s'étaient fait leur religion. Pour eux, Kellel-Sophiea était déjà condamnée. »

Kellel-Sophiea craint toujours de perdre à nouveau sa liberté.

« Je ne sais pas s'ils cesseront jamais, dit-elle de Parks et Milligan. C'est pour ça que j'ai entamé ce procès. Je veux les empêcher de faire la même chose à d'autres gens. »

26 septembre 1991

APRÈS AVOIR PERDU SON PROCÈS, L'ÉPOUSE EST TOUJOURS SOUPÇONNÉE D'AVOIR ASSASSINÉ SON MARI

L'enquête sur Mary Kellel-Sophiea, que l'on soupçonne d'avoir assassiné son mari, a repris mercredi, soit le lendemain même du jour où les deux inspecteurs chargés de l'affaire ont été lavés des accusations d'arrestation abusive et de conspiration qu'elle avait lancées contre eux.

Il n'a fallu que trente-cinq minutes au jury d'une cour fédérale pour rendre un verdict favorable aux inspecteurs de la police de Los Angeles Woodrow Parks et Gary Milligan.

Kellel-Sophiea, quarante ans, les avait traduits en justice en arguant qu'ils avaient bâclé leur enquête sur l'assassinat de Gregory

Sophiea survenu le 31 janvier 1990, dans la maison que le couple possédait à Shadow Hills. Les inspecteurs étaient accusés de s'être focalisés sur elle alors qu'il était clair que c'était un cambrioleur qui avait tué son mari.

Kellel-Sophiea avait été arrêtée le matin du meurtre, mais deux mois plus tard, les procureurs déclarant qu'ils n'avaient pas assez d'éléments de preuve, les poursuites judiciaires étaient abandonnées. Plus tard, un vagabond de dix-huit ans qui, d'après la police, aurait comploté avec elle pour tuer son mari, devait plaider coupable du meurtre et écoper de vingt-sept ans de prison.

Aux yeux de l'inspecteur Parks, qui continue de diriger l'enquête, Kellel-Sophiea est toujours suspectée. Certains éléments de preuve, dont des tests ADN, sont encore examinés, mais il n'a pas voulu en dire plus.

« Il ne s'agit pas d'une mission sacrée, nous a-t-il déclaré, mais l'affaire n'est pas close. Et je ne cherche à assouvir aucune vengeance. Kellel-Sophiea devrait être traduite en justice dans la mesure où beaucoup de choses montrent clairement qu'elle a quelque chose à voir avec l'assassinat de son mari. »

Il ne nous a pas été possible de joindre l'inspecteur Milligan, qui travaille maintenant au service des Narcotiques.

Pendant les trois semaines que dura le procès jugé par l'US District Court, les avocats de Kellel-Sophiea ont tenté de démontrer son innocence et d'apporter la preuve que le jeune homme plus tard reconnu coupable de l'assassinat avait agi seul.

À l'époque du meurtre, Kellel-Sophiea et son mari étaient en pleine séparation et faisaient chambre à part dans leur maison d'Orcas Avenue. Elle a témoigné avoir entendu et vu son époux chercher sa respiration vers trois heures du matin le 31 janvier 1990 et, le croyant victime d'une crise d'asthme, avoir appelé police secours avant de courir chercher de l'aide chez un voisin. Les infirmiers devaient s'apercevoir que Sophiea avait été poignardé à mort, la police découvrant, elle, qu'une fenêtre de salle de bain était ouverte et un grillage antimoustiques ôté de son cadre.

Pour Parks et Milligan, ces éléments de preuve indiquaient que le cambriolage avait été « monté de toutes pièces » afin d'égarer les enquêteurs. Ajoutés aux contradictions qu'ils avaient relevées dans les déclarations de Kellel-Sophiea, d'autres éléments de preuve – dont du sang retrouvé sur le plancher de sa chambre – les avaient alors amenés à se concentrer sur elle.

Quinze jours après l'arrestation de Kellel-Sophiea, ils s'apercevaient que les empreintes sanglantes trouvées sur une clôture de la maison étaient celles de Tony Moore, un vagabond de dix-huit ans originaire de Sun Valley. Moore fut arrêté et, pendant les neuf heures que dura son interrogatoire, donna plusieurs versions de ce qui s'était passé, tantôt pour s'impliquer, tantôt pour dire que Kellel-Sophiea avait pris part à l'assassinat.

Bien que les déclarations de Moore sur Kellel-Sophiea n'aient jamais été corroborées, les enquêteurs continuent de penser que le cambriolage n'était qu'une mise en scène et que Kellel-Sophiea était bel et bien partie prenante dans le meurtre.

Avant que les jurés commencent à délibérer, le juge James M. Ideman rejeta les allégations selon lesquelles les inspecteurs auraient conspiré pour coincer Kellel-Sophiea : pour lui, rien ne prouvait qu'ils se soient conduits de cette manière.

L'adjointe à l'attorney de la Ville A. Lewis, qui défendait les inspecteurs, a déclaré qu'il revenait aux jurés de décider si les enquêteurs avaient agi de bonne foi en arrêtant Kellel-Sophiea. Qu'elle soit ou ne soit pas innocente du meurtre n'était pas la question, fit-elle encore remarquer.

« Le mystère reste entier, a-t-elle ajouté. Ce n'était pas cela qu'il fallait analyser. La question était de savoir si les inspecteurs avaient une raison valable ou plausible de l'arrêter. Les jurés ont décidé qu'ils l'avaient. »

Ken Clark, un des avocats de Kellel-Sophiea, a déclaré que l'affaire avait été détournée de son sens lorsque Ideman avait interdit aux jurés d'entendre un enregistrement de l'interrogatoire de Moore, enregistrement qui, selon lui, montrait que les inspecteurs avaient manipulé le suspect pour lui faire dire que sa cliente avait pris part au meurtre.

Toujours d'après lui, il y aura probablement appel.

Escadron de la mort

Los Angeles Times

13 février 1990

UNE UNITÉ DE SURVEILLANCE ABAT
TROIS SUSPECTS DE CAMBRIOLAGE

Lundi matin tôt, trois individus suspects de cambriolage ont été tués – un quatrième étant blessé – par neuf policiers appartenant à une brigade controversée de Los Angeles qui les surveillaient alors qu'ils entraient par effraction dans un McDonald's fermé de Sunland pour en détrousser la gérante sous la menace d'une arme. Peu après que les suspects furent remontés dans leur voiture – l'un d'eux braquant, à ce qu'ils disent, une arme sur eux –, les policiers tirèrent trente-cinq projectiles dans la Thunderbird couleur bronze dernier modèle. Aucun policier ne fut blessé durant cette confrontation qui eut lieu à deux heures du matin devant ce restaurant désert de Foothill Boulevard. La gérante, que les cambrioleurs avaient attachée et laissée derrière eux, n'a pas été blessée elle non plus.

D'après les autorités, ces policiers, qui font partie de la Section spéciale des enquêtes, une unité secrète qui assure souvent la surveillance d'individus soupçonnés d'avoir commis toute une série de crimes et délits, avaient suivi le cambriolage, mais sans intervenir pour des raisons de sécurité.

Après que les suspects, dont on pensait qu'ils avaient pris part à plusieurs cambriolages de fast-foods, furent remontés dans leur voiture, les policiers de la SSE jaillirent de leur planque, crièrent « Police » et ouvrirent le feu en voyant un de ces individus pointer son arme sur eux.

Trois pistolets à plombs ressemblant à de vrais pistolets furent retrouvés dans la voiture et sur un des suspects après la fusillade. D'après la police, il semblerait qu'aucune de ces armes n'ait été utilisée.

L'unité de balistique a analysé la fusillade. Pour son patron, le lieutenant William Hall, les policiers n'ont pas contrevenu au règlement, vieux d'un an, selon lequel les policiers doivent protéger toute victime potentielle même si cela doit mettre en péril une enquête en plongée.

Ce règlement a été instauré après que des officiels de la police eurent étudié les procédures en vigueur dans la SSE. Une enquête du *Times* remontant à 1988 avait en effet montré que cette unité de dix-neuf membres poursuivait souvent des criminels violents, mais ne profitait d'aucune occasion pour les arrêter avant que le vol ou le cambriolage ne soit perpétré – ce qui amenait souvent les victimes à être ou blessées ou terrorisées.

D'après les autorités, les policiers ayant pris part à la fusillade de lundi sont des vétérans de la SSE – tous ont une moyenne de dix-neuf ans de service au LAPD. Il s'agit de : Richard Spelman, 39 ans ; James Tippings, 48 ans ; Gary Strickland, 46 ans ; Jerry Brooks, 50 ans ; John Helms, 40 ans ; Joe Callian, 31 ans ; Warren Eggar, 48 ans ; Richard Zierenberg, 43 ans, et David Harrison, 41 ans.

L'écho de la fusillade de lundi matin a résonné dans tout ce quartier commercial et résidentiel, où les immeubles locatifs côtoient les restaurants, les magasins de proximité et les petites boutiques.

« Je me suis réveillé en entendant des tas de coups de feu, nous a déclaré Alejandro Medina, dont l'appartement en coin surplombe le lieu de la fusillade. Je me suis levé pour voir et il y a eu d'autres coups de feu. Je me suis jeté à terre. »

Bien que des policiers de la SSE aient surveillé de temps en temps un de ces individus depuis le début de l'année, Hall nous a dit que les suspects n'avaient pas été vus en train d'enfreindre la loi avant d'entrer par effraction dans le McDonald's du 7950 Foothill Boulevard.

« Durant la période où les suspects ont été surveillés, aucun crime n'a été perpétré, toujours d'après Hall. Pour pouvoir les arrêter, il fallait une raison. Et cela ne s'était pas produit. Il est possible qu'ils aient franchi la ligne jaune dès qu'ils se sont approchés du restaurant. »

Il ajoute que les policiers ont quand même décidé de ne pas mettre en danger la vie de la gérante en essayant de prendre le restaurant d'assaut pour arrêter les cambrioleurs.

« Il avait été décidé que, personne n'ayant été blessé au cours des cambriolages qui auraient été commis par ces suspects, il valait mieux attendre qu'ils ressortent plutôt que d'entrer dans le restaurant », nous a encore déclaré le lieutenant Hall.

Les noms des trois hommes qui ont été tués n'ont pas été révélés lundi. Le blessé, lui, s'appelle Alfredo Olivas. Âgé de dix-neuf ans, il est originaire de Hollywood. Dans un état grave, il souffre de deux blessures par balle et a été hospitalisé au Holy Cross Medical Center de Mission Hills. La police déclare qu'il sera arrêté pour meurtre dès qu'il se sera remis – la loi californienne stipule en effet qu'il peut être tenu responsable de toute mort survenue pendant l'exécution du crime qui lui est reproché.

La police avait commencé à enquêter sur ces suspects après le cambriolage d'un McDonald's dans le centre de Los Angeles en septembre dernier, nous a encore déclaré Hall. La police et le personnel de sécurité du McDonald's pensant que les cambrioleurs étaient au courant du fonctionnement de l'établissement, plusieurs employés furent interrogés et durent passer au détecteur de mensonges.

Un de ces employés a été licencié après avoir échoué à ce test, mais d'après la police rien ne permettait de l'arrêter. Ce cambriolage ressemblait à au moins six autres (cinq dans des McDonald's et un dans un Carl's Jr) perpétrés dans l'agglomération de Los Angeles depuis le mois d'août. Dans chaque cas, les cambrioleurs étaient au courant du fonctionnement de l'établissement et obligeaient le gérant à leur ouvrir le coffre après la fermeture sous la menace de leurs armes.

Les policiers de la SSE ont commencé à suivre l'ex-employé au début janvier et, samedi soir, l'ont vu retrouver trois individus à Venice. Toujours d'après la police, il serait ensuite monté dans une Thunderbird couleur bronze pour gagner Sunland avec eux.

Arrivés au McDonald's à minuit, les quatre hommes attendent la fermeture assis dans la Thunderbird garée en face. À une heure trente-six du matin, au moment où la gérante, Robin Cox, vingt-quatre ans, est seule à l'intérieur, trois d'entre eux descendent de voiture pour s'approcher du restaurant.

D'après le lieutenant Hall, un des suspects serait resté devant le fast-food pendant que les deux autres tentaient de s'introduire dans l'établissement par la porte de derrière. Cox les entend et appelle la police. Les policiers de la SSE surveillant le restaurant, aucune patrouille n'est envoyée.

Toujours d'après Hall, les policiers de la SSE n'auraient pas voulu arrêter les suspects qui étaient trop éparpillés. Alors qu'ils les observent, les deux suspects à l'arrière du restaurant remontent vers une porte latérale et entrent dans le McDonald's par effraction. Les quatre suspects pénètrent alors dans le restaurant. Cox est aussitôt attachée et menacée d'une arme jusqu'à ce qu'elle ouvre le coffre. D'après la police, plusieurs milliers de dollars ont été volés.

Les suspects ressortent du restaurant une demi-heure plus tard et traversent la rue pour rejoindre la Thunderbird. Dès qu'ils y montent, quatre voitures banalisées avec huit policiers à bord arrivent par-derrière, un policier descendant de l'une d'elles et se mettant à courir.

D'après Hall, les policiers se seraient identifiés et tous portaient des vestes très clairement barrées de l'inscription « POLICE » devant et derrière.

« En approchant de la Thunderbird, ils virent un des suspects pointer une arme de poing sur eux. » Un des policiers s'écria : « Attention ! Ils ont une arme ! »

« À ce moment-là plusieurs policiers ont tiré sur le véhicule. Le passager avant est sorti et s'est enfui dans un terrain vague. Il était porteur d'une arme et plusieurs policiers lui ont tiré dessus. Tous ces coups de feu ont été tirés en à peine quelques secondes. »

Toujours d'après Hall, dès que la fusillade eut pris fin, deux policiers s'approchèrent de la voiture et tirèrent encore quatre fois dessus en voyant « deux des suspects se pencher vers le plancher où se trouvait une autre arme ».

Un total de vingt-trois coups de carabine et de douze coups de calibre .45 a été tiré par la police sur les cambrioleurs.

Plusieurs résidents des environs disent avoir été réveillés par la fusillade et les cris des policiers.

« Mon mari m'a crié d'appeler la police, nous a dit Ronda Caracci, dont l'appartement donne sur la zone de tir. J'ai regardé par la fenêtre et lui ai dit : "Eh mais… c'est elle !" »

10 janvier 1992

L'AVOCAT TRAITE D'ASSASSINS UNE BRIGADE DU LAPD DÈS L'OUVERTURE DU PROCÈS EN VIOLATION DES DROITS CIVILS

Selon la cour, le tribunal examinera les méthodes de certains policiers de la SSE qui ont abattu trois cambrioleurs

Les membres d'une unité de police de Los Angeles controversée qui avaient abattu trois hommes suite à un cambriolage dans Sunland en 1990 ont été traités d'« assassins avec insignes » ce jeudi par un avocat représentant les familles des défunts qui les attaquent au civil.

L'avocat Stephen Yagman a lancé cette allégation dans sa déclaration préliminaire, au cours du procès intenté devant l'US District Court, qui devra examiner les méthodes de la SSE – une unité de surveillance de dix-neuf membres qui suit des individus suspectés de crimes graves.

Les familles des trois hommes tués lors de la fusillade du 12 février 1990 et un quatrième cambrioleur qui en réchappa accusent la SSE de n'être « qu'un escadron de la mort » qui suit des suspects, les laisse commettre leurs crimes et très souvent les abat en s'approchant d'eux pour les arrêter.

« De fait, ils ne font qu'essayer de mettre fin à l'existence des gens qu'ils suivent », a ajouté Yagman à l'adresse des dix jurés.

L'adjoint à l'attorney de la Ville Don Vincent lui a renvoyé que ces policiers agissaient comme il faut et que la SSE est une unité de police fort utile. « Il s'agit là d'un organisme nécessaire et qu'on trouve dans pratiquement toutes les forces de police, a-t-il précisé. Cette unité est encore plus importante dans une ville comme Los Angeles qui fait trois cent soixante-cinq miles carrés… et où les criminels sont tout aussi mobiles que la police. »

La cour est présidée par le juge J. Spencer Letts et le procès devrait durer au moins trois semaines. L'accusation s'en prend à certains membres de la SSE, au chef de police Daryl F. Gates, au maire Tom Bradley, à la Commission municipale de la police et à toutes les personnes qui l'ont dirigée depuis les vingt-cinq ans qu'existe cette unité. D'après Yagman, les autorités auraient laissé s'instaurer un climat dans lequel peut opérer une unité « douteuse ». La fusillade devant le McDonald's de Foothill Boulevard s'est produite après une très longue enquête sur des cambriolages de restaurants. D'après la police, c'est à la fin 1989 que la SSE a identifié les suspects – Jesus Arango, 25 ans, et Herbert Burgos, 37 ans, originaires de Venice, et Juan Bahena, 20 ans, et Alfredo Olivas, 21 ans, tous les deux de Hollywood.

La SSE a suivi ces quatre hommes pendant trois mois de manière intermittente avant de les voir pénétrer par effraction dans le McDonald's, où la gérante Robin L. Cox travaillait seule après la fermeture.

Après l'avoir attachée, bâillonnée et lui avoir bandé les yeux, les suspects ont quitté l'établissement avec quatorze mille dollars dérobés dans le coffre.

C'est au moment où ils remontaient dans leur véhicule que les policiers de la SSE les ont encerclés à pied et en voiture. D'après la police, deux des suspects auraient alors pointé leurs armes sur eux, ces derniers faisant aussitôt feu, tuant trois des cambrioleurs et blessant Olivas au ventre. Les policiers auraient ensuite retrouvé des pistolets à plombs qui avaient tout l'air d'armes véritables.

Ces policiers ont expliqué plus tard qu'ils ne pouvaient pas procéder à des arrestations avant le cambriolage parce que les suspects se déplaçaient trop rapidement et étaient trop dispersés autour du restaurant.

La question de savoir si les suspects étaient armés au moment de la fusillade sera au cœur des débats. Pour Yagman, ils ne l'étaient pas et ont été abattus dans le dos.

Olivas, le premier témoin à déposer, a déclaré que les voleurs avaient rangé leurs armes dans le coffre de la voiture avant d'y monter. La fusillade a commencé quelques secondes plus tard, a-t-il ajouté. Olivas a été condamné à dix-sept ans de prison pour ces cambriolages.

Dans sa déclaration préliminaire, Vincent s'est opposé vigoureusement à cette déclaration en faisant remarquer que deux des cambrioleurs s'étaient attiré le feu des policiers en braquant leurs armes sur eux. « Les policiers ont le droit de se défendre, a-t-il dit. Ils ne sont pas obligés d'attendre qu'on les abatte. »

16 janvier 1992

LE FBI ENQUÊTE SUR LA MORT DE CAMBRIOLEURS ABATTUS PAR DES POLICIERS DU LAPD

D'après la police, l'existence de cette enquête lui a été révélée au cours du procès intenté à la SSE, accusée d'avoir abattu trois hommes qui cambriolaient un restaurant de la Valley

Le FBI enquête sur la mort de trois cambrioleurs abattus dans Sunland par les membres d'une brigade controversée de la police de Los Angeles. Il semblerait que, d'après certains documents montrés mercredi, le ministère de la Justice ait porté l'affaire devant un jury d'accusation fédéral.

L'existence de cette enquête est apparue au grand jour lorsque les bureaux de l'attorney fédéral en ont fait état, demandant à un juge de district de rejeter une citation à comparaître envoyée à un agent du FBI auquel on demandait de témoigner dans le procès intenté suite à la fusillade.

Cet agent du FBI, Richard Boeh, avait été cité à comparaître dans le procès en violation des droits civils intenté suite à l'incident du 12 février 1990, au cours duquel neuf policiers de la SSE ont tiré sur une voiture utilisée par quatre voleurs qui venaient de cambrioler un McDonald's de Sunland. Les policiers ont tué trois de ces cambrioleurs et blessé le quatrième.

Le survivant et les parents des suspects abattus poursuivent la ville et la police en justice en arguant que la brigade de la SSE aurait violé les droits civils des cambrioleurs en les exécutant sans raison.

Dans ce procès, qui dure depuis une semaine, les policiers ont témoigné que les cambrioleurs avaient été abattus parce qu'ils pointaient leurs armes sur eux. Il s'avère que les armes retrouvées sur les lieux étaient des pistolets à plombs qui ressemblaient à de vraies armes à feu.

Stephen Yagman, l'avocat des plaignants, avait cité à comparaître Boeh, en tant que témoin : à ses yeux, l'agent fédéral détient des informations capitales pour sa thèse – à savoir que les cambrioleurs avaient rangé leurs pistolets à plombs dans le coffre de leur voiture avant d'y monter et qu'ils n'étaient donc pas armés lorsque les policiers de la SSE les ont surpris et ont ouvert le feu.

D'après Yagman, l'enquête du FBI remonte au début de l'année dernière, date à laquelle Boeh aurait interrogé le seul survivant de la fusillade, Alfredo Olivas, aujourd'hui âgé de vingt et un ans et purgeant une peine de dix-sept ans de prison pour vol à main armée.

« Ce serait pervertir la justice que de laisser délibérer les jurés sans qu'ils aient pu entendre ce qu'a découvert le FBI », a-t-il déclaré hors séance.

Mais le bureau de l'attorney fédéral a déposé une motion pour annuler cette citation à comparaître. Dans une déclaration contenue dans cette motion, Boeh dit avoir enquêté sur la fusillade depuis avril 1990 et indique qu'il a témoigné devant un jury d'accusation qui enquêtait sur cet incident.

« Si l'on me demandait de témoigner, ma déposition violerait l'obligation de secret inhérente aux procédures entamées devant un jury d'accusation », a-t-il déclaré.

Il dit aussi qu'en témoignant il devrait révéler l'identité de ses informateurs et d'autres détails ayant trait à l'enquête fédérale.

« À ce que je sais, les informations données par les indicateurs et l'identité de ces derniers ne sont connues que du ministère, a-t-il précisé. Mon témoignage révélerait des faits ayant trait à sa stratégie dans cette enquête. »

L'adjoint à l'attorney fédéral Sean Berry, qui entend bien empêcher le témoignage de Boeh, n'a pas répondu à notre demande de renseignements par téléphone. Les services de l'attorney fédéral ne font généralement aucun commentaire sur les procédures entamées devant un jury d'accusation, celles-ci étant secrètes.

L'adjoint à l'attorney de la Ville de Los Angeles, Don Vincent, qui représente les policiers et d'autres accusés dans ce procès, dont le chef de police Daryl F. Gates et le maire Tom Bradley, n'a pu être joint par téléphone après la suspension de séance de mercredi.

Le juge J. Spencer Letts n'a pas encore arrêté si Yagman sera autorisé à appeler Boeh à la barre.

Au cours des témoignages présentés mercredi, plusieurs patrons de la police ont défilé à la barre et décrit brièvement la façon dont ils ont commandé – certains remontant même jusqu'au début des années 60.

Yagman a appelé à la barre treize anciens membres de la Commission municipale de la police et trois anciens chefs de police dans l'espoir d'étayer sa théorie, selon laquelle la SSE, une unité de police qui surveille en secret les agissements de certains criminels, ne serait qu'un « escadron de la mort » agissant en toute liberté depuis vingt-cinq ans dans la mesure où les chefs de police et les patrons de la Commission municipale de la police n'ont que peu d'influence sur ce service.

D'après ces témoignages, la SSE serait impliquée dans 45 fusillades depuis 1965, aurait tué 28 personnes et en aurait blessé 27 autres.

La plupart des anciens patrons de la Commission municipale de la police ont déclaré que, pour eux, leur nomination à ce poste n'était qu'un boulot à temps partiel, quatre d'entre eux allant jusqu'à dire qu'ils n'avaient jamais entendu parler de la SSE pendant leur mandat. Au cours de son bref témoignage, l'ancien chef de police Tom Reddin, qui occupa ce poste de 1967 à 1969, a déclaré avoir eu connaissance de l'existence de cette unité, mais ne s'être jamais intéressé à ses activités.

Pour Roger Murdock, qui fut six mois chef de police intérimaire en 1969, la SSE aurait été créée pour enquêter sur l'assassinat du sénateur Robert F. Kennedy.

Yagman n'a pas posé de questions sur la SSE au sénateur républicain de Santa Clara Ed Davis, qui était le chef de police de 1969 à 1978. Il a préféré lui demander comment il voyait le rôle de la Commission municipale de police à l'époque où il était chef.

« Je peux me tromper, mais j'ai toujours pensé que c'étaient mes patrons, a-t-il répondu. Ils étaient durs… et je faisais ce qu'ils voulaient. Ce boulot, j'entendais le conserver un certain temps[1]. »

1. L'agent du FBI Richard Boeh a refusé de témoigner sur l'enquête qu'il a menée sur les activités de la SSE et a été condamné pour outrage à magistrat. Il a aussitôt fait appel, sa condamnation étant levée par la 9e Circuit Court of Appeals. Le procès a repris un mois plus tard, et sans son témoignage *(Note du rédacteur en chef)*.

4 février 1992

LE RAPPORT CHRISTOPHER : UNE ARME A DOUBLE TRANCHANT

D'après la cour, les conclusions de la commission d'enquête mandatée par la ville pourraient se retourner contre Los Angeles lorsque les jurés rendront leur verdict dans les procès intentés pour brutalités policières

Le maire Tom Bradley arborait un maigre sourire en prenant place dans le box des témoins. Aussi bien doit-il affronter une situation difficile, à laquelle la ville et lui auront peut-être à s'habituer.

Le mois dernier, il témoignait devant une cour fédérale en qualité d'accusé dans un procès en violation des droits civils. Il n'a alors pas cessé de répéter que oui, il était pleinement d'accord avec les conclusions de la commission Christopher, celle qui, complètement indépendante et « de haut niveau », a enquêté l'année dernière sur la police de Los Angeles et découvert qu'en plus d'avoir des problèmes de gestion, elle faisait un usage excessif de la force et se montrait raciste.

– Vous n'émettez aucune réserve sur ces conclusions ? lui a demandé hier l'avocat du plaignant, Me Stephen Yagman.

– Non, aucune, a répondu Bradley à l'adresse des dix jurés.

Bradley témoignait dans un procès en violation des droits civils, où des policiers sont accusés d'avoir tué trois hommes soupçonnés de cambriolage sans qu'il y ait eu provocation de la part de ces derniers. Les patrons de la police et Bradley sont aussi accusés de tolérer un usage excessif de la force et de nombreux manquements relevés par la commission d'enquête.

De fait, le maire voit son arme se retourner contre lui ; c'est en effet essentiellement lui qui a poussé à la création de cette commission. Et les conclusions de cette dernière pourraient s'avérer décisives si les jurés arrêtaient que ces policiers se sont mal conduits et que leurs supérieurs – et ce jusqu'au maire

Bradley et au chef de police Daryl F. Gates – sont responsables de leurs actes.

Si ce procès est le premier dans lequel des plaignants se servent du rapport de la commission Christopher pour accuser la police et les autorités municipales, il est probable que ce ne sera pas le dernier.

Avocat des droits civils spécialisé dans les poursuites contre la police, Yagman déclare avoir cinq procès à venir rien que pour cette année. Dans chacune de ces affaires, il a l'intention de présenter ce rapport comme pièce à conviction contre une police qui, dit-il, ne se contrôle plus. La semaine dernière, d'autres avocats des droits civils nous ont fait part de leur intention de l'imiter.

Que ce document lui ait été, en gros, préparé par la municipalité que ses clients traînent aujourd'hui en justice est « aussi plaisant que paradoxal », a encore déclaré Yagman. « L'effet de ce rapport s'apparente à celui de la crème fouettée sur un malt. »

En attendant, l'adjoint à l'attorney de la Ville Don Vincent, qui a la charge de défendre la municipalité contre les poursuites intentées contre la police, nous a informé que son équipe élaborait des stratégies propres à répondre à ce rapport lorsqu'il y sera fait référence devant une cour. Et de concéder que son travail ne fait peut-être que commencer.

« C'est un bon outil pour tous les avocats des droits civils, fait-il remarquer. Je suis sûr que nous aurons à y faire face pendant plusieurs années. »

Bien que la teneur de ce document ait été longuement discutée devant les jurés, Vincent espère encore bloquer l'introduction de ce volume de deux cent vingt-huit pages comme pièce à conviction dans le procès. S'il fait remarquer que bon nombre de ses conclusions sont favorables à la police, il affirme aussi que les propos préjudiciables qu'on y trouve ne se fondent que sur des on-dit et des opinions personnelles – et pas sur des faits.

Le procès en cours fait suite à la fusillade du 12 février 1990, au cours de laquelle neuf membres de la SSE ont ouvert le feu sur quatre suspects qui venaient de quitter un McDonald's après un hold-up. Les quatre hommes avaient été touchés par balles, un seul d'entre eux en réchappant.

Les familles des défunts et le rescapé, qui a été plus tard emprisonné pour cambriolage, ont déposé plainte contre les policiers, le maire Bradley et la Commission municipale de la police : pour eux, les droits civils des cambrioleurs auraient été violés dans la mesure où la police a ouvert le feu sans qu'il y ait eu provocation. Il est en outre affirmé que la SSE serait un « escadron de la mort » créé et encouragé par une gestion laxiste des brutalités policières et du racisme.

Plus d'un an après, la commission Christopher, formée par le maire Bradley suite au tollé suscité par l'affaire Rodney G. King, a publié un rapport très critique sur la gestion de la police et conclu que celle-ci avait des problèmes d'usage excessif de la force, de racisme et de « code du silence ».

Dans une interview récente, Yagman a déclaré que nombre de conclusions de ce rapport corroborent les allégations contenues dans la plainte déposée après la fusillade du McDonald's.

Il n'a pas réussi à faire déposer à la barre le président de la Commission, Christopher Warren. Néanmoins, le juge J. Spencer Letts de l'US District Court l'a autorisé à se servir du rapport pour interroger des témoins tels que Bradley, Gates et les patrons de la Commission municipale de la police.

Letts devrait décider plus tard si le rapport sera accepté comme pièce à conviction et si les jurés pourront s'y référer pendant leurs délibérations.

Quelle que soit sa décision, le rapport et ses conclusions occupent déjà une grande place dans les minutes du procès. Tellement même qu'à un moment du témoignage de Bradley, Letts l'a interrompu et a rappelé aux jurés qu'ils n'avaient pas à se prononcer en se basant sur l'incident qui a déclenché le rapport.

« Ne vous méprenez pas, leur a-t-il dit. Ce n'est pas Rodney King que vous avez en face de vous. »

Hors séance, Yagman a déclaré à des journalistes que les questions qu'il avait posées aux témoins couvraient « tous les chapitres » du rapport.

Cela dit, l'incidence du rapport Christopher sur ce procès et sur ceux qui suivront ne sera claire qu'à l'énoncé des verdicts.

Aussi bien les jurés de l'affaire du McDonald's ont-ils entendu des témoignages contradictoires sur ce rapport. Si Bradley dit être d'accord avec ses conclusions, pour Gates nombre d'entre elles sont mensongères ou exagérées.

Et même après avoir témoigné qu'il l'acceptait, Bradley a cherché à remédier aux dommages infligés à la défense en soulignant que ce document ne s'en prend qu'à une infime partie de la police. Et d'affirmer qu'en gros la ville avait les meilleures forces de police du pays.

Yagman et d'autres avocats font remarquer, eux, que le rapport de la commission apportera automatiquement une forte validation aux accusations de brutalités policières contenues dans l'acte d'accusation.

« Ce n'est pas un fou furieux des droits civils qui le dit, c'est une commission d'experts désignée pour évaluer honnêtement la conduite du LAPD », a déclaré l'avocat Benjamin Schonbrun. Celui-ci a l'intention d'introduire ce rapport comme pièce à conviction dans deux procès qui se préparent contre la police de Los Angeles.

« Cela fait des années que je dis les mêmes choses, lance Yagman en parlant des conclusions du rapport. Aujourd'hui, tout le monde me croit. »

Pour d'autres avocats spécialisés dans les procès pour violences policières, ce rapport aura un effet significatif sur la façon dont ils vont préparer leurs poursuites contre la police de Los Angeles et, ce n'est pas impossible, sur la manière dont les dommages et intérêts seront évalués.

« Ce document est d'une importance capitale », nous a déclaré Hugh R. Manes, avocat des droits civils à Los Angeles depuis plus de trente-cinq ans. Pour lui, c'est un outil essentiel contre le LAPD. Fondé sur les propres rapports de la police et sur des dossiers qui remontent à dix ans, il montre bien qu'il y a un schéma récurrent de mauvaise conduite.

Toujours d'après Manes, que ce rapport couvre l'ensemble

des problèmes du LAPD signifie que certaines parties du document seront pertinentes et recevables par les tribunaux dans presque toutes les plaintes déposées contre la police.

L'avocat conseil de la police Donald Cook a une affaire en instance contre Gates et la Ville qui, elle aussi, fait état de mauvaise conduite par les membres de la SSE.

« Et devinez un peu de quoi je vais me servir ? » a-t-il demandé récemment.

Comme Yagman, il essaiera de faire admettre le rapport comme pièce à conviction prouvant que la police est mal gérée et ferme les yeux sur un usage excessif de la force.

« C'est une preuve absolument superbe – très fiable et très crédible – de ce que nous répétons depuis des années, dit-il de ce rapport. Il est ironique que ce soit la Ville qui valide nos assertions. Vraiment ironique.

« Pour moi, la municipalité se prend une belle dose de justice. »

Vincent, l'adjoint à l'attorney de la Ville, doit encore monter la défense de la Ville dans ce procès. S'il refuse de nous donner des détails précis sur sa stratégie, il n'en déclare pas moins que sa tâche est de séparer clairement ce rapport de la fusillade qui est à la base de la plainte.

« Nous allons nous en tenir aux faits et à eux seuls, dit-il encore. Nous sommes de la même opinion que le maire. La police de Los Angeles est toujours la meilleure du pays. »

Pour lui, presque tous les documents utilisés comme preuves dans des plaintes contre la police proviennent de comptes rendus de fusillades, de déclarations effectuées par les policiers eux-mêmes et de procès-verbaux de conseils de discipline. Bref, faire avec ce rapport n'est pas une situation totalement neuve. Mais il n'empêche : c'est son impact qui sera le plus difficile à gérer.

« À mon avis, ce document est significatif. Il est déjà reconnu et prestigieux.

« Mais je crois que nous pourrons nous en arranger comme il faut. Nous pensons que certaines parties sont fausses et donnent une vision déformée de la réalité. »

D'après Vincent, cette vision vient de ce que le rapport se focalise sur les problèmes de la police et oublie de mentionner ses aspects positifs. Les conclusions du rapport étant trop générales, les jurés auront du mal à les appliquer aux policiers impliqués dans la fusillade du McDonald's, parce que ni leur unité ni eux ne sont mentionnés dans ce document.

« On ne devrait jamais se servir de ce genre de renseignements, ajoute-t-il. Ils sont utilisés dans ce procès afin de porter préjudice à des policiers qui n'y sont même pas mentionnés. »

Cela dit, Vincent se résigne à devoir contrer l'effet de ce rapport dans nombre de procès à venir.

« Je ne connais pas encore toutes les manières dont il pourra être utilisé contre nous. Nous y réfléchissons donc.

« Nous nous contenterons de prendre tout cela au fur et à mesure. »

5 mars 1992

L'INSPECTEUR DU LAPD DONNE DES DÉTAILS SUR LA FUSILLADE FATALE

Selon l'avocat des droits civils, ce policier témoigne en tant qu'accusé dans un procès où il est soutenu que la SSE a tué trois cambrioleurs non armés

Dans le témoignage de trois heures qu'il a donné ce mercredi devant une cour fédérale, un officier de police de Los Angeles a décrit dans de sinistres détails la fusillade au cours de laquelle lui et d'autres policiers ont tiré trente-cinq fois sur quatre cambrioleurs, devant un McDonald's de Sunland, et en ont tué trois et blessé le quatrième.

L'inspecteur John Helms dit avoir tiré six fois avec sa carabine et trois avec un pistolet après avoir vu un des bandits s'échapper de sa voiture une arme à la main et un deuxième en brandir une autre à l'intérieur du véhicule.

Plus tard, la police devait découvrir que les armes utilisées par les voleurs pendant l'incident du 12 février n'étaient que des copies d'armes véritables, des pistolets à plombs.

« Je cherchais le moindre signe indiquant que ces hommes essayaient d'accepter leur arrestation, a-t-il déclaré en se référant à l'événement. Mais je n'ai rien vu [qui témoigne d'un désir de se rendre]. »

Le témoignage de Helms survient au cours d'un procès en violation des droits civils qui dure déjà depuis plusieurs mois et a été intenté par le rescapé et les familles des trois tués.

Les plaignants affirment que les neuf policiers qui ont ouvert le feu l'ont fait sans sommation et sans avoir été provoqués et que cette utilisation excessive de la force a violé leurs droits. Pour eux, ces policiers, qui sont tous membres de la SSE, font partie d'un « escadron de la mort » qui s'en prend tout spécialement aux suspects d'actes criminels afin de les exécuter.

Le rescapé de la fusillade, Alfredo Olivas, a déjà témoigné que les bandits avaient rangé leurs pistolets à plombs dans le coffre de leur voiture après le cambriolage et qu'ils n'étaient donc pas armés lorsqu'ils se sont fait tirer dessus. Plusieurs policiers ont ensuite témoigné brièvement que, tout au contraire, ils les avaient vus brandir des armes, ce qui a déclenché la fusillade.

Maintenant que nous sommes dans la phase défense du procès, les policiers témoignent longuement sur l'incident et disent pourquoi ils ont ouvert le feu.

Apparemment étranglé par l'émotion à certains moments de sa déposition, Helms a dit aux jurés que, pour des raisons de tactique et de sécurité, les policiers ne pouvaient pas arrêter les bandits avant que ces derniers ne quittent le McDonald's après avoir dévalisé la gérante qui se trouvait seule à l'intérieur.

Sitôt les quatre hommes montés dans leur voiture garée dans la rue, quatre véhicules de la SSE leur ont barré toute possibilité de s'échapper. De fait même, deux véhicules de police auraient heurté la voiture des cambrioleurs et l'auraient « coincée » derrière un camion en stationnement.

Tandis que les policiers sautaient de leurs véhicules, Helms dit avoir entendu un collègue crier « Arme ! » – et avoir ainsi averti qu'il en avait vu une dans la voiture. Helms aurait ensuite entendu des coups de feu et des cris de « Police ! Vous êtes en état d'arrestation ! ».

« Il y avait beaucoup de choses qui se passaient en même temps, a-t-il encore déclaré. J'ai vu un type sortir… et j'ai vu une arme dans sa main droite. Et je l'ai vu se mettre à courir. »

Et d'ajouter que, parce que ces voleurs s'étaient déjà servis d'armes en commettant d'autres crimes, il avait cru que ceux qui se trouvaient à l'intérieur du véhicule étaient armés eux aussi et que les policiers qui encerclaient la voiture étaient en danger.

« J'ai commencé à diriger le feu à l'arrière. Et tout d'un coup j'ai vu qu'on passait une arme dans l'un des trous de la lunette arrière qui s'était brisée. » Helms fait feu à nouveau, jusqu'à ne plus avoir de munitions. Pendant ce temps-là, d'autres policiers tirent sur l'homme qui s'est enfui de la voiture et a pointé son pistolet à plombs sur eux.

« Je savais que je n'avais plus de balles, a-t-il ajouté. J'ai rangé ma carabine dans ma voiture et j'ai sorti mon .45. »

Helms a ensuite décrit la manière dont il s'était approché de la voiture avec son coéquipier pour s'assurer que les trois voleurs qui se trouvaient à l'intérieur ne présentaient plus de danger. Et de préciser alors qu'au moment où il regardait dans le véhicule un des individus assis à l'arrière s'était penché en avant pour attraper une arme par terre. Helms lui crie d'arrêter et tire deux fois parce que l'individu refuse de lui obéir. Le deuxième homme assis à l'arrière se penchant en avant à son tour pour attraper l'arme, Helms fait aussi feu sur lui.

Helms a déclaré n'avoir aucune idée de la durée de la fusillade. « Quand je crois que ma vie est en danger, j'estime assez mal les durées. »

Pendant le contre-interrogatoire qu'il lui a fait subir ensuite, l'avocat des plaignants, Me Stephen Yagman, a fait remarquer que l'arme que le policier aurait vue dans la voiture n'était qu'un pistolet à plombs non chargé. Et d'ajouter que les jurés devront décider s'il est vraiment plausible que les cambrioleurs aient pointé ou voulu prendre des pistolets à plombs alors que neuf policiers les mettaient en joue avec des carabines et des .45.

25 mars 1992

GATES VEUT ÊTRE « JUGE, JURÉ ET BOURREAU », DÉCLARE L'AVOCAT

Les avocats présentent leurs conclusions dans le procès qui fait suite à la fusillade de février 1990 au cours de laquelle des policiers ont abattu trois voleurs dans Sunland

La police de Los Angeles est « un monstre à la Frankenstein » créé par un chef de police, Daryl F. Gates, qui aurait permis à un escadron de policiers d'opérer comme des « assassins », a-t-il été déclaré jeudi devant un jury fédéral dans le procès de la fusillade qui a laissé trois voleurs sur le carreau.

Mais ces propos de l'avocat qui représente les voleurs et leurs familles ont été démenties par Gates, celui-ci déclarant que les membres de cette brigade – la SSE – ont justement recours à une tactique destinée à éviter les fusillades.

Ces déclarations ont été faites dans les conclusions déposées par les avocats dans le procès déjà vieux de trois mois qui fait suite à la fusillade du 12 février 1990, devant un McDonald's de Sunland.

« La police de Los Angeles est allée trop loin dans l'usage de la force, a déclaré l'avocat des plaignants, Me Stephen Yagman.

« Cela fait quatorze ans que la police et son chef Daryl Gates terrorisent la ville. Celui-ci fait, et a fait, tout ce qu'il voulait. Le LAPD est son Frankenstein. Le monstre dépasse toutes les bornes... De fait, Daryl Gates veut être juge, juré et bourreau. »

Gates et neuf policiers de la SSE se retrouvent sur le banc des accusés dans la plainte déposée par les familles de trois bandits abattus par la police et par un quatrième qui a réchappé à la fusillade. Dans cette plainte, il est déclaré que ces policiers ont fait usage d'une force excessive et ont tiré sur ces cambrioleurs sans raison suffisante. Le jury composé de dix membres devrait entamer ses délibérations aujourd'hui même.

L'adjoint à l'attorney de la Ville Don Vincent a contré les allégations de Yagman en disant aux jurés que les pièces à conviction présentées au cours du procès montraient à l'évidence que ces neuf policiers n'avaient ouvert le feu qu'au moment où ils avaient eu l'impression d'être en danger immédiat. Il a défendu l'usage des armes (soit un total de trente-cinq coups de feu tirés à la carabine et à l'arme de poing) en déclarant que c'était la bonne réaction à avoir lorsqu'ils avaient vu les voleurs brandir des armes.

Il s'avère que celles-ci n'étaient que des pistolets à plombs, mais qu'elles ressemblaient beaucoup à des armes de poing.

Vincent a prié les jurés de ne pas confondre supériorité de la puissance de feu et usage excessif de la force et a fait encore remarquer que tous ces policiers craignaient pour leur vie et avaient donc toutes les raisons de tirer. « Nous ne sommes pas au Far West de jadis où l'on déboulait dans la grand-rue et réglait ses comptes à midi. Les policiers n'ont pas à être les canards en terre sur lesquels on tire à la foire. »

Selon les dépositions des témoins, les policiers auraient ouvert le feu sur les bandits après les avoir vus entrer par effraction dans le McDonald's, détrousser la seule employée qui s'y trouvait encore et regagner leur voiture pour s'enfuir. Les policiers convergeant sur le véhicule, la fusillade aurait commencé presque aussitôt.

Pour les plaignants, les bandits avaient rangé leurs pistolets à plombs dans le coffre de la voiture et n'étaient donc pas armés lorsque la fusillade a éclaté.

En faisant aussi remarquer que le juge J. Spencer Letts avait déjà estimé que les policiers avaient des raisons plausibles d'arrêter les quatre suspects avant le cambriolage, Yagman a déclaré que les policiers avaient laissé faire et orchestré la planque de façon à ce que la fusillade soit « inévitable, inéluctable ». À l'entendre, cette unité de police spéciale a un long passé de tactiques qui aboutissent souvent à ce genre de fusillades.

Yagman a encore affirmé que les policiers auraient pris les pistolets à plombs dans le coffre après la fusillade et qu'ils en auraient « collé » un dans la voiture et un sur le corps d'un voleur qui s'était enfui du véhicule avant d'être abattu par la police. Pour lui, les photos de la police montrent l'arme dans plusieurs positions, indiquant par là même que les policiers ont trafiqué les éléments de preuve.

Il a ajouté que s'il est peut-être « difficile d'avaler » que ces armes aient été volontairement déposées où il fallait, le contraire, à savoir la version de la police, défie le sens commun.

« Qui donc pointerait un pistolet à plombs non chargé et parfaitement inopérant sur neuf policiers armés de carabines ? s'est-il écrié. Que vous dit le simple bon sens ? »

Dans sa conclusion, Vincent a, lui, nié que Gates ferme jamais les yeux sur l'usage excessif de la force. Il a aussi rappelé qu'une enquête exhaustive avait innocenté tous ces policiers.

En effet, a-t-il poursuivi, et cela selon le témoignage de la police, l'arme a bien été déplacée. À son avis, elle aurait été photographiée *in situ*, puis ôtée de la voiture avant d'y être replacée de façon à ce qu'on puisse en prendre d'autres photos. Mais les premiers clichés étaient très clairement signalés comme tels.

Il a encore fait remarquer que l'arme prétendument déposée sur le cadavre de Herbert Burgos était celle-là même dont le rescapé, Alfredo Olivas, avait déclaré que s'était servi Burgos pendant le cambriolage. Comment donc les policiers auraient-ils pu savoir sur quel cambrioleur déposer quelle arme ?

« Rien n'a été "déposé" dans ce véhicule, a-t-il souligné. Si c'était le cas, cela voudrait dire que c'est le hasard qui leur a fait déposer la bonne arme sur le bon cadavre. »

Pour lui, la raison pour laquelle ces cambrioleurs ont pointé des pistolets à plombs non chargés sur la police ne sera jamais connue. « Ils ont peut-être cru qu'il s'agissait d'autres personnes et voulu leur faire peur en levant leurs armes », a-t-il conclu[1].

1. Dans l'affaire de la SSE, les jurés fédéraux ont fait droit aux demandes des plaignants et accordé aux familles des cambrioleurs abattus et au seul rescapé de la fusillade 44 042 dollars de dommages et intérêts *(Note du rédacteur en chef)*.

2 avril 1992

LE CONSEIL MUNICIPAL POURSUIVI EN JUSTICE SUITE À LA FUSILLADE FATALE

L'avocat propose de renoncer aux poursuites contre le conseil municipal si ce dernier oblige Gates à payer les dommages estimés. Furieux, les élus l'accusent d'extorsion

Des membres du conseil municipal de Los Angeles sont poursuivis devant la justice ce mercredi, suite à la fusillade qui a laissé trois cambrioleurs sur le carreau ; mais l'avocat qui a déposé plainte propose de renoncer à toutes les charges si les accusés obligent le chef de police Daryl F. Gates à régler personnellement les dommages et intérêts requis contre lui plus tôt cette semaine dans cette même affaire.

Certains membres du conseil municipal qui ont eu vent de ces nouvelles poursuites ainsi qu'un avocat qui défend la Ville dans les affaires où la police est impliquée ont réagi par la colère à l'offre de l'avocat des droits civils Stephen Yagman – offre contenue dans une lettre adressée au conseil municipal et accompagnant le dépôt de nouvelles poursuites judiciaires réclamant vingt millions de dollars de dommages et intérêts.

« Ça ressemble pas mal à de l'extorsion de fonds, non ? » a déclaré l'adjoint à l'attorney de la Ville Don Vincent, qui s'occupe des litiges dans les affaires de la police.

Le conseiller municipal Zev Yaroslavsky – et il est pourtant favorable à ce que Gates paie ces dommages de sa poche – a déclaré être troublé par la lettre de Yagman.

« Personne n'aime être menacé », nous a-t-il dit.

Pour la conseillère municipale Joy Picus, qui reste partagée sur la question de savoir si Gates devrait payer, Yagman a recours à l'intimidation et au harcèlement.

« Quel culot ! s'est-elle écriée. Ce n'est pas la première fois que j'ai affaire à des avocats qui essaient de me menacer et de m'extorquer des fonds. Du diable si je vais me laisser intimider par ce monsieur ! »

Yagman, lui, nie que son offre soit indécente ou menaçante.

« Tout le monde a le droit de demander à des gens de l'administration de faire ou ne pas faire quelque chose et de dire que s'ils le font de la façon désirée nous ferons ou ne ferons pas ceci ou cela, a-t-il déclaré. Il ne s'agit nullement d'extorsion. Il s'agit seulement de régler une plainte. »

Déposée ce mercredi devant l'US District Court contre le conseil municipal et de nombreux policiers, cette plainte constitue le dernier rebondissement dans l'affaire qui fait suite à la fusillade du 12 février 1990, devant un McDonald's de Sunland.

Cette fusillade a tout d'abord déclenché des poursuites de la part des familles des trois voleurs abattus par des membres de la SSE et par le quatrième cambrioleur qui, lui, en a réchappé.

D'après ces plaignants, représentés par Yagman, la police aurait fait usage d'une force excessive et tiré sur les voleurs sans qu'il y ait eu provocation de ces derniers. Gates s'est vu accuser dans la mesure où, toujours selon cette plainte, il serait responsable des actes de ces policiers et aurait couvert leurs violences.

Au bout de trois mois de procès, un jury fédéral a rendu un verdict favorable aux plaignants lundi dernier et accordé des dommages et intérêts d'un montant de 44 042 dollars que devront payer Gates et neuf membres de la SSE. Les jurés ont déclaré avoir fixé un montant assez bas parce que, selon eux, ce sont Gates et ces neuf policiers qui devraient payer cette somme de leur poche, Gates devant régler 20 505 dollars à lui seul.

Ce verdict a déclenché une controverse chez des conseillers municipaux sur la question de savoir si la Ville ne devrait pas payer ces dommages de toute façon. Le conseil municipal règle habituellement les dommages et intérêts exigés des policiers suite à des incidents qui se produisent pendant leur service.

Les nouvelles poursuites entamées ce mercredi ne font qu'amplifier la controverse. La plainte est semblable à la première, mais a été déposée après la mort de Bahena, Javier Trevino de son vrai nom. Suite à l'arrêt prononcé en appel l'année dernière par un tribunal fédéral dans un autre procès contre la SSE et faisant jurisprudence – là encore, Yagman était l'avocat du plaignant –, un enfant pas encore né lorsque son père ou sa mère est tué par des policiers a en effet le droit de les poursuivre et de leur réclamer des dommages et intérêts.

Cette nouvelle plainte concerne vingt policiers de la SSE, Gates, le maire Tom Bradley, dix-sept anciens chefs de police et membres de la Commission municipale de la police et tous les adjoints au maire en fonction au moment de la fusillade.

Dans une lettre d'accompagnement à sa plainte, Yagman déclare notamment :

« Si le conseil décide par son vote de ne pas rembourser Gates des dommages et intérêts encourus dans cette procédure, tous ceux d'entre vous qui auront constitué la majorité des votants allant dans ce sens seront rayés de la liste des accusés. »

Vincent, l'avocat de la Ville, dit ne pas pouvoir faire de commentaires sur cette plainte tant qu'il ne l'aura pas reçue. Mais sur la lettre de Yagman au conseil, il déclare : « Qu'un avocat se permette ce genre de choses est inouï. »

D'autres membres du conseil municipal qui ont reçu cette lettre mercredi ont eux aussi réagi violemment.

Pour la conseillère Joan Mike Flores, cette plainte et la façon de procéder de Yagman sont un scandale.

« Il n'est pas question que je me laisse intimider par ce genre de manœuvres », a-t-elle notamment déclaré.

Pour Yaroslavsky, la lettre de Yagman pourrait gêner les efforts des conseillers municipaux pour qui Gates devrait payer les dommages et intérêts accordés par les jurés.

« Je ne pense vraiment pas que la lettre de Yagman fasse avancer cette cause, dit-il. À mes yeux, elle est aussi inopportune qu'inutile. Je suis d'avis qu'il ne faut pas payer à la place de Gates… Mais je n'arrêterai ma décision que sur des faits, pas sous la menace. »

Yagman déclare, lui, que cette lettre n'a pour but que d'amener le conseil à satisfaire les demandes des jurés qui ont tranché dans l'affaire de la fusillade du McDonald's.

« Nous disons seulement que s'ils refusent d'indemniser Gates, nous laisserons tomber les poursuites, a-t-il encore déclaré. Menacer de les poursuivre en justice n'est peut-être pas ce qui convient. Mais ce n'est pas non plus ce que nous faisons. Nous les poursuivons en disant : "Si vous agissez de manière responsable, nous envisageons de vous rayer de la liste des personnes que nous attaquerons." »

5 août 1992

378 000 $ DE FRAIS ACCORDÉS AUX AVOCATS DANS UNE AFFAIRE DE BRUTALITÉS POLICIÈRES

Cet arrêt pourrait faire de nouvelles étincelles entre l'avocat et le conseil municipal

Un juge fédéral vient d'accorder 378 000 dollars d'honoraires à l'avocat des droits civils Stephen Yagman et à ses associés pour leur travail dans la plainte pour brutalités policières déposée contre l'ancien chef de police Daryl Gates et neuf policiers.

L'arrêt rendu mardi pourrait déclencher un autre conflit dans la bataille juridique qui oppose toujours Yagman et le conseil municipal sur le problème du soutien financier offert par la Ville à neuf policiers accusés de brutalités.

Yagman avait indigné les autorités municipales plus tôt dans l'année en leur envoyant une facture de près d'un million de dollars d'honoraires pour lui-même et deux de ses associés ayant travaillé au dépôt d'une plainte contre les policiers qui ont abattu trois voleurs et en ont blessé un quatrième devant un McDonald's de Sunland en 1990.

Les avocats de la Ville, pour qui les honoraires à accorder à la partie adverse n'auraient dû être que d'environ 216 000 dollars, disent avoir remporté une victoire en voyant que Yagman recevait beaucoup moins que ce qu'il demandait – mais celui-ci s'est déclaré satisfait de la somme. La Ville n'a pas encore décidé si elle allait faire appel de cet arrêt. Après trois mois de procès, le rescapé de la fusillade et les familles des trois voleurs décédés ont eu droit à 44 000 dollars de dommages et intérêts à payer par Gates et les neuf policiers, ces derniers étant tous membres de la SSE. Pour les plaignants, ces policiers auraient violé les droits civils des voleurs en ouvrant le feu sur eux sans cause raisonnable, le style de commandement de Gates engendrant un tel recours à une force excessive.

Le montant fixé par le juge de l'US District Court J. Spencer Letts vendredi dernier pourrait élargir la bataille que se livrent Yagman et le conseil municipal sur l'identité des personnes qui devront régler ces honoraires d'avocats. Bien que les jurés pressent Gates et les policiers de régler eux-mêmes ces 44 000 dollars d'indemnités, le conseil municipal a voté d'imputer cette somme au budget de la Ville.

Mardi dernier, Yagman a répété que les honoraires qui lui ont été accordés devraient eux aussi être payés par Gates et les neuf policiers. D'après la loi fédérale, tout avocat remportant la victoire dans un procès en violation des droits civils doit être défrayé par les accusés, un juge décidant du montant des sommes à payer après avoir entendu les arguments des deux parties.

« Ce n'est pas la Ville que vise le jugement, a encore déclaré Yagman. Celui-ci a été prononcé à l'encontre de Gates et de neuf policiers de la SSE. Ce sont eux qui devraient payer cette somme. Pourquoi faudrait-il que ce soient les contribuables ? »

Pour Yagman, que le conseil paie ces 378 000 $ sur les fonds de la Ville ne fera que lui donner d'autres munitions dans la nouvelle plainte qu'il entend déposer suite à cette même fusillade.

Dans cette nouvelle plainte déposée au nom de la fille d'un des voleurs abattus, ce sont des membres du conseil municipal et des policiers qui sont visés. Yagman fait remarquer que les membres du conseil municipal devraient être tenus responsables des agissements de la police, dans la mesure où décider de payer les dommages obtenus lors du premier procès équivaut à fermer les yeux sur les délits de la police constatés par les jurés.

Il dit encore que chaque fois qu'il vote pour éviter aux policiers toute astreinte financière dans des procès pour brutalités policières, le conseil municipal ne fait que renforcer l'argument selon lequel il promeut ces mêmes brutalités policières et devrait être, lui aussi, tenu de payer des dommages et intérêts.

La date de ce nouveau procès n'a pas encore été fixée. Mais la semaine dernière Letts a refusé de rayer les membres du conseil municipal de la liste des accusés, rejetant ainsi les arguments de l'avocat de la Ville pour qui les adjoints au maire ne peuvent pas être tenus pour civilement responsables de leurs actes officiels.

Pour l'adjointe à l'attorney de la Ville Annette Keller, payer de telles sommes n'est pas une question de choix pour les membres du conseil municipal.

« Défendre les employés poursuivis en justice pour les actes qu'ils commettent dans l'exercice de leurs fonctions fait partie des obligations de la Ville, a-t-elle déclaré. Nous sommes donc obligés de payer tous les frais d'avocats réclamés par la justice. Le conseil municipal n'a pas à en débattre. »

Yagman répond que ses propositions n'étaient rien de plus qu'une liste de souhaits et que l'arrêt de Letts le satisfait. Dans les attendus de sa décision sur ces honoraires, le juge Letts félicite Yagman d'avoir accepté de plaider dans une affaire qu'il a qualifiée de « particulièrement indésirable » dans la mesure où les plaignants étaient des parents de cambrioleurs et un homme reconnu coupable de vol.

Dans une enquête sur la SSE menée par le *Times* il y a quatre ans, il avait déjà été reproché aux membres de cette unité qui suivent des criminels au lourd casier judiciaire de ne rien faire pour les arrêter avant qu'ils ne commettent leurs méfaits, ce qui permettait de les accuser plus lourdement et de leur infliger des condamnations plus sévères.

Dans l'affaire du McDonald's, certains membres de cette unité avaient suivi ces cambrioleurs jusqu'au restaurant et les avaient laissés entrer par effraction dans l'établissement et détrousser l'unique employée qui se trouvait encore à l'intérieur. Qu'elle n'ait pas été blessée ne l'a pas empêchée elle non plus de porter plainte contre ces policiers, au motif qu'il y aurait eu négligence de leur part dans la façon de gérer cet incident.

Tué par un gamin

Los Angeles Times

8 juin 1988

UN BLEU EST TUÉ EN VOULANT REPRENDRE SON ARME
Âgé de seize ans, le suspect est abattu

De patrouille depuis à peine trois mois, un bleu de la police de Los Angeles a été mortellement blessé ce mardi dans une rue de North Hollywood alors qu'il tentait de reprendre son arme à un cambrioleur âgé de seize ans.

Originaire de ce même North Hollywood, l'adolescent a été ensuite retrouvé par des chiens policiers dans le grenier d'une maison vide des environs et abattu par quatre policiers après qu'il eut plusieurs fois essayé de s'emparer du revolver qu'il avait pris au policier décédé, nous a déclaré le commandant William Booth.

Toujours d'après la police, un complice du cambrioleur âgé, lui, de dix-neuf ans a été capturé.

Booth nous a précisé que le policier James Beyea, vingt-quatre ans, a été déclaré mort à son arrivée au Saint Joseph Medical Center de Burbank à une heure vingt-huit du matin, soit moins d'une heure après avoir été blessé à la tête et à la jambe avec ce qui semblerait bien être son arme de service.

Beyea et son instructeur, l'officier Ignacio Gonzalez, quarante-quatre ans, dix-huit ans de service, répondaient à un appel pour cambriolage passé à minuit vingt d'un magasin d'électronique situé au 7261, Lankershim Boulevard.

La porte était ouverte

En arrivant à Alpha Electronics, les policiers trouvèrent la porte ouverte et entrèrent dans le magasin pour voir ce qui se passait, nous a dit Booth. Ils n'y virent personne, mais tombèrent sur une resserre verrouillée de l'intérieur.

Peu après être ressortis pour attendre le propriétaire, qui avait la clé de la resserre, ils entendirent l'alarme se remettre à sonner et virent quelqu'un s'enfuir à l'arrière du bâtiment. Toujours selon Booth, ils auraient alors regagné rapidement leur véhicule de patrouille et fait le tour du pâté de maisons dans l'espoir d'intercepter le fugitif.

« Puis ils se sont séparés, Beyea partant à pied, tandis que Gonzalez restait dans la voiture, nous a déclaré le porte-parole de la police. Ils pensaient que c'était le meilleur moyen de coincer le suspect. »

Beyea aurait effectivement rattrapé ce dernier dans Hinds Avenue, au nord de Wyandotte Street – soit à deux rues du magasin d'électronique –, et tenté de l'arrêter, ceci aux dires de Booth. De la voiture où il se trouvait, Gonzalez aurait vu son collègue se battre avec le suspect pour attraper une arme.

Coups de feu

« Gonzalez n'était plus qu'à une rue de distance lorsqu'il a vu le pugilat, nous a encore confié Booth. Et c'est là qu'en approchant il a entendu et vu qu'on tirait des coups de feu. »

Beyea tombe par terre et le suspect tire sur Gonzalez en le voyant approcher. Gonzalez riposte, mais aucun des deux tireurs n'est blessé. Le suspect s'enfuit tandis que Gonzalez se porte au secours de Beyea.

Une cinquantaine de policiers, plus un hélicoptère et sept chiens, se mettent à chercher sur une distance de seize rues autour du lieu de la fusillade, toujours d'après Booth. Aux environs de quatre heures trente du matin, un des chiens conduit les policiers à la porte d'une maison vide, sise au 11828, Runnymede Street, soit à trois rues de l'endroit où Beyea a été touché.

Les policiers entrent dans la maison d'un étage – elle se trouve dans un petit bois – et découvrent Steele tapi dans un coin du grenier.

Selon une déclaration de la police, le sergent Gary Nanson, trente-quatre ans, et le policier John Hall, quarante et un ans, seraient alors montés dans ce grenier et auraient ordonné à Steele de lever les mains en l'air. L'adolescent obéit, dit aux policiers que l'homme qu'ils recherchent se cache au rez-de-chaussée, mais porte la main à son côté pour attraper une arme.

Toujours selon la police, Hall tire une fois et blesse Steele à la tête. Bien que les policiers l'avertissent à plusieurs reprises de se tenir tranquille, Steele tente encore deux fois de s'emparer de l'arme et se fait tirer dessus par Nanson et deux autres policiers montés dans le grenier.

D'après Booth, l'arme retrouvée sur Steele était bien le revolver de service de Beyea. Des tests balistiques seront effectués pour déterminer si c'est l'arme qui a servi à tuer le policier, nous a-t-il encore assuré.

Selon la police, aucune autre arme n'a été retrouvée. Et personne n'a été découvert dans la maison.

Cela étant, en inspectant le voisinage, des policiers tombent sur Alberto Hernandez, dix-neuf ans, qui se cachait dans les buissons, à environ une rue de l'endroit où Beyea a été tué. Hernandez, qui reconnaît avoir pris part au cambriolage, est arrêté et soupçonné de meurtre.

Le premier mort de l'année

Beyea est le premier policier du LAPD tué dans l'exercice de ses fonctions cette année. Deux autres ont été tués l'année dernière.

Beyea, qui habitait à Reseda, avait intégré l'Académie de police en octobre dernier et obtenu son diplôme ce 25 mars. D'après le capitaine Charles (Rick) Dinse, qui commande la division de

North Hollywood où avait été affecté le jeune policier, Beyea était très régulièrement accompagné par un ancien ayant les qualités requises pour le former.

« Je peux seulement dire que ses supérieurs et son officier de formation voyaient en lui un de nos meilleurs policiers, nous a déclaré Dinse. Il était vif et nous pensions qu'il aurait une belle carrière. »

Célibataire, Beyea était né à Reseda et avait obtenu son diplôme de fin d'études secondaires à la Cleveland High School en 1981. Après quoi il avait servi dans l'Air Force et dans l'Air Force Reserve.

D'après la police, son grand-père, qui était policier lui aussi, faisait la circulation avant de prendre sa retraite en 1961.

Le détail des funérailles n'était toujours pas arrêté ce mardi. Beyea laisse derrière lui sa mère, Cathleen Beyea de Northridge. Beyea est le deuxième policier de North Hollywood à trouver la mort en trois ans. L'inspecteur Thomas C. Williams, quarante-deux ans, a été abattu le 31 octobre 1985, dans ce que les autorités considèrent comme une manœuvre destinée à l'empêcher de témoigner dans une affaire de cambriolage[1].

9 juin 1988

LA MORT POUR LA MORT

Le jeune homme avait eu des ennuis avec la justice, mais n'avait pas le profil d'un tueur de flics

Bobby Steele maniait joliment la batte de base-ball et, dimanche dernier, en était à sa sixième victoire avec une équipe junior de la ville, la Sun Valley Park Pirates.

Lundi dernier, ce jeune homme de seize ans avait réussi à transformer un rendez-vous matinal chez le dentiste en une journée entière d'absence à l'école. Ses grands-parents, qui l'éle-

1. Le rédacteur du *Times* Steve Padilla a contribué à cet article.

vaient, ne voyaient aucun inconvénient à ce qu'il passe le reste de la journée à traîner.

Mais, à neuf heures du soir, il est prêt à quitter la maison de North Hollywood où il a passé toute sa vie. Il se fait cuire des gâteaux et décide de retrouver un ami. Il sort de chez lui et laisse derrière lui tout ce qui semblait être la routine de son existence.

Selon la police, quelques heures plus tard, Robert Jay Steele abat un flic quelques rues plus loin.

« Cela n'a aucun sens », nous a déclaré mercredi sa grand-mère, Pauline Steele, en s'asseyant sur le lit du jeune homme et en regardant la collection de trophées de base-ball qu'il avait sur son bureau.

Pour sa sœur, Lori Lyn Steele, « on dirait qu'on parle de deux personnes distinctes ». Pour sa famille, Steele donnait peut-être l'impression d'être espiègle et d'avoir sa part d'ennuis à l'école, mais il ne correspondait nullement au profil d'un tueur de flics.

Et pourtant, à minuit vingt ce mardi – ceci selon la police –, l'adolescent se battait avec un jeune policier pour lui arracher son arme. Quelques secondes plus tard, le policier, James Beyea, vingt-quatre ans, s'écroulait par terre, mortellement blessé à la tête.

Coincé et abattu

Steele, suspecté d'avoir l'instant d'avant cambriolé un magasin d'électronique du voisinage, s'enfuit après avoir fait feu sur le collègue du policier qui s'approchait. Quelques heures plus tard, il se retrouve coincé dans le grenier d'une maison vide et se fait abattre par d'autres policiers lorsque, toujours selon les autorités, il tente à plusieurs reprises de s'emparer de cette arme.

« Il s'était déjà mis dans de sales draps auparavant, nous a confié sa sœur de vingt-trois ans, mais jamais comme ça. Pour moi, il devait avoir la trouille. Il a dû s'acoquiner avec des gens pas comme il faut, faire quelque chose de mal et avoir la frousse. » La police a refusé de nous dire si le jeune Steele avait un casier. D'après sa famille, il aurait eu quelques problèmes avec les autorités l'année dernière, y compris une bagarre avec un prof et une arrestation lorsqu'un policier avait retrouvé un coup-de-poing américain dans le coffre de sa voiture. Les détails de ces incidents n'étaient toujours pas accessibles ce mercredi.

Steele a été élève à la North Hollywood High School jusqu'au 9 mai et manquait souvent les cours. Après cette date, il est placé dans une institution supervisée par le tribunal pour enfants du comté de Los Angeles, mais les autorités ont refusé de nous donner les raisons de ce transfert.

« Il aimait le sport et faire le malin. Cela dit, il avait quelque chose de mystérieux, nous a déclaré Ricardo Davis, le responsable des loisirs de Sun Valley Park qui le connaissait depuis huit ans. Il venait au Park juste avant les matchs et s'en allait tout de suite après. Je ne sais pas si les amis qu'il s'était faits dans l'équipe étaient vraiment proches de lui ou de simples copains qu'il retrouvait aux matchs. »

D'après la police, un autre ami, qui n'avait rien à voir avec le Park, n'était autre qu'Alberto Hernandez, dix-neuf ans, originaire de North Hollywood. Les enquêteurs pensent qu'après avoir quitté son domicile lundi soir, il est allé le retrouver et a pénétré par effraction dans le magasin Alpha Electronics, à quelques rues de chez lui.

Une alarme s'étant déclenchée à minuit vingt, le policier Beyea et son collègue Ignacio Gonzalez se présentent au magasin. Après avoir fouillé les lieux, ils voient quelqu'un se sauver et se lancent à sa poursuite.

Les policiers se séparent, Beyea partant à pied tandis que Gonzalez reste dans la voiture de patrouille. Peu après, Gonzalez voit son collègue se battre avec quelqu'un dans la rue, ceci d'après la police. Puis il entend deux coups de feu et voit son collègue s'effondrer.

S'ensuit, toujours selon la police, un échange de coups de feu entre Steele et Gonzalez, Steele s'enfuyant ensuite jusqu'à une maison abandonnée. Un chien policier l'y débusque à quatre heures et demie du matin.

Pour la police, le maître-chien, John Hall, et le sergent Gary Nanson – il y a maintenant des dizaines de policiers qui cherchent le suspect – sortent une échelle du garage de la maison vide, l'appuient à l'entrée du grenier dans le plafond du couloir et se mettent à grimper.

Avec leurs lampes torches, ils repèrent Steele entre deux poutres, dans un coin du grenier. Steele commence par obéir à l'ordre de se rendre et dit aux policiers qu'il y a un autre suspect dans la maison ; et, brusquement, il essaie d'attraper une arme qu'il a au côté. Hall fait feu une fois et atteint Steele au visage.

Aux dires de la police, Hall et Nanson rampent ensuite jusqu'à lui et, après l'avoir examiné, pensent qu'il est mort. Ils laissent l'arme près de lui et partent à reculons afin que la scène de crime ne soit pas altérée.

Toujours selon la police, Hall descend ensuite du grenier pour fouiller le reste de la maison. Environ trois minutes après le premier coup de feu, Steele remue et tend à nouveau la main vers l'arme malgré l'avertissement que lui lance Nanson.

Nanson fait feu et atteint encore une fois Steele au visage. Deux autres policiers entendent cette deuxième déflagration et montent vite au grenier, l'un et l'autre faisant feu à leur tour en voyant que Steele s'est emparé de l'arme. Un projectile atteint le suspect pour la troisième fois au visage, l'autre ratant sa cible.

Les policiers trouvent le revolver de service de Beyea près du flanc du jeune homme mort.

Hernandez, que l'on a retrouvé dans des buissons voisins, doit être officiellement inculpé de deux meurtres aujourd'hui même. Un enterrement au cours duquel les honneurs de la police lui seront rendus est prévu à onze heures du matin ce vendredi pour Beyea, le petit-fils d'un agent de police chargé de la circulation, au Praiswater Funeral Home de Van Nuys. La mise en terre aura lieu au Memorial Park d'Oakwood.

11 juin 1988

MILLE PERSONNES ASSISTENT À L'ENTERREMENT D'UN JEUNE OFFICIER DE POLICE

Le premier enterrement d'un policier auquel aient assisté les diplômés de l'Académie de police de Los Angeles de la promotion de mars dernier fut celui d'un des leurs.

Les larmes roulant sur bien des visages, une vingtaine de membres de cette promotion se sont mis au garde-à-vous et, ligne imposante d'uniformes bleus, ont impeccablement salué lorsque la sonnerie aux morts a retenti pour l'officier James Clark Beyea au Memorial Park d'Oakwood, à Chatsworth.

Beyea, vingt-quatre ans, qui avait obtenu son diplôme avec eux le 25 mars, avait reçu une blessure fatale aux environs d'une heure trente du matin mardi dernier, alors qu'il tentait d'empêcher un cambrioleur de lui prendre son arme.

Son enterrement a attiré environ mille personnes, la plupart d'entre elles appartenant aux services du maintien de l'ordre du sud de la Californie. Ont aussi assisté à la cérémonie la famille de l'officier, le maire Tom Bradley, le chef de police Daryl F. Gates et des représentants de l'unité de l'Air National Guard à laquelle appartenait Beyea.

« Ça fait mal de le perdre »

« Ça fait mal de le perdre, a déclaré l'officier William Casey, un des camarades de promotion de Beyea. Ça fait mal chaque fois que quelqu'un de notre profession est tué, mais quand en plus ce quelqu'un est des nôtres, c'est encore plus dur à supporter. »

Pour l'officier Dave Porras, Beyea, qui était le petit-fils d'un flic de la circulation de Los Angeles, aimait beaucoup raconter des histoires d'action dans son nouveau job.

« Il me racontait les poursuites à pied, les arrestations de dealers et tout le plaisir qu'il y prenait », a lancé un Porras en larmes à la foule qui se pressait au Praiswater Funeral Home de Van Nuys.

« Un jour, il m'a dit qu'il n'arrivait pas à croire qu'on le paie pour faire du boulot de policier. Mais donner un prix à ce qui s'est produit cette semaine est impossible. Jim était en patrouille parce qu'il le voulait. »

Beyea a trouvé la mort en affrontant un jeune homme de seize ans soupçonné d'avoir cambriolé un magasin d'électronique.

D'après les autorités, l'assassin de Beyea s'appelle Robert Jay Steele. Soupçonné d'appartenir à un gang, il a été plus tard coincé dans le grenier d'une maison voisine et abattu par d'autres policiers au moment où il tentait de se saisir d'une arme. Complice de ce cambriolage, Alberto B. Hernandez, dix-neuf ans, a été arrêté et doit maintenant répondre des accusations de meurtre et de cambriolage.

Les deux jeunes gens étaient des « membres actifs » d'un gang de rue qui se réunit souvent dans les parcs de l'East San Fernando Valley, dont celui de Sun Valley, où Steele était aussi connu comme le joueur de base-ball plein de talent d'une équipe locale, nous a déclaré le sergent Ray Davies.

Beyea est le premier officier de police de Los Angeles à mourir dans l'exercice de ses fonctions depuis un an – et le 175e depuis 1907.

DEUXIÈME PARTIE

LES ASSASSINS

Un tueur en cavale

South Florida Sun-Sentinel

4 avril 1984

WILDER ACCUSÉ DU MEURTRE
D'UNE FEMME AU FOYER

Alors même qu'il continue d'échapper aux autorités, l'assassin en cavale Christopher Bernard Wilder a été officiellement accusé ce vendredi du meurtre avec préméditation d'une femme au foyer d'Oklahoma City, énième et lugubre étape ainsi ajoutée au long périple vers l'ouest que, selon des agents du FBI, il aurait entrepris en quittant la Floride du Sud en mars dernier.

Cette nouvelle accusation retenue contre lui à Junction City, Kansas, près de l'endroit où a été retrouvé le corps d'une femme le 26 mars dernier, est la première de meurtre imputée à l'homme de Boynton Beach qui, selon les autorités, aurait quitté Miami pour rallier Las Vegas, Nevada, en multipliant enlèvements et assassinats.

Wilder, trente-neuf ans, a déjà été accusé de l'enlèvement et du viol d'une étudiante de l'université de Tallahassee, Floride. L'électricien, pilote de course à temps partiel et photographe autoproclamé vient d'intégrer cette semaine la liste des dix personnes les plus recherchées par le FBI et se voit maintenant soupçonné d'avoir kidnappé ou assassiné huit jeunes femmes séduisantes.

À Miami, des agents du FBI ont rendu public un enregistrement vidéo de 1981 où l'on voit un Wilder aussi soigné de sa personne que calme dans ses propos parler tranquillement devant une caméra de ses buts dans la vie et de son besoin de rencontrer d'autres femmes – et décrire celle qui lui conviendrait.

Ces agents espèrent que la diffusion de cette cassette dans tout le pays aidera à la capture du tueur.

« Cela nous aide sacrément dans notre enquête, a déclaré le porte-parole du Bureau, Dennis Erich. Tous ceux qui l'auront vue et tomberont sur lui le reconnaîtront. »

Le FBI refuse de dire d'où sort cet enregistrement de six minutes. Dans ce qui ressemble à un entretien pour un service de rendez-vous galants, Wilder, qui est vêtu d'un jean et d'une veste de sport jaune, est assis sur un canapé, l'homme qui l'interroge se trouvant hors champ de la caméra.

« J'ai ce qu'on pourrait appeler le besoin de rencontrer bien plus de femmes que jusqu'à présent, dit-il notamment. J'ai envie de rencontrer des femmes et de goûter leur compagnie. »

Et lorsqu'on lui demande quels sont ses objectifs, il répond sur cette bande vieille de trois ans : « J'espère rencontrer la femme idéale. Elle aura de la profondeur, quelque chose qu'elle sera seule à avoir. Ce sera quelqu'un avec qui je me sentirai à l'aise. »

Et de parler de son entreprise d'électricité, de sa passion pour les voitures de course et le ski nautique et du mépris que lui inspirent ceux qui « font les bars » pour rencontrer des femmes.

« Faire les bars, dit-il, n'est pas et n'a jamais été une joie pour moi. J'en suis au point où je ne peux plus aller au Big Daddy et me sentir à l'aise. »

Et d'ajouter en riant : « Je ne travaille plus dans cette catégorie. » Wilder, qui, selon les enquêteurs, a fui son domicile du comté de Palm Beach à la mi-mars suite à la disparition de deux mannequins, a été formellement accusé ce vendredi du meurtre de Suzan Wendy Logan, vingt et un ans, originaire d'Oklahoma City, enlevée le 25 mars dans un centre commercial.

Le corps de la victime a été retrouvé le lendemain sur une

aire de pique-nique de Milford Lake, dans le comté de Geary, Kansas.

Wilder « est très certainement notre homme », nous a déclaré l'adjoint au shérif de Geary William Deppish. Le mandat d'arrêt mentionne une caution de deux millions de dollars pour la libération du fugitif.

D'après les autorités, Wilder est devenu le suspect numéro un dans la mesure où le meurtre de Mme Logan ressemble beaucoup aux autres disparitions et s'inscrit bien en lieu et en temps dans le périple que le tueur a entrepris vers l'Ouest du pays.

« Nous soupçonnons Wilder à cause de sa façon d'opérer : les victimes ont les poignets attachés avec du ruban adhésif de toile noir, des bleus autour des poignets et sur tout le corps et de grandes blessures au couteau dans le dos », nous a précisé John DiPersio, l'adjoint au shérif du comté de Geary.

Selon l'agent spécial du FBI de Kansas City, Missouri, Max Geiman, « la date et le lieu du meurtre font de lui un suspect de premier plan ».

C'est grâce à son dossier dentaire que Mme Logan a été formellement identifiée ce jeudi. Un pêcheur avait aperçu son corps en partie caché par les branches basses d'un pin sur les rives du lac Milford, près de Junction City. L'autopsie a révélé qu'elle était morte d'un coup de couteau dans le dos.

Le FBI de Washington a déclaré cette semaine que si Wilder est responsable des meurtres et disparitions pour lesquels on le recherche, l'affaire sera un cas classique de meurtres en série à caractère sexuel. Jamais personne n'a été placé aussi vite que lui sur la liste des dix personnes les plus recherchées des États-Unis.

Toujours d'après le FBI, Wilder aborde des jeunes femmes dans les centres commerciaux en se faisant passer pour un photographe. Il les complimente sur leur physique et leur fait miroiter un avenir de mannequin. Après quoi il essaie de les persuader de le suivre chez lui pour une séance de photos.

Suite à deux incidents qui se sont produits l'un en Australie et l'autre dans le comté de Palm Beach depuis 1980, Wilder est accusé d'enlever et d'agresser des jeunes femmes en se faisant passer pour un photographe de mode. Il est recherché pour enlèvement suite à l'incident en Australie et pour violation de sa mise à l'épreuve dans l'affaire de Palm Beach.

La traque dont il est l'objet a commencé à la fin mars, après que le FBI eut relié l'enlèvement et le viol d'une étudiante de l'université d'État de Floride à deux disparitions survenues antérieurement dans la région de Miami.

D'après les autorités, Wilder, qui aurait quitté son domicile de Boynton Beach pour partir vers l'ouest, est aujourd'hui soupçonné d'avoir laissé plusieurs disparitions et assassinats dans son sillage :

* 26 février : Rosario Gonzalez, vingt ans, mannequin à temps partiel disparue au Grand Prix de Miami. Toujours pas retrouvée.

* 3 mars : Elizabeth Kenyon, vingt-trois ans, mannequin et professeur à temps partiel, disparue à Miami. Voiture abandonnée à l'aéroport. Toujours pas retrouvée.

* 18 mars : Theresa Ferguson, vingt et un ans, aspirante mannequin, disparue dans un centre commercial de Merritt Island. Cadavre retrouvé trois jours plus tard dans un ruisseau isolé près de Haines City, comté de Polk.

* 20 mars : une étudiante de dix-neuf ans de l'université d'État de Floride enlevée dans un centre commercial de Tallahassee après qu'un homme du nom de Wilder lui eut proposé vingt-cinq dollars de l'heure pour poser pour des photos. Elle réussit à s'échapper d'un motel de Bainbridge, en Géorgie, où, d'après ce qu'elle a déclaré aux autorités, Wilder l'aurait torturée et violée. Wilder est aussitôt accusé d'enlèvement.

* 23 mars : Terry Walden, vingt-quatre ans, étudiante infirmière, disparue à Beaumont, Texas. Cadavre retrouvé trois jours plus tard dans un canal à l'extérieur de la ville.

* 25 mars : Suzanne Wendy Logan, vingt et un ans, femme au foyer, disparue à Oklahoma City, Oklahoma. Cadavre retrouvé le lendemain sur une aire de pique-nique de Milford Lake, comté de Geary, Kansas.

* 29 mars : Sheryl Bonaventura, dix-huit ans, disparue dans

un centre commercial de Grand Junction, Colorado. Toujours pas retrouvée.

* 1er avril : Michelle Korfman, dix-sept ans, aspirante mannequin, disparue dans un centre commercial de Las Vegas, Nevada, après avoir pris part à un défilé de mode. Toujours pas retrouvée[1].

15 avril 1984

WILDER MENAIT UNE DOUBLE VIE DANS LE SUD DE LA FLORIDE

Bien avant qu'il ne devienne le fugitif le plus recherché d'Amérique, Christopher Bernard Wilder hantait les cercles de la mode du sud de la Floride.

D'après les enquêteurs, Wilder parvenait à entrer dans ces milieux grâce à son charme rusé, ses belles paroles, son argent et par-dessus tout grâce à son appareil photo.

Ainsi armé, il savait assez bluffer pour avoir ses entrées dans les concours de beauté et les défilés de mode les plus prestigieux, et écumait les centres commerciaux et les plages en se faisant passer pour un photographe et un découvreur de talents. Une agence au moins lui a envoyé des mannequins pour des séances de photos.

« Wilder rôdait dans l'ombre, nous a déclaré Ken Whittaker Junior, le jeune détective de vingt-huit ans qui fut le premier à le signaler aux autorités. Il était rusé, suave et très manipulateur avec les femmes. »

« Il a sévi pendant pas mal de temps, nous a dit Tom Neighbors, un inspecteur du bureau du shérif du comté de Palm Beach. Il avait recours à une sacrée arnaque pour approcher le genre de femmes qu'il aimait. »

La gigantesque chasse à l'homme engagée par les autorités sur plus de douze mille kilomètres s'est achevée vendredi

1. Plusieurs rédacteurs du *Sun-Sentinel* ont contribué à cet article.

dernier, quand l'électricien d'origine australienne et pilote de voitures de course s'est tué accidentellement en luttant avec un officier de police dans la station-service d'une petite ville du New Hampshire.

Wilder, dont le sinistre périple a été jalonné par l'enlèvement ou le meurtre d'au moins onze femmes, semble avoir mené une double vie : celle, opulente, d'un homme caractérisé par ses succès financiers, ses voitures rapides et ses jolies femmes ; et celle, autrement plus sordide, d'un individu qui fuit les arrestations, les enquêtes et les soupçons.

Tel est le jugement qui ressort des archives des tribunaux et que portent sur lui tous ceux qui ont connu cet homme de trente-neuf ans.

« Pour autant que je sache, c'était un vrai photographe », nous a dit une femme qui l'avait rencontré à l'occasion d'une course de voitures et avait accepté de le suivre chez lui pour une séance de photos. Elle nous a demandé de ne pas dévoiler son identité.

« Toute cette affaire me bouleverse, a-t-elle ajouté. Il devait être cinglé pour faire tous ces trucs et se camoufler comme ça. Il avait pourtant l'air d'un type gentil et normal. »

Cette série d'événements a eu encore plus d'impact sur sa famille en Australie. Sa mère et son père américain se sont terrés à l'écart du monde tandis que Stephen, son frère aîné de quarante et un ans, venait aux États-Unis pour aider le FBI.

D'après Valerie Wilder, une belle-sœur du tueur, « la famille n'y a pas résisté. La vie n'est pas facile. Nous essayons de vivre au jour le jour »...

D'après elle, Christopher Wilder est venu pour la première fois aux États-Unis alors qu'il avait un an. Il a passé la plus grande partie des années suivantes à suivre son père qui était transféré de ville en ville par l'US Navy à laquelle il appartenait. Les Wilder ne devaient pas retourner en Australie de façon permanente avant 1959. Christopher Wilder – il était le second de quatre frères – est revenu aux États-Unis quand il avait vingt-cinq ans.

« Chris a toujours agi en parfait gentleman dans sa façon de me traiter, nous a déclaré sa belle-sœur visiblement très émue. Mes enfants l'adoraient. »

Les enquêtes des inspecteurs font apparaître que ce côté aimable et amical en cachait un autre nettement plus sombre.

« Pour moi, ç'a toujours été un personnage à la Dr Jekyll et Mr Hyde », nous a dit l'avocat et enquêteur Ken Whittaker Senior, un ancien agent spécial de l'antenne de Miami du FBI.

Au tout début du mois dernier, Whittaker et son fils ont pu interroger Wilder de façon répétée et ont commencé à le soupçonner de l'enlèvement de deux mannequins de Miami. Les deux hommes avaient été recrutés par la famille d'une des jeunes femmes pour la retrouver.

Une semaine plus tard, Wilder confiait ses trois chiens à un chenil et entamait un périple qui devait l'emmener de Floride en Californie puis, d'ouest en est, jusqu'à la bourgade de Colebrook dans le New Hampshire, à cinq minutes de la frontière canadienne.

Certains agents du FBI pensent que cette macabre équipée a été marquée par des arrêts dans au moins neuf villes où des femmes ont été enlevées et assassinées.

Les voisins de Wilder à Boynton Beach, dans Mission Hill Road, parlent de fêtes occasionnelles, de plusieurs visites de femmes et d'une Porsche de course montée sur une remorque. Depuis quelque temps, la voiture de course et la propriété intéressent beaucoup les inspecteurs de police et les journalistes.

« C'est devenu un monument historique », nous a dit Ken Bankowski en parlant de la Porsche.

Bien que d'après les enquêteurs le déchaînement de viols et d'assassinats à travers tout le pays ait pris fin avec la mort de Wilder, il reste pas mal de mystères à résoudre sur cet homme.

D'après l'agent spécial du FBI responsable de l'antenne de Miami Joseph Corless, le Bureau a décidé de poursuivre son enquête sur le passé de Wilder afin de voir si l'on n'y trouverait pas des liens avec d'autres disparitions toujours pas résolues.

« Nous n'excluons rien », nous a indiqué l'inspecteur Neighbors.

Certains faits et gestes de Wilder au cours de ces dernières années sont déjà bien connus.

C'est ainsi qu'il a été filmé à Fort Lauderdale lors de l'élection de Miss Floride en 1983. Des responsables de ce concours nous ont dit la semaine dernière avoir visionné l'enregistrement vidéo de la journée des médias du 1er octobre 1983, filmée sur la plage, et avoir découvert Wilder au milieu d'une douzaine de photographes. La bande a été confiée au FBI.

Elizabeth Kenyon, vingt-trois ans, le mannequin et professeur à mi-temps qui a disparu à Miami le 3 mars, étant arrivée en finale de ce concours, il se peut qu'elle y ait rencontré Wilder. Elle n'a toujours pas été retrouvée et les autorités soupçonnent Wilder d'être son ravisseur.

« Il était présent au concours et s'est fait passer pour un photographe de la revue australienne *Pix* », nous a déclaré Grand Gravitt, un des organisateurs du concours.

Blaine Davis – le coordinateur des médias pour cet événement – nous dit que Wilder aurait présenté une carte indiquant qu'il faisait partie des médias, mais il semblerait bien que personne n'ait cherché à en vérifier l'authenticité auprès de la revue australienne.

« Normalement, pour un magazine australien, je ne vérifie pas, nous a-t-il encore confié. Il nous a présenté des documents tout à fait acceptables à ce moment-là. »

En Australie, les dirigeants de *Pix* affirment que rien dans leurs archives n'indique que Wilder aurait été employé par la revue ou que celle-ci lui ait acheté des photographies.

Plus récemment, le 23 février, lors de ce que le FBI qualifie d'« échappée belle », un mannequin de vingt-deux ans originaire de Fort Lauderdale a été obligé de refuser une invitation du même Wilder en constatant qu'elle n'avait aucun moyen de se rendre à son domicile de Boynton Beach.

La jeune femme, qui a accepté de nous parler à condition que nous ne révélions pas son identité, nous a informé qu'un photographe lui aurait dit que Wilder avait vu des photos d'elle, qu'« il mourait d'envie » de la rencontrer et voulait la prendre en photo pour une marque de bière dont il devait assurer la publicité au Grand Prix de Miami peu de temps après.

« Lorsqu'il m'a appelée plus tard ce soir-là, Wilder m'a dit qu'il préparait une pub pour Budweiser et qu'il aurait bien aimé faire une séance photo dans son garage avec la voiture de course qu'il allait piloter le lendemain, nous a encore confié le mannequin. J'ai trouvé bizarre qu'il veuille prendre des photos de moi dans un garage. Mais comme mon photographe me l'avait recommandé, je n'ai pas cherché plus loin. »

Le mannequin dit avoir décidé de ne pas faire le trajet quand ses parents, qui trouvaient que quelque chose « n'allait pas », refusèrent de lui prêter leur voiture.

« J'ai rappelé Wilder et lui ai dit que je ne pourrais pas venir. Il a eu l'air contrarié et m'a demandé de prendre un taxi. Et quand j'ai refusé, il m'a dit de le retrouver le lendemain à la course. Je lui ai répondu que j'étais occupée. »

L'aspirante mannequin Rosario Gonzalez a disparu le 26 février, lors du Grand Prix de Miami. La jeune femme de vingt ans n'a toujours pas été retrouvée. D'après le FBI, Wilder est soupçonné de l'avoir enlevée.

« Le FBI m'a dit que j'avais eu de la chance, nous a déclaré le mannequin originaire de Fort Lauderdale. Pour eux, je l'ai échappé belle. J'en suis encore toute retournée. »

Ted Martin, le photographe qui a tenté d'organiser la « séance de photos » entre Wilder et le mannequin de Fort Lauderdale fait remarquer que, pour lui, Wilder était un photographe parfaitement autorisé. Il l'avait rencontré à un défilé de mode au centre commercial de Cutler Ridge deux ans auparavant.

« J'ai travaillé avec lui en tant que professionnel, dit-il. Il aimait beaucoup le boulot. »

Les enquêteurs ignorent combien de jeunes aspirantes mannequins ont eu la malchance de croiser le chemin de Wilder.

D'après l'inspecteur Neighbors, Wilder serait soupçonné d'un viol commis en 1979. À l'époque, une jeune fille de dix-sept ans avait, selon ses dires, été abordée sur la rive du lac Worth par un homme qui se proclamait découvreur de talents pour une grande agence de mannequins de Fort Lauderdale. Après l'avoir attirée dans sa voiture, Wilder aurait conduit la jeune fille dans un coin reculé à l'ouest de West Palm Beach et l'aurait violée. Neighbors nous a confié que la jeune femme aurait récemment déclaré à la police que son violeur n'était autre que Wilder.

Les enquêteurs pensent que Wilder se servait de plusieurs identités, cartes de visite professionnelles et autres artifices pour entraîner des jeunes femmes dans des séances de photos où il essayait de les séduire ou de les violer.

« Nous avons la preuve qu'il utilisait plusieurs identités et avait des cartes de visite qu'il montrait brièvement à ses victimes, nous a déclaré Neighbors. Cela faisait partie de son *modus operandi.* Il avait un sacré baratin. »

William Silvernail, qui dirige l'école de mannequins de Blackthorn à West Palm Beach, dit que Wilder s'est présenté à son agence en 1981 en qualité de photographe *free lance.* Silvernail ne lui a pas donné de travail, mais le soupçonne de lui avoir dérobé une carte de visite professionnelle et d'en avoir fait des photocopies afin de se faire passer pour un photographe de l'agence.

Toujours d'après Silvernail, son agence aurait commencé à recevoir des appels de parents qui voulaient vérifier les références d'un photographe qui avait abordé leurs filles. Le nom du photographe était souvent différent, mais le signalement ne variait pas : blond, calvitie naissante et barbe – ce qui correspondait à Wilder.

À l'école de mannequins Barbizon du comté de Broward, la directrice, Dorothy Girard, déclare que Wilder se servait aussi du nom d'autres agences pour aborder des jeunes femmes et des jeunes filles. Mme Girard précise que, dans ces cas-là, il portait souvent un T-shirt de l'école.

« Or, à cette époque, nous n'avions pas de T-shirts frappés à ce sigle, a-t-elle ajouté. Lorsqu'il se servait de notre raison sociale, nos élèves nous appelaient pour vérifier et nous leur répondions : "Laissez tomber, il n'est pas de chez nous". »

Certaines des filles qu'il abordait ne se donnaient apparemment pas la peine de vérifier son identité. Wilder a ainsi été arrêté en 1980 pour le viol d'une jeune fille de seize ans qu'il avait séduite dans un centre commercial de West Palm Beach en lui promettant de figurer comme mannequin dans une publicité de pizza.

D'après les archives du tribunal, il aurait demandé à la jeune fille de prendre la pose dans différents magasins du centre commercial. « Mes yeux sont mon appareil photo, lui disait-il, toujours d'après les archives. Ne vous occupez pas de moi. »

L'inspecteur du bureau du shérif Arthur Newcomb, qui arrêta Wilder pour le viol, déclara plus tard dans sa déposition au tribunal que tout le monde pensait qu'il avait recours à la ruse du photographe-agent pour séduire des jeunes femmes.

« [Wilder] dit qu'il était courant de se faire passer pour un agent de mannequins et que c'est quelque chose qu'il a fait souvent, a déclaré Newcomb dans sa déposition. Il essaie de recruter des filles pour avoir des relations sexuelles avec elles. J'ai des rapports qui montrent que cet homme l'a fait fréquemment. Et il ne le nie pas. »

Dans l'affaire en question, Wilder a plaidé coupable de tentative d'agression sexuelle et écopé de cinq ans de mise à l'épreuve. Il a commencé à recevoir des soins psychiatriques, mais n'a jamais cessé de se faire passer pour un photographe de mode.

Toujours d'après ces inspecteurs, au début des années 80 Wilder s'est fait aménager un studio dans sa maison de Mission Hill Road. Équipement nécessaire au développement des clichés et à leur tirage, éclairage, toiles de fond et produits cosmétiques, tout y était. D'après un ami, Wilder avait même des « ventilateurs pour repousser en arrière les cheveux des mannequins ».

En décembre 1983, deux mois après s'être fait admettre à l'élection de Miss Floride, Wilder a été arrêté en Australie et accusé d'enlèvement et d'agression sur deux adolescentes qu'il avait réussi à faire quitter la plage en leur promettant du travail de mannequin. Il avait commencé par les emmener dans un zoo où il leur avait demandé de poser sur une sculpture en pierre.

D'après la police, il n'y avait pas de pellicule dans l'appareil photo dont il se servait. Le 4 avril, il ne s'était pas présenté à une audience du tribunal australien à laquelle il était convoqué.

Les archives australiennes et celles d'Interpol font apparaître un Wilder qui montrait aux filles une carte de photographe de la Tide International, une agence de talents de Worth Avenue, à Palm Beach.

L'inspecteur Neighbors déclare que Wilder a bien été associé à la Tide en tant que photographe *free lance* au début des années 80. D'après lui, des mannequins lui ont été envoyés à son studio pour des séances de photos.

« Il se servait de la Tide comme d'une source de mannequins, nous a encore confié Neighbors. Il appelait, disait qu'il avait besoin d'un mannequin et on lui en envoyait un. Il les engageait de façon tout à fait légale. Je ne sais pas ce qu'il faisait des photos. »

Et Neighbors d'ajouter que le bureau du shérif n'avait reçu aucune plainte des mannequins que lui a envoyés la Tide et qui ont posé pour lui. D'après les dépositions des jeunes femmes qu'il a interrogées, Wilder se serait comporté de manière très professionnelle, et toutes ont été très choquées d'apprendre qu'on le soupçonnait de plusieurs enlèvements ou meurtres.

Tom Davis, le propriétaire de Tide International, dit, lui, que Wilder n'avait rien à voir avec le métier. S'il reconnaît avoir fait la connaissance de Wilder à l'occasion du Grand Prix automobile, il précise que Wilder ne faisait pas partie des quelque quarante photographes *free lance* accrédités par sa maison.

« Nous ne lui avons jamais envoyé de mannequins, absolument pas ! » dit-il.

S'il déclare que Wilder a peut-être conclu certains arrangements avec d'autres agences de la région au début des années 80, Neighbors précise que Wilder a démonté son studio et tout son équipement photographique après son arrestation en Australie. C'est à ce moment-là que le photographe de mode autoproclamé aurait commencé à déposer ses pellicules au K-Mart du coin pour les faire développer[1].

1. Les rédacteurs du *Sun-Sentinel* Ott Cefkin et Patricia Sullivan ainsi que le correspondant du journal en Australie, Nick Yardley, ont contribué à cet article.

23 février 1985

UN AN PLUS TARD DES VICTIMES DE WILDER MANQUENT TOUJOURS À L'APPEL

En pensant au mariage de sa fille prévu pour le mois de juin dernier, Haydee Gonzalez ne peut s'empêcher de pleurer.

En parlant de la chambre de sa fille pleine d'objets maintenant inutiles, Delores Kenyon ne peut pas, elle non plus, retenir ses pleurs.

Cela fait maintenant douze mois que Rosario Gonzalez a disparu et presque aussi longtemps que Beth Kenyon n'est plus, mais pour les familles de ces deux victimes la douleur et les questions ne perdent rien de leur force avec le passage du temps. Bien qu'une année se soit écoulée depuis le jour où il se lança dans une véritable odyssée d'enlèvements, de viols et de meurtres qui, selon les autorités, eut comme point de départ la disparition de deux jeunes femmes dans le sud de la Floride, lui fit traverser tout le pays et s'acheva par sa mort quelque douze mille kilomètres plus tard, Christopher Wilder garde toujours son emprise sur bien des esprits.

Les familles de Gonzalez et Kenyon ignorent toujours le sort de leurs filles. Tout comme de nombreux enquêteurs. Enquêteurs qui ne savent pas davantage combien d'autres victimes inconnues il a pu faire.

Maintenant que celui qu'on soupçonne d'avoir commis tous ces meurtres a disparu, les familles, les agents du FBI et les policiers continuent d'explorer des pistes, de rechercher les disparues et d'assembler ainsi d'autres morceaux du puzzle.

« Cela fait un an et nous pleurons encore », nous a dit Delores Kenyon, originaire de Pompano Beach. Beth, la fille de Delores et de William Kenyon, a été vue pour la dernière fois le 6 mars dernier en compagnie de Wilder à une station-service de Coral Gables.

« On ne peut pas s'empêcher de pleurer, a-t-elle ajouté. Je ne pourrais pas avoir le cœur plus brisé que ça. Après un an de ce supplice, nous n'avons toujours pas bougé de cette station-service. Je ne sais toujours pas ce qui lui est arrivé après. »

« Quoi qu'il lui soit arrivé, nous l'accepterons comme le fait de Dieu. Mais nous avons besoin de savoir ce qui s'est passé », nous a dit Haydee Gonzalez, originaire de Miami. Rosario Gonzales, vingt ans, la fille de Haydee et de Blas Gonzalez, a disparu au Grand Prix de Miami il y aura un an ce week-end.

Au cours de l'année écoulée, ces deux familles ont engagé des détectives privés, consulté des voyantes, distribué des milliers d'affichettes « RECHERCHE », fait paraître des annonces jusqu'au Salvador et sont allées jusqu'au Mexique et au Canada dans l'espoir de retrouver leurs filles – que celles-ci soient vivantes ou mortes.

En mai dernier, les Gonzalez et deux parents de la victime ont été arrêtés alors que, le jour de la fête des Mères, ils pénétraient par effraction dans la propriété de Wilder à Boynton Beach pour y chercher des indices. Pour Mme Gonzalez, c'était la frustration de ne pas savoir – il fallait qu'elle fasse quelque chose. Les poursuites judiciaires engagées contre elle ont été abandonnées par la suite.

Ces deux familles n'ont retrouvé aucune trace des victimes. Sur les treize femmes que Wilder aurait enlevées, six ont été assassinées, quatre ont échappé à leur ravisseur et trois sont toujours portées disparues. Ce sont Beth Kenyon, Rosario Gonzalez et Colleen Orsborne, quinze ans, qui a disparu à Daytona Beach le 15 mars.

Wilder a trouvé la mort le 13 avril, alors qu'il cherchait à s'emparer de l'arme d'un policier à Colebrook, New Hampshire.

Ne pas savoir ce qui est arrivé à leurs filles est ce qu'il y a de plus pénible pour ces familles ; cela fait encore plus mal que si elles savaient.

« Elles, elles ont retrouvé leurs filles et les ont enterrées, dit Delores Kenyon de certaines autres familles auxquelles Wilder a ravi une fille. Nous, nous ne savons même pas ce qui est arrivé à la nôtre. »

« C'est de ne pas savoir qui est le pire », nous confirme Haydee Gonzalez.

C'est pour cette raison que les Gonzalez sont allés chercher leur fille jusqu'à Mexico ; pour cette raison que, tous les week-ends, ils gagnent un autre endroit du comté de Dade pour la chercher dans les Everglades ; pour cette raison encore qu'ils seront au Grand Prix de Miami ce week-end et qu'ils y distribueront dix mille affichettes avec la photo de leur fille.

Et c'est toujours pour cette raison que les Kenyon appellent le FBI semaine après semaine pour savoir où en est le Bureau dans cette affaire ; pour cette raison aussi qu'ils ont dépensé des milliers de dollars en détectives privés ; pour cette raison qu'ils sont allés jusqu'à suivre les conseils d'une voyante et se sont mis à chercher partout dans les sous-bois, jusqu'en Alabama.

Et c'est encore la raison pour laquelle le FBI et la police, alors même que presque une année s'est écoulée depuis la mort de Wilder, explorent toutes les pistes possibles et imaginables pour tenter de retrouver les disparues.

« Le processus est loin d'être terminé, nous a déclaré l'inspecteur de la police de Miami Harvey Wasserman. Des indices nous arrivent encore et nous les exploitons tous. Mais pour l'instant cela n'a rien donné. »

« Nous suivons toutes les pistes qui s'ouvrent à nous, quelles qu'elles soient, nous a confirmé le porte-parole du FBI Joe Del Campo. Nous ne cesserons pas avant que toutes les enquêtes locales soient terminées et que toutes les pistes soient épuisées. »

La semaine dernière encore, la police de Miami a reçu un appel signalant que Rosario Gonzalez avait été vue à Washington. Le tuyau n'a rien donné.

Et pour le FBI, suivre ces pistes a récemment conduit plusieurs agents à se rendre au couloir de la mort d'une prison de Californie pour s'y entretenir avec un homme qui a connu Wilder et attend aujourd'hui d'être exécuté pour meurtre, ceci d'après une source proche de l'enquête.

Toujours d'après cette source, le prisonnier aurait dit pouvoir aider les enquêteurs à retrouver les disparues, mais les renseignements qu'il leur a fournis n'ont rien donné. Del Campo a reconnu que plusieurs agents s'étaient rendus en Californie récemment, mais a refusé de confirmer qu'ils s'étaient entretenus avec un prisonnier.

Tout en continuant ces recherches, le FBI poursuit aussi une autre enquête. Plusieurs agents examinent le passé de Wilder en étudiant ses relevés de cartes de crédit, ses notes de téléphone et tout ce qu'il est possible d'éplucher.

D'après Del Campo, ces agents auraient l'intention de fouiller dans le passé de Wilder des années en arrière et de comparer chacun de ses arrêts avec tous les crimes – enlèvements, viols et meurtres – commis dans la région à ces moments-là.

« L'enquête est tout ce qu'il y a de plus en cours. Nous commençons à rassembler les pièces du puzzle Wilder, a-t-il encore déclaré. Dans son cas, il se pourrait qu'il y ait des crimes qui remontent à bien des années en arrière et dont nous ignorons encore tout. Nous remuerons ciel et terre. »

Les premières arrestations de Wilder pour agressions sexuelles remontent aux années 70 dans le comté de Palm Beach et dans son Australie natale. Pour l'instant, les enquêteurs savent que Wilder a traversé tout le pays dans l'année qui a précédé la série de crimes qui ont fait de lui le fugitif le plus recherché d'Amérique. Certains agents lui attribuent l'enlèvement et le meurtre d'une jeune femme de San Mateo, Californie, en 1983.

« Tout cela est difficile à remonter, ajoute Del Campo. Nous essayons de recoller les morceaux. Cela prendra du temps. »

Le temps – voilà bien ce que les familles de Rosario Gonzalez et de Beth Kenyon ont dû passer dans d'atroces douleurs depuis que leurs filles ont été déclarées disparues l'année dernière.

Rosario Gonzalez a été vue pour la dernière fois le 26 février 1984, en train de distribuer les échantillons d'un produit à base d'aspirine au Grand Prix de Miami. Les enquêteurs savent que l'aspirante mannequin était à la course et qu'à un moment donné elle a parlé à un homme dont le signalement correspond à celui de Wilder.

Wilder, un électricien avec un penchant pour la course automobile et la photographie, avait piloté sa Porsche noire dans une épreuve préliminaire la veille du Grand Prix et s'était représenté sur le circuit le 26 février avec son appareil photo, l'instrument dont, selon les enquêteurs, il se servait souvent pour séduire des jeunes femmes et les entraîner vers la mort.

Les parents de la disparue espèrent que les dix mille affichettes qu'ils vont distribuer ce week-end permettront d'obtenir de nouvelles informations sur son enlèvement. Ils promettent une récompense de cinquante mille dollars à quiconque leur fournira un renseignement leur permettant de la retrouver.

« Le FBI n'a toujours pas prouvé que c'est Wilder qui l'a enlevée, nous a déclaré Mme Gonzalez. Il y avait des gens de tout le pays à ce Grand Prix. Il y avait des yachts venus de partout. Il se peut que certaines de ces personnes reviennent cette année et se rappellent quelque chose en voyant sa photo. »

Au plus profond de son cœur, Mme Gonzalez croit que sa fille, qui avait décidé de se marier en juin dernier, pourra être retrouvée vivante.

« Je sens qu'elle est toujours en vie, nous a-t-elle dit. Je n'ai aucune idée de l'endroit où elle se trouve, mais il se pourrait qu'elle ait été enlevée et emmenée quelque part. »

Les Gonzalez et les Kenyon ont un seul mais tragique lien qui les unit. Ils s'appellent souvent pour se consoler et s'informer de l'état d'avancement de leurs recherches. C'est ainsi que, lorsque les Kenyon ont eu un renseignement selon lequel leur fille se serait trouvée au Salvador, des membres de la famille Gonzalez sont venus de Miami à Pompano Beach pour leur servir d'interprètes au téléphone.

La piste de Beth Kenyon, elle aussi aspirante mannequin comme nombre de victimes de Wilder, s'arrête à la station d'essence proche de l'école élémentaire de Coral Gables où elle enseignait. Sa voiture a été retrouvée à l'aéroport international de Miami. Sa famille n'a toujours pas renoncé à ses recherches.

« Si l'on nous appelait pour nous dire que notre fille est sur la lune, nous y enverrions quelqu'un l'y chercher », nous a dit Mme Kenyon.

Cela étant, la famille de Beth est toujours douloureusement à court de renseignements sur ce qui lui est arrivé. Les prospectus envoyés aux églises, aux bureaux des shérifs et dans tous les supermarchés de Floride n'ont généré aucune piste plausible. Chercher six jours durant une cabane du nord de l'Alabama où, à en croire une voyante, la jeune femme se serait trouvée s'est révélé vain. Encore une piste qui ne menait à rien – comme celles du Canada et de l'Amérique du Sud.

« Nous en sommes toujours au même point que le 6 mars dernier. Nous ne savons toujours pas ce qui s'est passé après la station d'essence », nous a dit Delores Kenyon.

Comme Haydee Gonzalez, Mme Kenyon conserve un petit espoir dans son cœur : peut-être sa fille est-elle encore en vie. Elle a fait transporter toutes les affaires de Beth de son appartement de Coral Gables au domicile principal de la famille à Lockport, État de New York. Et elle attend, espère et prie le ciel de voir le jour où sa fille s'en servira de nouveau.

« Tout l'attend, nous a dit Mme Kenyon. Sa chambre l'attend. Tout y est comme avant. Il faut simplement espérer, c'est tout. Et prier. »

Et c'est là qu'elle se met à pleurer.

Sombre déguisement

Los Angeles Times

29 septembre 1991

LE MEURTRE DE SON ÉPOUSE MET FIN A LA DOUBLE VIE QU'IL MENAIT

Un ancien résident de Granada Hills emprisonné en Floride pour meurtre. D'après sa femme, il prétendait travailler pour la CIA et s'était remarié sans avoir divorcé d'avec elle

Dans son bureau de Granada Hills, David Russell Miller s'entourait de souvenirs lui rappelant tout ce qui comptait le plus pour lui.

Véritable pilier de toutes les réceptions d'affaires et de politique locale dans la San Fernando Valley, l'ancien président de la Chambre de commerce avait couvert un mur entier de son bureau de photos de tous les gens importants qu'il avait connus ou rencontrés. Gouverneur, élus locaux et figures internationales aussi célèbres qu'Oliver North et Desmond Tutu, tout le monde y était.

Tout le monde sauf son épouse, Dorothy. Et ses deux enfants en bas âge. De fait, la plupart des gens qui le connaissaient – y compris ceux qui ont travaillé pour lui pendant des années – ne savaient même pas qu'il était marié.

Pas plus que la représentante de commerce Jayne Marie Maghy lorsqu'elle fit sa connaissance à bord d'un avion en janvier dernier. Et après une aventure qui dura six semaines durant lesquelles ils se promenèrent en limousine et dînèrent dans des restaurants luxueux, elle l'épousa à Las Vegas. Mais, peu après que les tourbillons de la cour qu'il lui avait faite se furent apaisés, la toute nouvelle Mme Miller commença à avoir des soupçons sur le travail et les affaires personnelles de son mari.

Avec l'aide d'un détective privé, elle tomba, le 15 septembre, sur la première Mme Miller et demanda des comptes à son mari.

D'après la police, ce fut cet affrontement qui lui coûta la vie. Jayne Miller fut abattue dans la ville du centre de la Floride où le couple avait emménagé plus tôt cette année. Accusé de meurtre, David Miller, quarante et un ans, est incarcéré à la prison de Sanford, Floride, sans possibilité de libération sous caution.

Cet assassinat a soulevé une vague de stupeur dans la Valley et ôté le voile qui protégeait la vie secrète de David Miller.

Nombre de personnes qui pensaient le connaître se déclarent aujourd'hui victimes d'un arnaqueur. Certaines se demandent si la fin violente de cette double vie que menait Miller aurait pu être évitée si elles avaient formulé à haute voix les soupçons qu'elles avaient depuis le début.

Dorothy Miller dit avoir fait la connaissance de David Miller à Granada Hills en 1979. Propriétaire d'un salon de coiffure, elle avait divorcé peu de temps auparavant et élevait seule deux jeunes garçons ; l'aventure sentimentale commença peu après qu'elle eut rencontré Miller dans un cabinet d'avocats.

D'après elle, son futur époux lui aurait dit avoir divorcé et quitté Washington – où il avait occupé plusieurs emplois gouvernementaux, dont un de conseiller dans l'administration Nixon –pour emménager dans la Valley. Élevé à Sardis, Ohio, il portait une bague de l'université de cet État. La direction de cet établissement nous a confirmé qu'il y avait bien été inscrit, mais a refusé de nous donner d'autres renseignements jusqu'à ce que Miller ait rempli toutes ses obligations financières vis-à-vis de la faculté.

Moins de six mois plus tard, le couple se mettait en ménage et achetait une maison à Granada Hills, dans Aldea Avenue. Le mariage n'eut lieu que le 11 août 1985, date à laquelle les amoureux se rendirent à Las Vegas et y furent unis dans une chapelle au bord de la route. Dorothy Miller a toujours en sa possession le certificat de publication des bans. Et ajoute qu'il n'y a jamais eu de divorce.

En sa qualité de lobbyiste basé dans la Valley, David a commencé par représenter les intérêts de l'imprimerie auprès du corps législatif californien. En 1987, sa bonne réputation lui valut de décrocher un poste de conseiller auprès du député Tom McClintock (républicain de Thousand Oaks), mais celui-ci dit l'avoir licencié six mois plus tard pour résultats insuffisants et absences inexpliquées. Miller ouvrit alors un bureau intitulé « David Miller et Associés » dans l'immeuble de la Chambre de commerce de Granada Hills.

Son cabinet grandissant, il eut pour clients des promoteurs, ses activités politiques l'amenant à prendre part à des réceptions à la Chambre. Il y servit trois mois comme président, puis devint président de l'Union des Chambres de commerce, organisme qui chapeaute vingt chambres de la Valley. Ceux qui le connaissent parlent de lui comme d'un homme qui disait connaître la terre entière, pilotait une Jaguar et descendait dans les meilleurs hôtels lorsqu'il voyageait. Il emmenait ses clients et ses relations d'affaires dans des restaurants chers et réglait la note. D'après certains, Miller leur disait être avocat bien qu'il n'y ait aucune trace de lui au barreau de Californie.

« Il savait raconter des histoires, nous a dit une femme d'affaires qui l'a connu pendant des années mais ne veut pas qu'on dévoile son identité. Elles devenaient de plus en plus longues et compliquées. Ça, il racontait de belles histoires, mais on avait l'impression que ce n'était que ça, des histoires. »

On ne sait toujours pas pourquoi il tenait sa femme à l'écart de ses affaires et de ses centres d'intérêt. D'après Dorothy Miller, il lui aurait raconté que la vie qu'il menait en Californie n'était qu'une façade.

Et que son vrai travail, c'était ce qu'il faisait à la CIA.

« Dès le premier jour, il m'a raconté des histoires de CIA,

a-t-elle récemment déclaré dans une interview téléphonique qu'elle nous a accordée de Belle Vernon, en Pennsylvanie, où elle réside aujourd'hui. Il me disait y travailler en *free lance.* Il était toujours impliqué dans des incidents à caractère international. Tout ce qui passait aux nouvelles. »

Tout en avouant son embarras, Dorothy Miller reconnaît avoir cru son mari. Et c'est vrai qu'il y avait des preuves qu'il travaillait à l'étranger. Il rapportait souvent des souvenirs de pays étrangers et recevait des appels qu'on lui passait par l'intermédiaire d'opératrices parlant espagnol.

Parfois, il lui parlait d'événements internationaux qu'elle voyait rapportés à la télévision. D'autres fois, il lui parlait d'événements qui ne passaient pas aux nouvelles – telle la fois où il était revenu chez lui avec une coupure à la jambe et lui avait dit avoir été éraflé par une balle.

« Tout cela était convaincant, nous a-t-elle précisé. Il savait expliquer assez de choses et donner assez de détails pour que ça devienne crédible. Quand j'avais des questions, il me demandait de lui faire confiance. Il me le disait souvent. »

Dorothy Miller dit n'avoir rencontré que de rares personnes avec lesquelles son mari faisait affaire dans la Valley et n'avoir pas une seule fois mis les pieds dans son bureau, son époux lui disant que ç'aurait constitué un risque pour la sécurité. Il lui expliquait que son affaire n'était qu'une façade pour la CIA qui entendait piéger une cible impliquée dans un réseau du crime international jamais précisé.

Mais ce piège n'aurait jamais été activé. En 1989, David Miller fit déménager sa femme et ses deux fils à Orlando, Floride. Il aurait expliqué à son épouse qu'il fermait son bureau de Californie et vendait la maison parce que la famille pouvait être en danger.

« Il m'a dit que c'était pour des raisons de sécurité, nous a déclaré Dorothy Miller. Il m'a demandé de lui faire confiance. »

Les Miller achètent donc une maison à Orlando, Dorothy trouvant du travail dans un salon de coiffure des environs. Elle nous a précisé que son mari, lui, a continué de voyager, qu'il ne rentrait à la maison que pour quelques jours et qu'il ne cessait de lui raconter des histoires de complots internationaux.

Ce qu'ignorait Dorothy Miller, c'est que son mari n'avait pas du tout fermé son bureau de Granada Hills et qu'il continuait de vivre dans la maison qu'ils avaient partagée. Et si l'on ne sait pas où pouvaient bien le conduire tous ses voyages, il est clair que son affaire ne s'est pas arrêtée et qu'il a poursuivi ses activités politiques dans la Valley jusqu'au début de cette année, au moins.

Des relations d'affaires nous ont dit que jusqu'au début de cette année Miller était très impliqué dans la création du Leadership Program de la San Fernando Valley, un séminaire étalé sur dix mois qui permet à des politiques, à des hommes d'affaires et à des officiels du gouvernement de se réunir une fois par mois pour s'informer et discuter d'importants problèmes d'ordre public, tels l'état de l'environnement, les transports ou la criminalité.

Les personnes participant à ces séminaires – il pouvait y en avoir une trentaine – devaient payer sept cents dollars de frais d'inscription lorsqu'il fut créé pour la première fois par Miller en 1987. Ce programme, que d'anciens participants tels que Richard Alarcon, aujourd'hui adjoint au maire Tom Bradley, qualifient de réussite, est repris chaque année depuis lors, les frais d'inscription s'élevant aujourd'hui à mille deux cents dollars par tête. Inspiré par ce succès, le cabinet Miller & Associés a déployé des efforts pour étendre ce concept à d'autres villes du pays.

Sérieusement impliqué dans ce programme et anticipant un accroissement du volume de lobbying de sa société et du nombre de ses clients, Miller a fait entrer Ross B. Hopkins, un ancien manager d'affaires publiques pour la Lockheed Corporation, dans sa firme en novembre dernier.

Sauf que, selon Hopkins, le boom attendu ne s'est pas produit.

« Il s'est trop développé, nous a précisé Hopkins dans une interview. Il comptait sur certains contrats qui ne sont pas rentrés. »

En attendant, toujours d'après Hopkins, d'autres sources de revenus plus anciennes se sont asséchées au fur et à mesure que le travail s'achevait et que les contrats touchaient à leur fin. Au début de l'année 1991, Miller devait faire face à de sévères difficultés financières.

Une de ses créancières était Jacklyn Smith, la propriétaire d'une firme de Glendora spécialisée dans la vente de fournitures aux imprimeries. Elle nous a dit avoir accordé à Miller, qu'elle connaissait depuis plusieurs années, un prêt de dix-sept mille dollars qu'il lui aurait remboursé en janvier avec un chèque en bois. Miller lui aurait alors signé un autre chèque sur une autre banque, mais ce chèque lui serait revenu lui aussi sans provision.

Smith devait plus tard déposer plainte auprès du LAPD, la police de Los Angeles essayant aujourd'hui de déterminer si Miller a essayé de frauder en lui signant des chèques dont il savait qu'aucune de ses banques ne les couvrirait.

La propriétaire d'une agence immobilière de Reseda, Marge Russo, dit, elle, lui avoir prêté six mille dollars pour l'achat d'un appartement en copropriété à Palm Springs, ce prêt ne lui ayant jamais été remboursé. Depuis lors, elle a demandé un gage sur ses biens. D'après les archives du comté, Miller a cessé de rembourser ses mensualités, entraînant le déclenchement d'une procédure de saisie. Ces documents montrent aussi que sa société doit encore un minimum de quatre mille cinq cents dollars au fisc de Californie.

Et ses dettes ne s'arrêtaient pas là. Hopkins dit que Miller a cessé de le payer, lui et d'autres employés, dès le début de l'année. Il ajoute qu'à deux reprises au moins des personnes se sont présentées au bureau dans l'espoir d'y trouver Miller qui, à les entendre, leur devait de l'argent.

Mais après le 1er janvier Miller ne venait plus que rarement à son bureau pour y accueillir clients ou créanciers. Si son univers financier était en train de s'écrouler, il semblerait que sa vie personnelle, elle, ait été plus qu'active.

D'après Dorothy Miller, son mari aurait passé les vacances de Noël à Orlando avec elle, mais, le 1er janvier, lui aurait dit devoir partir en mission secrète en Amérique du Sud pour le compte du gouvernement.

Des amis de Miller disent, eux, qu'en fait il serait rentré en Californie pour y reprendre sa vie. Et que c'est pendant ce voyage en avion qu'il aurait rencontré Jayne Maghy, trente-trois ans, divorcée, mère de deux enfants, leur aventure sentimentale s'épanouissant dès leur atterrissage à Los Angeles.

D'après Jodie Bowen, qui dit être la meilleure amie de Jayne Maghy depuis dix ans, Miller aurait entraîné sa future épouse dans de grands dîners arrosés en se faisant passer pour un avocat valant quelque quatre millions de dollars. Sans parler des fauteuils d'orchestre au premier rang pour *Le Fantôme de l'Opéra*, des week-ends dans des bed and breakfast luxueux de Newport Beach et des dîners dans des réceptions politiques officielles.

« Un vrai Prince charmant, nous a encore dit Bowen. Nous avons dû aller acheter des robes de soirée [à Jayne] pour qu'elle puisse assister à certaines de ces réceptions avec lui. Elle l'obsédait. Il l'appelait tous les jours. Elle n'aimait pas son boulot et se disait : "Enfin quelqu'un qui peut m'arracher à cette vie." »

Miller et Maghy se sont mariés le 16 février dans une chapelle de Las Vegas. Bowen a été le témoin des époux et, ce week-end-là, Mme Miller a gagné trois mille dollars au poker vidéo. Beau début pour ce qui devait devenir un mariage voué au malheur.

David Miller ne tint pas ce mariage secret. Avant les noces, il avait fait part de ses intentions au cours d'un dîner de la Chambre de commerce de Granada Hills et, dès après la cérémonie de mariage, il a appelé ses associés de Las Vegas même.

« Il était difficile de l'attraper dans cette période, nous a dit Hopkins, son ancien associé. Comme il ne venait pas au bureau, je me disais qu'il essayait de ramener des clients. Jusqu'au jour où il a appelé pour me dire : "Devine un peu ! Nous sommes mariés !" »

Un groupe d'amis et d'associés s'est réuni au bureau de Miller le 1er mars pour une petite réception en l'honneur des nouveaux mariés. D'après Hopkins, la joie qu'on leur montrait était un peu sombre. Certaines des personnes qui leur portaient des toasts n'étaient plus payées depuis un mois.

« J'étais très mal à l'aise pour le personnel qui avait des problèmes et lui, il se mariait ! » nous a encore dit Hopkins.

Pour au moins un ami de Miller, certaines personnes qui le connaissaient étaient troublées par ce mariage dans la mesure où ses problèmes financiers commençaient à se savoir. Il y avait aussi des rumeurs selon lesquelles il était déjà marié.

« On plaisantait en disant qu'il voulait l'épouser vite avant qu'elle n'apprenne la vérité sur lui, nous a confié une femme qui a travaillé avec Miller sur des projets de la Chambre de commerce. Tout le monde savait qu'il n'avait plus d'argent. Et je crois que plusieurs personnes savaient très précisément qu'il était déjà marié. »

Après son mariage, les difficultés financières de Miller se sont vite aggravées, ceci aux dires de ses connaissances et selon certains documents financiers. D'après ses associés et ses créanciers, il était de plus en plus difficile de le joindre et certains se souviennent que, les rares fois où on le voyait, il était très souvent contrarié. Il disait alors ou bien qu'il devait faire face à une crise financière ou bien qu'il avait un cancer.

Alarcon, l'adjoint au maire Bradley, affirme qu'à une réunion des représentants de la Valley, Miller aurait annoncé les larmes dans les yeux que le Leadership Program était ce qu'il laisserait à la communauté.

« Quand je lui ai demandé ce qui n'allait pas, il m'a dit qu'il avait un cancer », nous a précisé Alarcon.

D'après John Dyer, un consultant en affaires qui partageait des bureaux avec Miller, les rares fois où celui-ci venait au travail, il se montrait d'humeur très changeante.

« Pour moi, tous ceux qui le voyaient constataient que son état d'esprit avait changé… de manière considérable. Il lui arrivait d'être en colère… et d'exploser. D'autres fois, cependant, il était amical, comme avant. »

Miller a fini par être obligé de fermer ses bureaux le 18 avril dernier, nous a dit Hopkins. Et le 7 mai, ceci selon les archives, menacés de saisie pour non-paiement de leurs dettes, sa nouvelle épouse et lui ont transféré la propriété de leur maison de Granada Hills à un prêteur de cautions du nom de Bert Hopper.

La saisie pour mensualités non payées a été retirée, mais

d'autres créanciers disent n'avoir jamais récupéré leur argent. Malgré nos nombreux coups de fil, Hopper ne nous a jamais rappelé pour nous dire ce qu'il pensait de ce transfert de biens.

C'est alors que Miller a fait emménager sa nouvelle épouse à Sanford, une petite ville proche d'Orlando, en Floride. À ce moment-là, Dorothy Miller dit que son époux l'avait déjà fait déménager d'Orlando à Belle Vernon, en Pennsylvanie – en lui précisant encore une fois que ce déménagement était une mesure de précaution obligatoire.

Sauf qu'après le déménagement, toujours d'après Dorothy Miller, son mari aurait cessé de l'appeler tous les jours. Il aurait aussi cessé de lui rendre des visites déjà bien rares, tant et si bien qu'elle avait fini par perdre sa trace.

Toutes ces années de soupçons finissant par l'atteindre, elle commença à téléphoner à droite et à gauche.

Free lance ou autre, elle apprit d'abord que David Miller n'était pas un employé de la CIA. Puis ce fut la direction de la Chambre de commerce de la Valley qui lui révéla que son mari n'avait cessé de travailler dans la région que quelques mois auparavant… jusqu'au jour où il s'était marié.

« Et là, je me suis dit : “Tiens, ça, c'est drôle vu que je suis déjà sa femme, nous a-t-elle déclaré. Mais ici personne ne me connaissait. On me prenait pour une folle”. »

Lorsque enfin son mari lui téléphona dans le courant de l'été, elle lui demanda des comptes et il reconnut s'être remarié. Elle coupa aussitôt toute relation avec lui et demanda à la police de Belle Vernon d'enquêter.

Pendant ce temps-là, au mois de juin, et ce malgré ses difficultés financières, David Miller avait emmené sa nouvelle épouse et les parents de cette dernière en Europe. On ne sait pas trop comment il régla les frais de voyage. Vince Bertolini, lui aussi ancien président de l'Union des Chambres de commerce qui avait travaillé avec lui, dit être tombé sur son vieil ami le 26 juin dans l'entrée d'un hôtel de Rome.

« C'était vraiment bizarre. Il m'a dit qu'il représentait le gouvernement du Koweït et qu'il travaillait à la résolution de problèmes consécutifs à la guerre du Golfe. Ça m'a paru un peu pété », nous a dit Bertolini.

Et d'ajouter que Miller avait aussi reconnu avoir des problèmes financiers et que cela lui avait appris « à savoir qui sont vos vrais amis ».

C'est après leur retour d'Europe que le couple David et Jayne Miller commence à s'écrouler. D'après la police, ils se séparent après des bagarres répétées qui les poussent l'un et l'autre à demander au tribunal d'intervenir. Dans plusieurs dépositions, Jayne Miller déclare que son mari a souvent menacé de la tuer.

Rendue de plus en plus méfiante par les dettes et les agissements de son mari, Jayne Miller engage un détective privé, Bob Brown, pour enquêter. Elle aurait dit à ce dernier que son mari prétendait être un avocat fiscaliste californien qui aurait déménagé en Floride pour travailler à Disney World.

Après des vérifications de routine sur ordinateur, Brown découvre que le nom de David Miller est associé à celui d'une Dorothy Miller dans diverses déclarations d'impôts et autres titres de propriété pour des voitures et des maisons. Et ne trouve aucun document attestant que le couple aurait divorcé.

« J'ai dit à Jayne que, pour moi, ce type avait déjà une femme, nous a confié Brown. On dirait bien qu'il a deux maisons, une ici et une autre en Californie. Il est clair qu'il a fait plusieurs fois l'aller-retour entre ses femmes. »

En se fondant sur les renseignements recueillis par Brown et sur de vieilles notes de téléphone laissées par son mari, Jayne Miller retrouve Dorothy Miller en Pennsylvanie, les deux épouses se confirmant leur existence mutuelle. Jayne aurait dit à Dorothy être bien décidée à demander des comptes à l'époux qu'elles partageaient et à porter cette affaire de bigamie devant les médias.

« Je lui ai dit qu'il était dangereux et l'ai avertie de se tenir à l'écart », nous a déclaré Dorothy Miller.

Brown aurait donné le même conseil à sa cliente. Et Bowen, l'amie de Jayne, a envoyé à cette dernière un billet d'avion afin qu'elle puisse revenir en Californie.

Mais Jayne ne devait jamais prendre l'avion. Le 15 septembre, ceci d'après les déclarations de la police, elle appela son mari pour lui dire qu'elle allait enlever toutes les affaires qu'il avait mises dans un garde-meuble et qu'il vaudrait mieux qu'il vienne les prendre.

Brown pense que sa cliente avait prévu de vider le garde-meuble et de s'en aller avant son arrivée. Il se peut aussi qu'elle ait eu moins peur de lui dans la mesure où, un mois plus tôt, elle avait exigé qu'il donne à la police une arme qu'il possédait et qu'il avait accepté de le faire.

Néanmoins, elle est toujours au garde-meuble lorsque son mari y arrive. D'après la police, le couple commence alors à se disputer sur la question de la première épouse, Miller finissant par frapper Jayne au visage. Et lorsqu'elle se dirige vers sa voiture en disant qu'elle va appeler la police, David Miller rejoint calmement la sienne et, toujours d'après la police, en sort une arme de poing.

Puis il rejoint la voiture de sa femme et tire six fois sur elle à travers la vitre côté conducteur. Il fait ensuite le tour de la voiture et tire une dernière fois sur le véhicule. Dans les deux taxis que David Miller a fait venir pour emporter ses affaires, les chauffeurs assistent à la fusillade et tentent d'aider Jayne, mais celle-ci est déjà morte. Ils maîtrisent son mari, s'emparent de son arme et attendent l'arrivée de la police.

D'après le chef de police de Sanford Steven Harriett, l'arme dont s'est servi Miller pour tuer sa femme est bien celle qu'il avait donnée à garder au poste de police le 27 août. En effet, il l'y avait reprise trois jours plus tard. Toujours d'après Harriett, la police n'avait pas le droit de l'en empêcher. « Nous n'avions aucun moyen de deviner ce qu'il allait en faire », nous a-t-il déclaré.

Brown, lui, doute que sa cliente ait su que son mari avait repris son arme avant de se rendre au garde-meuble.

« Elle n'y serait jamais allée si elle l'avait su, nous a-t-il dit. Elle a fait une erreur et l'a payée. »

Harriett nous a encore confié que si ses enquêteurs sont au courant des accusations de bigamie et de fraude qui pesaient sur Miller, ils ne s'occupent pas vraiment des activités du suspect avant le meurtre. « Tout cela est intéressant, voire fascinant, mais n'a pas de rapport avec notre affaire. »

Quelqu'un qui connaissait Miller croit, lui, que le mystère qui l'entoure est plus grand que ce qu'on sait de lui.

« C'est très frustrant, nous a dit Dorothy Miller, qui vit aujourd'hui de l'aide sociale. David a fait beaucoup de choses que personne ne peut expliquer ou croire qu'il aurait eu le culot de faire... C'est un sale individu et ce qu'il a fait n'est pas juste. »

Il y a aussi un peu de cette frustration et de cette culpabilité dans la Valley. La femme qui travaillait avec David Miller pour les réceptions de la Chambre de commerce dit qu'à son avis beaucoup de gens qui le connaissaient regrettent aujourd'hui de ne pas avoir formulé les soupçons qu'ils avaient sur son mariage précédent et sur ses difficultés financières.

« Je crois fermement que nous le savions tous, mais que personne ne voulait prendre la responsabilité de le dire, nous a-t-elle confié. Et maintenant, personne ne veut être mêlé à cette affaire. On se contente de dire que c'était un chic type et qu'on est très choqué. Personne ne veut s'ouvrir et avouer que nous aurions dû le dire à la pauvre Jayne[1]. »

1. Un jury de Floride a rejeté l'argument de démence invoqué par David Russell Miller pour sa défense et l'a reconnu coupable du meurtre de sa femme. Il a été condamné à la prison à vie *(Note de la rédaction)*.

L'homme qui traquait les femmes

Los Angeles Times

25 février 1991

ACCUSÉ D'UN MEURTRE EN 1982,
IL CRIE À LA VENDETTA POLICIÈRE

Jonathan Karl Lundh dit avoir l'impression d'être un personnage de roman à suspense… un innocent qu'on accuse d'un crime abominable et à qui on ne laisse que son intelligence pour se défendre.

« Ça ressemble à un roman de quatre sous… je n'arrive pas à croire ce qu'on est en train de me faire », a déclaré Lundh aujourd'hui derrière les barreaux de la prison du comté de Los Angeles.

Accusé d'avoir étranglé un membre du personnel de la Cal State Northridge il y a neuf ans de cela, l'homme, qui est originaire du Minnesota et a trente-neuf ans, a plaidé non coupable la semaine dernière. Plusieurs accusations de vol et de viol ont été abandonnées, le délai de prescription pour ces crimes ayant été dépassé.

Lundh donne l'impression d'être intelligent et bien éduqué et semble capable de citer le droit jurisprudentiel tout aussi bien qu'un avocat. De fait, il a décidé d'assurer lui-même sa défense bien qu'il ait, à l'entendre, quitté la faculté de droit de Harvard avant d'avoir obtenu sa licence. Il a une femme jeune et des amis qui partagent son étonnement et son indignation face aux accusations portées contre lui.

Mais, d'après les autorités, c'est l'image d'un Lundh victime innocente du système judiciaire qui est pure fiction. Pour elles, c'est un escroc et un tueur consommé qui invente les trois quarts de ce qu'il dit de sa vie et qui cache tout le reste.

« Il ne fait aucun doute qu'il est très intelligent, nous a déclaré l'inspecteur de la police de Los Angeles Larry Bird. Mais je ne sais pas trop si je croirais tout ce qu'il raconte... C'est un arnaqueur. »

La police et les procureurs assurent que sous son calme apparent et ses manières d'homme qui s'exprime bien se cache un être dangereux qui traquait les femmes. Pour Lundh, qui est emprisonné sans possibilité de libération sous caution, cette façon qu'on a de le décrire est aussi exaspérante que sa privation de liberté.

« Je ne suis pas un chien enragé qui rôde dans les rues et cherche à agresser des femmes, a-t-il déclaré récemment dans une interview. Tout être qui fait ça à une femme devrait être enfermé.

« Moi, je ne suis pas comme ça. Je suis innocent ! »

Lundh est accusé d'avoir assassiné Patty Lynne Cohen le 27 avril 1982 – cette affaire ayant beaucoup retenu l'attention à Los Angeles.

Cohen, quarante ans, adjointe au doyen de l'École d'art de la CSUN[1], a été enlevée dans le garage d'un Holiday Inn de Burbank, où elle suivait un séminaire de développement personnel. Son cadavre dénudé a été retrouvé cinq jours plus tard dans le coffre de sa voiture garée dans une ruelle de North Hollywood.

Lundh, qui selon des documents du tribunal a neuf faux noms et a été arrêté pour divers délits dans au moins cinq États, est devenu un suspect de premier plan moins de quinze jours après le meurtre. Il a été plus tard accusé d'avoir agressé une autre femme devant ce même hôtel quelques minutes à peine avant la disparition de Cohen.

1. Soit Université d'État de Californie, campus de Northridge *(NdT)*.

Mais il n'a été accusé du meurtre de celle-ci que l'année dernière – soit après que la police eut rouvert son enquête et déclaré avoir découvert de nouvelles preuves qui le lient à cet assassinat.

À ce moment-là, Lundh était revenu à son Saint Paul natal. Sorti d'un pénitencier du Minnesota où il purgeait une peine de prison pour vol caractérisé – il s'était servi de l'argent d'une femme crédule pour s'acheter une voiture –, il a été extradé à Los Angeles le mois dernier.

Aussi bien dans ses déclarations aux journaux que dans ses dépositions, Lundh donne plusieurs versions de son passé. En 1983, ceci selon des archives, il dit à un contrôleur judiciaire avoir suivi les cours de la faculté de droit de Harvard pendant un an avant de laisser tomber pour des raisons financières. Il déclare aussi avoir suivi les cours de six autres universités, dont celle de Princeton.

Il a encore dit à ce contrôleur judiciaire avoir gagné sa vie en fournissant des voitures pour des décors de cinéma, mais avoir aussi été l'agent de plusieurs artistes de music-hall de premier plan. Et ce contrôleur judiciaire de conclure : « Cet accusé doit être considéré comme un manipulateur averti et un escroc qui se sert de son intelligence pour tromper les gens. »

Dans une interview récente, Lundh a ajouté une année à ses études, mais dit avoir quitté Harvard au bout de deux ans parce qu'on l'avait recruté comme défenseur pour le Los Angeles Express, une équipe de football américain professionnelle aujourd'hui disparue.

« Je voulais aller en fac de droit, mais dès que je suis arrivé là mes centres d'intérêt ont changé », a-t-il encore déclaré.

Lundh prétend avoir été recruté par les entraîneurs du Los Angeles Express parce qu'il avait déjà joué défenseur pour l'équipe de UCLA[1], université où il affirme avoir décroché sa licence en 1974. En plus d'avoir fréquenté UCLA, il dit aussi avoir étudié un certain temps à l'université de Hawaï.

1. Soit Université de Californie, campus de Los Angeles *(NdT)*.

Mais tous les efforts déployés pour vérifier ses assertions ont été vains.

« Nous n'avons aucune trace nous permettant de dire que cette personne se serait inscrite à la faculté de droit ou y aurait suivi des cours », nous a déclaré la porte-parole de Harvard, Mary Ann Spartichino.

Les directions de UCLA et de l'université de Hawaï nous ont elles aussi déclaré n'avoir trouvé aucun document attestant que Lundh aurait fréquenté leurs établissements.

Le nom de Lundh ne figure pas davantage sur les listes des joueurs de football américain d'UCLA. Sans même parler du fait que l'équipe des Los Angeles Express ne dura guère que quelques saisons après sa fondation en 1982, époque à laquelle Lundh passa l'essentiel de son existence en prison.

Averti que les inexactitudes de la biographie qu'il a fournie aux autorités pourraient faire l'objet d'une publication, il a déclaré que son passé n'avait aucune importance. « Si vous tenez tellement à trouver des incohérences, allez donc voir les prétendues preuves dans mon dossier », a-t-il déclaré.

Il affirme être la victime d'une vendetta policière, prétend avoir été accusé à tort de l'agression perpétrée à l'hôtel de Burbank en 1982 et dit être aujourd'hui le bouc émissaire d'une enquête qui n'a rien donné dans l'élucidation du meurtre de Cohen.

« Pourquoi ils m'ont choisi, moi, je n'en sais rien, nous a-t-il dit. Je n'étais pas à Burbank ce soir-là et ils le savent. S'ils avaient eu le moindre bout de preuve contre moi, ils m'auraient inculpé en 1982, mais ce n'était pas le bon type qu'ils tenaient. Et ce n'est même pas qu'ils n'auraient pas eu assez de preuves ; en fait de preuves, ils n'avaient rien.

« Ma vie en est affectée continuellement depuis neuf ans, a-t-il ajouté. J'en ai jusque-là de la justice. »

Bird, qui enquête sur cette affaire depuis le début, déclare, lui, que les preuves à charge contre Lundh ont toujours été substantielles. D'après lui, ce n'est qu'après la réouverture de l'affaire et la collecte de nouveaux éléments de preuve que les procureurs ont décidé de porter plainte.

« Le dossier était déjà solide, nous a-t-il dit. Il l'est beaucoup plus encore aujourd'hui. »

Bird et le procureur du comté de Los Angeles assigné à l'affaire, le district attorney adjoint Phillip H. Rabichow, refusent de dévoiler les preuves supplémentaires qui ont été recueillies contre Lundh.

Mais ce dernier, qui a accès à tous les documents juridiques concernant son affaire dans la mesure où il assure lui-même sa défense, déclare que la demande d'extradition, qu'il a analysée, fait état d'une déposition dans laquelle les enquêteurs affirment avoir un témoin qui l'aurait identifié catégoriquement comme étant au volant de la Mustang de Cohen le soir de sa mort.

Lundh se moque de ce genre de preuves en disant qu'un jury trouvera incroyable d'entendre un témoin confirmer ces déclarations neuf ans après l'assassinat. « Il est impossible à quiconque de croire que quelqu'un puisse se rappeler une chose pareille neuf ans après les faits », a-t-il affirmé.

Selon les dossiers de la police et de la justice, voici ce qui s'est passé le 27 avril 1982 :

Cohen s'était rendue à l'Holiday Inn pour suivre un séminaire de développement personnel avec cent autres personnes. À la fin de la réunion, soit aux environs de vingt-deux heures trente, Ruth Kilday, une autre femme qui participait aux activités, a vu un homme debout dans le couloir, à la porte de la salle. D'après elle, il l'aurait suivie jusqu'au parking et se serait approché d'elle un couteau à la main alors qu'elle ouvrait la portière de sa voiture.

Kilday réussit à sauter dans sa voiture et se met à klaxonner pour faire savoir qu'elle a besoin d'aide. L'homme s'enfuyant, elle fait démarrer sa voiture et tente de le suivre. Mais il file dans le parking souterrain de l'hôtel et elle finit par renoncer à sa poursuite.

D'après les autorités, ce serait au moment où elle regagnait sa voiture que Cohen qui, elle, s'était garée dans le parking souterrain, serait tombée sur l'agresseur qui fuyait Kilday.

« Pour moi, il la suivait comme il avait déjà suivi l'autre victime », déclare Rabichow.

Dès le lendemain, Cohen est déclarée disparue. Il aura fallu qu'un habitant de North Hollywood la voie dans une ruelle et s'aperçoive que c'est le véhicule de la femme signalée disparue par les médias pour que sa voiture, avec son cadavre dans le coffre, soit enfin retrouvée. Entre-temps la police avait fait déjà circuler un portrait-robot du suspect dessiné avec l'aide de Kilday.

Une semaine plus tard, un officier de police voit Lundh dans une Corvette volée et procède à son arrestation à North Hollywood. Lundh, qui dit s'appeler John Robert Baker, devient aussitôt suspect dans les affaires Cohen et Kilday à cause de sa ressemblance avec le portrait-robot.

Bien que le chef de police Daryl F. Gates ait alors qualifié Baker/Lundh de « suspect très vraisemblable », les procureurs n'accusent Lundh que de vol de voiture et d'agression sur la personne de Kilday, parce qu'ils n'ont pas encore assez de preuves le reliant au meurtre de Cohen.

Peu après son arrestation, Lundh prétend s'être trouvé à une station-service de West Los Angeles à vingt-trois heures, le soir de l'agression contre Kilday, ce qui rend impossible sa présence à Burbank. Sauf que, lors d'un procès en 1983, Kilday l'identifie comme étant son agresseur et qu'il est alors condamné pour vol de voiture et agression à main armée. Il écope de quatre ans de prison et ne retrouve la liberté qu'en 1986.

C'est pur hasard si l'affaire Cohen repart vraiment en 1990. À ce moment-là, en effet, un enquêteur qui travaillait sur une autre affaire d'assassinat procède à une vérification de routine sur le terminal Hitman[1] de la police afin de voir s'il n'y aurait pas des crimes semblables au sien.

D'après Bird, cet ordinateur central, dans lequel sont stockés des renseignements sur tous les homicides commis à Los Angeles depuis dix ans, lui sort aussitôt les détails de l'affaire Cohen. Les procureurs en parlent avec lui, mais décident que cela n'a rien à voir avec l'affaire sur laquelle il enquête.

1. Homicide Informative Tracking Management Automated Network, ou Réseau automatisé de recherches sur les homicides *(NdT)*.

Cela étant, après examen de l'affaire Cohen, ils avertissent Bird qu'il y a assez de preuves pour inculper Lundh et le pressent de rouvrir le dossier et de relancer l'enquête.

Bird dit avoir retrouvé Lundh à Saint Paul, où il avait été récemment libéré de prison, sa peine ayant été commuée en mise à l'épreuve dans une histoire de vol qualifié. Il dit encore l'avoir interrogé dans cette ville, puis être rentré à Los Angeles et avoir aussitôt commencé à recueillir d'autres éléments de preuve.

Arrêté dans le Colorado au début des années 90, pour avoir contrevenu aux termes de sa conditionnelle en quittant le Minnesota, Lundh est renvoyé en prison. Il dit, lui, avoir quitté cet État pour se marier et faire son voyage de noces. La police croit plutôt qu'il s'est enfui en apprenant que le dossier Cohen venait d'être rouvert.

Accusé du meurtre de Cohen le 31 mai 1990, il est renvoyé à Los Angeles en janvier, le voyage prenant une semaine entière : arguant de sa peur phobique de prendre l'avion, il a obligé les inspecteurs à l'y reconduire en voiture. Il attend aujourd'hui une mise en accusation formelle qui pourrait être repoussée dans la mesure où il affirme ne pas avoir eu assez de temps pour se préparer à l'audience.

L'épouse de Lundh, Gale, qui a déménagé à Los Angeles, est convaincue que l'homme qui est son mari depuis un an et demi n'est ni un assassin ni un arnaqueur.

« Ils ne tiennent pas le bon mec, dit-elle. Mais dans ce système on n'est pas vraiment présumé innocent jusqu'au moment où on est reconnu coupable. On serait plutôt coupable jusqu'à preuve du contraire. Le plus triste dans cette histoire, c'est que l'individu qui a vraiment commis ce crime court toujours[1]. »

1. Lundh a été jugé deux fois pour le meurtre de Patty Lynne Cohen. Il a assuré sa défense dans les deux procès. Le premier voyant les jurés dans l'incapacité de se départager, il a été rejugé et déclaré coupable de meurtre sans préméditation. Il a été condamné à perpétuité sans possibilité de libération conditionnelle *(NdE)*.

L'homme le plus recherché d'Amérique

Los Angeles Times
4 décembre 1987

UN HABITANT DE TARZANA
EMPRISONNÉ POUR LE MEURTRE
DE SON PÈRE DISPARU

Âgé de vingt et un ans, un habitant de Tarzana a été arrêté jeudi dernier, la police le soupçonnant d'avoir assassiné son père, un riche homme d'affaires japonais disparu depuis sept mois. Toru Sakai est détenu sans possibilité de libération sous caution à la prison de la division de North Hollywood, nous a déclaré le lieutenant Dan Cooke.

Le père de Sakai, Takashi (Glenn) Sakai, cinquante-quatre ans, n'a plus été revu depuis le 21 avril, jour où il a été officiellement déclaré disparu.

« D'après les éléments de preuve en notre possession, nous pensons qu'il a été assassiné », nous a précisé Cooke.

La police refuse de dévoiler les indices permettant de penser soit que cet homme est mort, soit que son fils a quelque chose à voir avec son assassinat.

Toru Sakai a été arrêté au domicile de Braewood Drive qu'il partage avec sa mère, Sanae Sakai, alors que des policiers procédaient à un examen des dossiers financiers de la famille.

D'après la police, les parents du suspect se seraient séparés il y a environ trois ans. Le couple avait engagé une bataille juridique sur les finances familiales et s'apprêtait à divorcer lorsque Takashi Sakai a disparu.

Sanae Sakai, cinquante et un ans – elle dirige une agence immobilière installée dans sa maison dans les collines –, a elle aussi été arrêtée pendant la fouille de sept heures quinze, mais, « durant cet examen qui devait durer toute la journée, les inspecteurs ont été d'avis de la relâcher », a encore ajouté le lieutenant Cooke, qui n'a pas voulu aller plus loin dans ses déclarations.

Toujours d'après la police, Takashi Sakai, fondateur de la société d'investissements Pacific Partners de Beverly Hills – il était aussi conseiller financier dans d'autres firmes d'investissements –, aurait été vu pour la dernière fois le 20 avril, au moment où il quittait son bureau.

Cela étant, la police a refusé de dire où il habitait à ce moment-là. C'est le lendemain qu'il a été déclaré disparu par une amie.

Trois jours plus tard, sa voiture était retrouvée à l'aéroport international de Los Angeles, les enquêteurs ne trouvant par contre aucun indice permettant d'affirmer qu'il aurait pris l'avion.

C'est alors que, à s'en tenir au propos de Cooke, les inspecteurs de police auraient commencé à chercher les preuves d'un coup monté.

Robert Brasch, le président de la World Trade Bank, dont la Pacific Partners est une succursale, a déclaré ce jeudi que Takashi Sakai était un entrepreneur et homme d'affaires très respecté qui aurait beaucoup aidé des sociétés japonaises à investir aux États-Unis[1].

1. Après avoir passé trois jours en prison, Toru Sakai a été libéré lorsque la police et l'accusation se sont rendu compte qu'elles n'avaient pas à ce moment-là assez d'éléments de preuve pour pouvoir l'inculper de meurtre. C'est alors qu'il a disparu *(NdE).*

24 mai 1988

SAKAI SE DÉFEND CONTRE SES ASSASSINS

D'après le témoignage donné lundi dernier à la Cour supérieure de Los Angeles par un homme qui aurait aidé Toru Sakai, ce dernier aurait préparé l'assassinat de son père pendant trois mois, mais les choses auraient commencé à mal tourner dès l'instant où la victime a été attirée dans une grande maison de Beverly Hills. Takashi (Glenn) Sakai, cinquante-quatre ans, un riche homme d'affaires international domicilié à Tarzana, a été assassiné dans la maison, mais n'a trouvé la mort qu'à l'issue d'une lutte aussi sanglante qu'inattendue et dont il a presque réchappé, a déclaré Gregory Meier.

« J'étais derrière la porte, a-t-il ainsi précisé. Il est entré, a fait quelques pas à l'intérieur et je l'ai attaqué par-derrière. J'ai réussi à le frapper à la nuque, mais il ne s'est pas écroulé. Dieu sait pourquoi, je pensais pouvoir l'expédier au tapis… comme au cinéma. Mais c'est pas comme ça que ça marche. Il a couru vers la porte. J'ai aidé Toru à le ramener à l'intérieur et on a essayé de le mettre K.-O. » Ce n'est qu'après l'avoir menotté et frappé encore et encore à coups de barre d'acier que son fils a pu le poignarder à mort dans la cave de la maison, a ajouté Meier.

Ami de Toru Sakai depuis l'époque où ils faisaient partie de la même équipe de tennis scolaire, Meier, qui est âgé de vingt et un ans, s'est vu octroyer l'immunité dans cette affaire.

Sakai, lui aussi âgé de vingt et un ans, a été inculpé de meurtre, mais est toujours recherché par les autorités. Sa mère, Sanae Sakai, cinquante et un ans, est, elle, accusée de complicité de meurtre par instigation.

Meier a révélé les détails de l'assassinat du 20 avril 1987 au cours de l'audience de première comparution de Sanae Sakai. C'est après l'audition de Meier et d'autres témoins que le juge David M. Horwitz lui a refusé toute possibilité de plaider coupable.

Le corps de Takashi Sakai, fondateur de la Pacific Partners, une succursale de la World Trade Bank de Beverly Hills, a été retrouvé enterré dans le canyon de Malibu au début février, soit environ dix mois après son assassinat.

D'après Meier et les autorités, Toru Sakai aurait assassiné son père parce que, ses parents s'étant engagés dans une procédure de divorce particulièrement pénible, il craignait que sa mère, avec qui il vivait dans la maison familiale de Tarzana, ne soit en butte à des difficultés financières.

« Il m'a dit, en gros, qu'il haïssait son père et qu'il ne savait pas quoi faire d'autre », a déclaré Meier.

Préparation du meurtre

Meier dit aussi qu'à trois reprises, au début de l'année 1987, lui et Toru Sakai auraient discuté de l'assassinat. Il précise cependant qu'il ne voulait absolument pas y être mêlé. Il n'aurait finalement accepté d'aider son ami qu'en avril, lorsque Toru lui aurait dit avoir proposé dix mille dollars à un autre ami pour faire le boulot, mais avoir essuyé un refus de cet ami.

« Je ne me suis jamais porté volontaire, dit-il. C'est lui qui m'a convaincu. Il avait promis de m'aider quand j'aurais besoin de lui. »

Toujours d'après Meier, l'idée était d'attirer Takashi Sakai dans une maison vide des Hollywood Hills sise au 718 Crescent Drive, maison que gérait Sanae Sakai pour le compte d'un investisseur japonais. Une fois à l'intérieur, Sakai serait aussitôt kidnappé et emmené dans le canyon de Malibu, où il serait tué et enterré.

Au début avril, les deux amis creusent une fosse dans un endroit retiré du canyon. Puis, le 20 avril, Meier se rend à la maison de Beverly Hills et attend que Toru retrouve son père dans un hôtel voisin et lui demande de le suivre jusqu'à ladite maison.

Aussitôt arrivé, Takashi Sakai est attaqué, maîtrisé après une lutte sérieuse et enfin précipité dans l'escalier de la cave.

« Il gémissait et appelait au secours au bas des marches », a déclaré Meier.

Changement de plan

Après, Toru Sakai décide de changer de plan et de tuer son père dans la cave, a repris Meier.

« Il a sorti un couteau et m'a demandé de descendre achever son père. »

Meier refuse et regarde Toru descendre à la cave. En y descendant à son tour un peu plus tard, il constate que Sakai Senior a été poignardé à mort. Le corps de la victime est alors emballé dans des sacs-poubelles, enroulé dans le tapis de l'entrée trempé de sang et chargé dans la Porsche de Toru. Les deux hommes emportent le cadavre dans le canyon de Malibu, où, toujours selon les déclarations de Meier, ils l'enterrent. Meier précise que Toru et lui ont passé les deux jours suivants à faire disparaître les preuves de leur crime. Ils abandonnent la voiture du père à l'aéroport international de Los Angeles. Jettent l'arme du crime et le tapis de l'entrée de la maison de Beverly Hills dans une décharge de Glendale et repeignent les murs tachés de sang.

« On a passé plusieurs couches à la cave », a-t-il déclaré.

Meier a aussi déclaré avoir reçu mille quatre cents dollars de Toru Sakai pour avoir pris part à l'assassinat.

À suivre les dépositions faites lundi dernier par un vendeur et par un poseur de tapis, deux jours après le meurtre, Sanae Sakai a, elle, acheté un tapis et l'a fait poser dans l'entrée de la maison de Beverly Hills. Toujours d'après ces témoins, ce tapis était de petite taille et assorti à la couleur des autres tapis de la maison.

D'après l'adjointe au district attorney Lonnie A. Felker, que Sanae Sakai ait remplacé ce tapis aussi rapidement indique qu'elle était au courant de l'assassinat et qu'elle a aidé son fils. Sanae Sakai, elle, nie avoir quoi que ce soit à voir avec le meurtre de son mari.

1er juin 1988

AFFAIRE DE MEURTRE
Des choix difficiles pour un témoignage crucial

La police a été en mesure de trouver la solution du meurtre de Takashi Sakai parce qu'un des individus ayant pris part à cet assassinat a commis l'erreur de laisser une empreinte sur un ticket de parking après avoir abandonné la voiture de la victime à l'aéroport international de Los Angeles.

Mais l'homme qui a laissé cette empreinte, Greg Meier, vingt et un ans, ne sera condamné à aucune peine de prison pour le rôle qu'il a joué dans cette affaire, bien qu'il ait lui-même reconnu avoir participé au kidnapping du riche homme d'affaires japonais, l'avoir frappé avec une barre d'acier et avoir enterré son corps après qu'il eut été poignardé à mort.

En se servant de cette empreinte comme d'un élément clé de l'enquête de dix mois sur la disparition de Sakai, les autorités ont, en février dernier, convaincu Meier de leur dire ce qui était arrivé au disparu de Tarzana et de les conduire à son corps.

En échange, et après qu'il eut promis de témoigner devant une cour, Meier s'est vu accorder l'immunité. On s'attend maintenant à ce qu'il soit le principal témoin à charge contre son meilleur ami, Toru Sakai, vingt et un ans, que la justice accuse de meurtre et de conspiration dans l'assassinat de son père. Meier va aussi jouer un rôle important en tant que témoin dans le procès de l'épouse de la victime, Sanae Sakai, qui est accusée de complicité de meurtre.

Cette immunité accordée à Meier met en relief toutes les difficultés que les autorités ont dû surmonter pour résoudre ce qu'elles n'ont pas hésité à qualifier de crime presque parfait. L'adjointe au district attorney Lonnie A. Felker, qui doit requérir contre Sakai, n'est pas satisfaite de voir que Meier échappera aux poursuites, mais affirme qu'elle n'avait guère le choix. D'après elle, les preuves recueillies contre lui n'auraient sans doute pas été suffisantes pour le faire condamner pour sa participation au crime. Cela dit, les renseignements qu'il a fournis après qu'on lui eut accordé l'immunité ont été d'une importance capitale pour étayer les charges retenues contre l'individu qu'on croit être le véritable assassin, Toru Sakai. « Malheureusement, a-t-elle déclaré, nous avons dû renoncer à poursuivre quelqu'un. Mais nous ne pouvions rien faire d'autre.

« Le choix était entre laisser une personne ou tout le monde en liberté et nous ne voulions pas que celui qui a donné le coup fatal à Takashi Sakai s'en sorte à bon compte. C'était Toru que nous voulions. »

À ceci près que les poursuites engagées contre Toru Sakai devront attendre que la police l'ait retrouvé. On ne sait pas où il se trouve depuis qu'il a quitté le domicile familial de Tarzana, au moment où Meier collaborait avec les autorités. En attendant, sa mère a décidé de plaider non coupable devant la Cour supérieure de Los Angeles.

Takashi (Glenn) Sakai, cinquante-quatre ans, fondateur de la Pacific Partners, une succursale de la World Trade Bank de Beverly Hills, a disparu le 20 avril 1987. Dès le début, la police a pensé qu'il avait été victime d'un coup monté. Pour elle, il était en effet bien difficile de croire que Sakai avait renoncé à sa brillante carrière de conseiller auprès d'hommes d'affaires japonais cherchant à investir aux États-Unis.

Les enquêteurs ont vite découvert que Sakai avait entamé une procédure de divorce et qu'il ne s'entendait plus du tout avec son épouse et son fils. Âgée de cinquante et un ans, celle-ci est l'ancienne reine d'un concours de beauté au Japon et la descendante d'une des cinq familles les plus nobles de ce pays.

Deux jours après la disparition de Sakai, sa Mercedes a été retrouvée dans un parking de l'aéroport international de Los Angeles. Si rien ne prouvait qu'il ait effectué un quelconque voyage en avion, un élément de preuve indiquant ce qui lui était peut-être arrivé a été découvert : une empreinte digitale laissée sur le ticket de parking déposé dans la voiture. Pendant plusieurs mois, l'enquête n'a fait que piétiner. On ne retrouvait pas le corps de la victime et l'empreinte digitale ne correspondait à rien au fichier central.

C'est alors qu'au mois de novembre le gérant d'une société de boîtes postales privées de Hollywood, où Takashi Sakai avait un casier, a averti la police de Los Angeles qu'un jeune homme s'était présenté à son bureau, lui avait montré la clé et avait exigé qu'il lui ouvre la boîte de Sakai. Cet accès lui étant refusé parce qu'il n'était pas Sakai, l'homme avait quitté les lieux, le gérant ayant alors la présence d'esprit de noter le numéro d'immatriculation du véhicule qu'il conduisait. Les inspecteurs Jerry Le Frois et Jay Rush ont alors remonté la piste et sont tombés sur un certain Greg Meier de San Marino.

De grands amis

Selon les autorités, Meier et Toru Sakai étaient de grands amis, leur amitié remontant au lycée de San Marino, où ils jouaient dans l'équipe de tennis. L'un comme l'autre, ils avaient la réputation d'être calmes et de ne prendre part qu'à peu d'activités extrascolaires. Le tennis et un désir partagé de devenir musiciens, telle était la base de leur amitié.

Sous la photo de la promotion Titanian de 1983, Toru Sakai a laissé tomber l'envolée lyrique choisie par les trois quarts des élèves et préféré reproduire une citation passablement pessimiste attribuée à Mick Jagger :

« Il y a eu de bons moments et il y en a eu de mauvais ; moi aussi, j'ai eu ma part de temps difficiles et j'ai perdu ma foi dans le monde… »

Sous la photo de Meier, on peut lire : « Si tu ne saisis pas la vie, c'est la vie qui t'aura. »

Cette amitié se prolongea bien après le lycée et le déménagement de la famille Sakai de San Marino à Tarzana. Ils passèrent tous les deux brièvement à UCLA et, plus tard, firent de temps à autre des boulots d'entretien et de rénovation de propriétés gérées par Sanae Sakai pour le compte d'investisseurs japonais.

Après avoir remonté la piste de son numéro d'immatriculation jusqu'à lui, les inspecteurs demandèrent à Meier de passer au QG de la police pour y être interrogé et donner ses empreintes digitales. Meier obéit à l'injonction et fut relâché. Il n'y avait pas assez de preuves pour l'inculper d'assassinat.

Correspondance d'empreintes

Au début février néanmoins, la police découvrit une correspondance entre une des empreintes de Meier et celle laissée sur le talon du ticket de parking.

D'après Felker, les enquêteurs placèrent Meier en détention le 9 février, cette fois en lui annonçant que cette empreinte et d'autres éléments de preuve risquaient fort de lui valoir une mise en accusation.

« Nous l'avons interrogé et il nous a laissé entendre qu'il pourrait peut-être nous aider », ceci toujours d'après l'accusation.

Après avoir consulté un avocat, Meier proposa de dire ce qu'il savait en échange de son immunité. Felker rappelle que sans cadavre, scène de crime ou mobile pour tuer Sakai, sans même parler du peu de pièces à conviction à leur disposition, les autorités n'avaient pas le choix.

« Nous étions tous arrivés à la même conclusion : c'était la seule façon de procéder, a déclaré le lieutenant Lewis, qui a supervisé l'enquête de la police de Los Angeles. Je ne vois pas comment un quelconque représentant de l'ordre pourrait se réjouir de laisser filer un individu pareil, mais c'est le tableau général qu'il faut prendre en considération. Il est certain que ça me gêne, mais nous n'avions pas d'autre solution. »

Avant de lui accorder l'immunité, ceci d'après Felker, les autorités s'étaient assurées, en enquêtant et discutant avec Meier et son avocat, que Meier n'était pas celui qui avait tué Takashi Sakai à coups de couteau.

Le raisonnement officiel

« Nous nous sommes assurés que ce n'était pas l'assassin et que ce n'était pas non plus lui qui avait eu l'idée du meurtre, nous a encore déclaré Felker. Nous lui avons accordé l'immunité parce que ce n'est pas lui qui a infligé les blessures mortelles. »

Le lendemain du jour où il s'est vu attribuer l'immunité, Meier a conduit une équipe d'enquêteurs au canyon de Malibu et leur a montré l'endroit où Takashi Sakai avait été enterré dix mois plus tôt. Il leur a aussi fourni certains détails du meurtre qui leur manquaient depuis le début.

Ces détails ont été pour la première fois révélés publiquement la semaine dernière, lorsque Meier a témoigné à la première comparution de Sanae Sakai. Dans l'assistance, on trouvait plus d'une vingtaine de journalistes japonais qui avaient fait le déplacement à cause de la réputation de la famille Sakai et parce que le parricide, qui est très rare au Japon, avait suscité un grand intérêt dans la communauté japonaise aussi bien ici que de l'autre côté du Pacifique.

C'est en parlant calmement, mais en soufflant parfois très nerveusement dans le micro, que Meier a déclaré avoir entendu Toru Sakai envisager plusieurs fois de tuer son père pendant les trois premiers mois de l'année 1987. D'après lui, ces discussions se produisaient souvent lorsque les deux amis prenaient la Porsche de Toru pour aller se promener dans les montagnes de Santa Monica ou lorsqu'ils dînaient et buvaient dans des restaurants de Westwood, près de UCLA.

Un divorce difficile

Aux dires de Meier et des autorités, Toru Sakai voulait tuer son père parce que, ses parents s'étant lancés dans un divorce tumultueux, il craignait que sa mère et lui-même n'aient à faire face à de graves difficultés financières.

« Il m'a dit, en gros, qu'il haïssait son père et qu'il ne savait pas quoi faire d'autre », a déclaré Meier.

Toujours selon Meier, le 20 avril 1987, Toru a attiré son père dans une maison vide de Beverly Hills que Sanae Sakai gérait pour le compte d'un investisseur. Meier se tenait derrière la porte une barre d'acier à la main quand le père de Toru est entré.

« Il a fait quelques pas à l'intérieur et je l'ai attaqué par-derrière. J'ai réussi à le frapper à la nuque, mais il ne s'est pas écroulé. Dieu sait pourquoi, je pensais pouvoir l'expédier au tapis… comme au cinéma. Mais c'est pas comme ça que ça marche. » S'en est suivi un combat sanglant, Takashi Sakai étant frappé plusieurs fois encore par son fils et par Meier avant d'être maîtrisé, menotté et jeté dans les escaliers de la cave, ont précisé les procureurs.

« Il gémissait et appelait au secours au bas des marches », a encore déclaré Meier, qui assure que Toru Sakai lui a ensuite demandé de descendre et de l'achever.

Le corps enterré

Meier ayant refusé, Toru Sakai descend à la cave et tue son père. Les deux amis enveloppent le corps dans un tapis et le chargent dans la Porsche de Toru. Puis, toujours selon Meier, ils se rendent au canyon de Malibu, où ils enterrent le cadavre. Ce n'est que le lendemain qu'ils reviendront à la maison de Beverly Hills pour y faire disparaître tous les indices compromettants et recouvrir de peinture les murs tachés de sang.

Meier a révélé aux enquêteurs que lorsqu'il a conduit la voiture de la victime à l'aéroport international de Los Angeles, il portait des gants pour ne pas laisser d'empreintes dans le véhicule. Mais lorsqu'il lui a fallu tendre la main pour prendre le ticket de parking, il a ôté ses gants pour ne pas avoir l'air bizarre. Après avoir pris le ticket, il a remis ses gants et frotté le ticket pour y effacer ses empreintes.

« Mais le gras sur l'un de ses doigts avait déjà été absorbé par le papier, a précisé Felker. Et l'empreinte n'a pas bougé. » C'est la seule chose qui reliait Meier à la disparition de Sakai.

Plusieurs mois plus tard, en avouant le rôle qu'il avait joué dans l'assassinat, Meier a ajouté un détail particulièrement lugubre à la description d'un meurtre déjà passablement ignoble, a encore déclaré Felker.

Meier aurait en effet déclaré aux autorités que Toru et lui seraient retournés au canyon de Malibu environ deux mois après l'assassinat et y auraient déterré le corps en partie. Toru Sakai se serait alors servi d'un sécateur pour couper un doigt au cadavre et ainsi pouvoir récupérer une bague en or. Après quoi les deux amis auraient réenterré le mort.

Un an après les faits, ceci d'après Felker, les autorités se sont vues placées dans la situation gênante de devoir choisir l'individu qui devrait subir les foudres de la justice.

« Notre seul souci est qu'à la fin de cette histoire justice soit faite pour le plus grand nombre de personnes, affirme Felker. D'un point de vue professionnel, cela ne me gêne pas trop dans la mesure où je fais ce qu'il faut afin que justice soit faite. »

Bien qu'il ne soit pas inculpé dans cette affaire, Meier n'échappe pas au sentiment de sa propre culpabilité, a fait remarquer l'accusation.

« Je ne sais pas vraiment jusqu'où va son remords, nous a dit Felker, mais je sais qu'il ne se sent pas bien du tout. Il me l'a dit à plusieurs reprises. Pour lui, ce meurtre n'avait aucune réalité jusqu'au moment où il s'est produit. Il s'y est alors trouvé tellement impliqué qu'il ne pouvait plus s'en dégager. »

Nous n'avons pas réussi à joindre Meier pour avoir ses commentaires. Mais, la semaine dernière, sa voix a tremblé un instant pendant qu'on l'interrogeait sur l'assassinat.

« C'est dur, a-t-il dit. Émotionnellement, c'est vraiment dur. »

6 novembre 1989

LE SUSPECT EST DEPUIS PRESQUE DEUX ANS DANS LA NATURE APRÈS LE MEURTRE DE SON PÈRE

Placé en détention en 1987 après la mort de son père, Toru Sakai avait été relâché faute de preuves. Aujourd'hui, la police affirme avoir un dossier qui tient la route, mais le suspect est toujours en cavale

Le 3 décembre 1987, la police de Los Angeles avait enfin Toru Sakai là où elle le voulait : dans une cellule de la division de North Hollywood, où il était en garde à vue pour l'assassinat de son père.

Sauf qu'à l'époque une des choses que la police n'avait pas était bel et bien le cadavre du père, Takashi Sakai, un riche homme d'affaires japonais de Tarzana. En l'absence du corps et d'éléments de preuve indiquant qu'un meurtre avait été commis, Toru Sakai, alors âgé de vingt et un ans, fut relâché après avoir passé deux jours en prison.

Depuis, la police n'a jamais eu la moindre occasion d'arrêter l'ex-étudiant de UCLA. Lorsque les enquêteurs trouvèrent enfin le corps de la victime et les pièces à conviction dont ils avaient besoin pour l'inculper du meurtre de son père, Toru Sakai avait disparu. Aujourd'hui, au bout de deux ans, ou peu s'en faut, passés à remonter plus de cinq cents pistes et à aller jusqu'à Washington dans un sens et Tokyo dans l'autre, les enquêteurs disent n'avoir aucune idée de l'endroit où Toru Sakai pourrait se trouver. Pour eux, la solution d'un des crimes les plus remarquables de ces dernières années est toujours au point mort. L'affaire a certes été résolue, mais le suspect est toujours en cavale.

« Nous le cherchons encore et continuons d'avoir des indices, nous a déclaré l'inspecteur Jay Rush. Mais il est toujours dans la nature...

« Il est frustrant de savoir qui a tué quelqu'un et pourquoi et de ne pas pouvoir mettre la main sur lui. C'est encore plus frustrant que de ne pas pouvoir résoudre une affaire. »

Le meurtre de Takashi Sakai est resté sans solution pendant la plus grande partie de l'année 1987. Âgé de cinquante-quatre ans, le fondateur de la Pacific Partners, une succursale de la World Trade Bank domiciliée à Beverly Hills, n'a plus été revu depuis qu'il a quitté son bureau le 20 avril 1987.

Au début, l'affaire fut traitée comme une disparition, mais les policiers eurent vite fait de soupçonner un coup monté. À leurs yeux, la disparition soudaine de Sakai, qui se faisait appeler Glenn aux États-Unis, avait quelque chose de bizarre dans la mesure où l'homme d'affaires était en train de négocier un contrat de première importance. Sa Mercedes fut alors retrouvée à l'aéroport international de Los Angeles et, sur un ticket de parking, une empreinte digitale qui n'appartenait pas à la victime.

Parce que, ancien président de la Chambre de commerce de Little Tokyo, Sakai était très connu dans un monde des affaires où il exerçait une grande influence, les autorités se dirent qu'il avait peut-être été kidnappé. Requalifiée, l'affaire fut alors transmise aux Vols et Homicides qui traitent les cas de kidnapping. Ne trouvant aucun indice permettant de penser à un enlèvement, les inspecteurs Rush et Jerry Le Frois centrèrent leur attention sur la famille de Sakai. L'année précédente, en effet, le disparu avait quitté son domicile familial de Tarzana et entrepris de divorcer d'avec son épouse, Sanae Sakai, une descendante de la noblesse japonaise et ancienne reine de beauté. Au moment de sa disparition, Sakai habitait dans les Hollywood Hills.

D'après les enquêteurs, le divorce se passait mal et Toru Sakai avait pris le parti de sa mère dans la bagarre financière qui opposait celle-ci à son mari. Pour eux, ce différend était le mobile de la disparition.

« Glenn Sakai avait dit à certaines personnes que si jamais il lui arrivait quelque chose, ce serait sa femme et son fils qui seraient les coupables », a déclaré Le Frois.

Cela étant, les enquêteurs n'avaient aucun élément de preuve. L'affaire n'a commencé à avancer qu'en novembre 1987, lorsqu'un homme qui possédait la clé de la boîte aux lettres privée de Glenn a tenté de se faire donner du courrier. Après avoir refusé de le servir parce qu'il n'était pas Sakai, le gérant de la poste privée a eu la présence d'esprit de noter le numéro d'immatriculation de sa voiture.

La piste a été alors remontée jusqu'à Gregory Meier, un ancien camarade de classe et coéquipier de tennis de Toru Sakai. Meier ayant déclaré que la clé lui avait été donnée par Toru, ce dernier a été arrêté le 3 décembre 1987 et soupçonné de meurtre. Mais sans corps, sans scène de crime et sans éléments de preuve, il fut impossible de l'inculper et il dut être relâché.

Cependant, deux mois plus tard, la police ayant trouvé une correspondance entre une empreinte digitale de Meier et celle décelée sur le ticket de parking de l'aéroport, Meier accepta de coopérer avec les autorités en échange de son immunité. Il déclara alors que Glenn Sakai avait été poignardé à mort par son fils après avoir été attiré dans une maison vide de Beverly Hills que Sanae Sakai gérait pour le compte de son propriétaire japonais absent. Meier déclara encore avoir pris part à l'agression mais ne pas avoir infligé les blessures fatales, et conduisit les policiers jusqu'au corps de la victime dans le canyon de Malibu.

Le 10 février 1988, la police retourna à la maison des Sakai pour y arrêter Toru, mais celui-ci avait disparu. Les inspecteurs arrêtèrent Sanae Sakai, qui fut ensuite inculpée de complicité de meurtre par instigation. Pour les autorités, elle avait aidé son fils à dissimuler le crime.

L'accusation contre Sanae Sakai fut abandonnée, cette dernière niant encore et encore avoir connaissance du crime et du lieu où se cache son fils.

Le seul indice crédible pour la police est un coup de fil anonyme reçu par elle au début de l'année 1988. La femme qui l'avait passé connaissait en effet certains détails sur la famille et l'affaire Sakai jamais révélés dans la presse et lui aurait dit que Toru avait filé au Canada en franchissant la frontière à Vancouver.

Pour les autorités, néanmoins, s'il a effectivement quitté le pays, le suspect l'a fait sans son passeport, qui lui avait été confisqué lors de son arrestation en 1987. Il n'empêche : la police n'en pense pas moins que Sakai a pu gagner le Japon par Vancouver. Des indices donnés aux inspecteurs par la communauté japonaise de Los Angeles, et ce il y a à peine un mois, montrent que le fugitif se trouverait au Japon. « Nous pensons qu'il a pu se procurer un nouveau passeport et gagner le Japon », déclare l'inspecteur Le Frois.

Né au Japon, Toru Sakai a quitté ce pays avec sa famille pour s'installer en Californie alors qu'il avait un an. D'après les enquêteurs, son japonais n'était pas fameux et, adolescent, Toru se serait fait « occidentaliser » les yeux, tous indices qui pourraient le faire remarquer au Japon.

Cela dit, jamais Toru n'a été vu officiellement ni au Japon ni ailleurs, ce manque d'indices quant à son lieu de résidence étant plus qu'inhabituel. D'après les enquêteurs, les fugitifs se font souvent rattraper à cause des erreurs qu'ils commettent – on se sert d'une carte de crédit ou d'un passeport, on donne un vrai numéro de sécurité sociale ou on laisse des empreintes sur un faux document d'identité.

« D'habitude, il y a une piste, nous a dit l'adjointe au district attorney du comté Lonnie A. Felker, qui a déposé plainte pour meurtre contre Toru Sakai. Mais là, non, il n'y a aucune piste. Le Japon est une possibilité. Mais tout autant le Canada. Où il pourrait toujours se trouver. Nous ne savons pas. »

Des inspecteurs se sont rendus à Tokyo et ont fourni aux autorités locales tous les détails de l'affaire, qui avait fait l'objet de beaucoup de publicité étant donné la notoriété de la famille Sakai et la rareté du parricide au Japon.

D'autres inspecteurs se sont aussi rendus à Washington pour y recueillir des appels téléphoniques après que certains détails de l'affaire, des photos de Toru Sakai et la mention de sa passion pour le tennis et de son recours au prénom Chris eurent été donnés par deux fois à l'émission de télévision « America's Most Wanted ». Vue aux États-Unis, puis traduite et présentée au Japon, cette émission suscita des centaines d'appels qui orientèrent les autorités sur le Japon et neuf États américains, aucun coup de fil ne conduisant malheureusement au vrai Toru Sakai.

Un appel en provenance de Palm Springs semblait prometteur. Aux dires du correspondant, un Asiatique habitait effectivement une propriété reculée dans la communauté du désert. Il se faisait appeler Chris, n'avait pas l'air de travailler et jouait souvent au tennis.

« Tout concordait », nous a déclaré Le Frois. Des photos ont donc été envoyées à la police de Palm Springs, qui a vérifié. La ressemblance était importante. Oui, il pouvait s'agir de Toru Sakai.

La police de Palm Springs effectue donc une descente et arrête l'individu qu'elle a sorti d'une piscine du complexe d'habitations. Pendant ce temps, Rush et Le Frois se rendent à Palm Springs avec une photocopie des empreintes de leur suspect…

De fait, ils comprirent qu'ils avaient le mauvais bonhomme dès qu'ils le virent. Celui qu'on avait tiré de sa piscine était bien trop grand. Les empreintes ne firent que confirmer qu'il ne s'agissait pas de Toru Sakai.

« La piste est froide, un point c'est tout », nous a encore déclaré Le Frois.

D'après les autorités, Toru Sakai est toujours recherché, les inspecteurs en charge du dossier se réunissant régulièrement avec Felker, l'adjointe au district attorney, afin de faire le point sur l'affaire. Pour l'essentiel cependant, la police reconnaît attendre encore le coup de fil qui la conduira au tueur ou l'erreur qu'il commettra.

« Car il pourrait en faire une, nous a dit Rush. Il pourrait très bien être arrêté pour autre chose et se faire prendre ses empreintes…

« Il est quelque part dans la nature, conclut l'inspecteur avec mélancolie. Et il surveille sans doute ses arrières. Ce qui vaut mieux pour lui parce que moi, je ne le lâche pas[1]. »

1. Toru Sakai n'a pas été arrêté. On ne sait toujours pas où il se trouve *(NdE)*.

Il tue sa femme

Los Angeles Times

15 janvier 1991

D'APRÈS LA FILLE, LE PÈRE ET L'ÉPOUSE QU'IL EST ACCUSÉ D'AVOIR ASSASSINÉE SE SERAIENT DISPUTÉS

Michael J. Hardy, accusé d'avoir assassiné sa femme et enterré son corps dans son jardin il y a cinq ans, se serait disputé pendant des heures avec la victime le jour où celle-ci a disparu. Tel est en substance le témoignage de sa fille devant le tribunal municipal de Van Nuys lundi dernier.

Cheryl Hardy a aussi déclaré avoir vu sa belle-mère, Deborah Hardy, recevoir des coups qui lui ont fait perdre conscience un instant au cours de la dispute qui l'a opposée à son mari dans leur maison de Canoga Park le jour de Thanksgiving 1985.

Ce témoignage a été donné lors de l'audience préliminaire du procès pour meurtre de Michael Hardy, qui, âgé de quarante-six ans, a décidé de plaider non coupable.

Hardy, qui habite aujourd'hui à La Jolla, a été arrêté le 2 novembre après que la police de Los Angeles eut déterré un cadavre, plus tard identifié comme étant celui de Deborah Hardy, dans le jardin de derrière de l'ancienne demeure des Hardy, à la hauteur du 20600 Sherman Way.

La police agissait sur un coup de fil de Robert Hardy, vingt-cinq ans, le fils du suspect. À l'entendre, son père lui aurait demandé de l'aider à enterrer sa belle-mère après qu'il l'eut tuée avec une lampe torche.

Selon la police, Robert Hardy, qui était incarcéré dans une prison de Californie, avait des remords depuis des années. Aucune charge n'a été retenue contre lui.

Acteur au chômage, Michael Hardy aurait été un tueur à gages au service du crime organisé interviewé dans l'émission *Geraldo* et décrit dans un portrait publié par le magazine *New York* en 1977. La police de Los Angeles n'a rien pour prouver qu'il serait lié à d'autres meurtres.

Au prétoire, Judith Samuel, la directrice du refuge pour femmes battues de Haven Hills, a déclaré aujourd'hui que, le jour de Thanksgiving 1985, Deborah Hardy est passée au refuge en disant que sa fille et elle avaient été battues par son mari. Judith Samuel a ajouté que les deux femmes étaient reparties après qu'on leur eut dit que la police serait avertie.

Selon le témoignage de Cheryl Hardy, qui réside maintenant à San Diego, c'est en sortant de sa chambre qu'elle a découvert sa belle-mère étendue inconsciente sur le sol.

Toujours d'après elle, sa belle-mère aurait repris connaissance peu après, mais aurait disparu le lendemain. Son père, auquel elle demandait ce qui s'était passé, lui aurait répondu qu'« elle avait filé ».

Michael Hardy, qui est incarcéré à la prison de Van Nuys sans possibilité de libération sous caution, a déjà été condamné à trois reprises pour agression avec arme mortelle, rapt d'enfant et agression avec arme à feu sur la personne d'un policier.

Les archives du tribunal attestent qu'en 1985 Deborah Hardy avait déjà demandé une contrainte par corps sur son mari après que celui-ci lui eut brisé sept côtes, endommagé la rate et qu'il eut battu sa fille.

16 janvier 1991

PROCÈS EXIGÉ CONTRE UN HOMME ACCUSÉ D'AVOIR TUÉ SON ÉPOUSE ET DE L'AVOIR ENTERRÉE DANS SON JARDIN

Ce mardi, un habitant de La Jolla est passé en jugement pour avoir assassiné sa femme et l'avoir enterrée dans son jardin de Canoga Park, il y a cinq ans de cela.

Michael J. Hardy devra passer en jugement pour le meurtre de sa femme, Deborah L. Hardy, suite au témoignage d'un inspecteur de police de Los Angeles lors d'une audience préliminaire du tribunal municipal de Van Nuys. Selon ce policier, Hardy a reconnu que sa femme avait reçu une blessure mortelle à la tête au cours d'une dispute où il l'avait poussée violemment.

D'après le témoignage de l'inspecteur Phil Quartararo, après que la police eut déterré le corps de la victime l'année dernière dans leur jardin de Sherman Way et arrêté Hardy, celui-ci a précisé qu'ils s'étaient disputés le jour de Thanksgiving 1985 et que sa femme s'était alors emparée d'une arme à feu et avait tiré dans le plancher.

« Il dit avoir détourné l'arme d'une tape sur la main, a précisé Quartararo. Puis il l'a poussée et c'est là qu'elle a perdu connaissance. »

Aux dires de l'inspecteur, Hardy, qui est âgé de quarante-six ans, a déclaré à la police que, son épouse étant décédée quelques heures plus tard sans avoir repris connaissance, il avait demandé à son fils, Robert, de l'aider à l'enterrer.

Toujours d'après Quartararo, Hardy a changé certains détails de son récit lors d'un deuxième interrogatoire : cette fois, c'est dans le plafond que son épouse aurait tiré.

Plus tard, les Hardy ont quitté Canoga Park pour emménager à La Jolla. Le corps n'a été découvert que le 2 novembre 1990, jour où Robert Hardy qui, aujourd'hui âgé de vingt-cinq ans, est incarcéré dans une prison californienne, a informé la police de cet enterrement.

Selon la déposition de Robert Hardy, son père lui aurait avoué avoir tué Deborah Hardy avec une lampe torche.

La fille de Hardy, Cheryl, vingt-deux ans, avait déjà déclaré que sa belle-mère avait effectivement tiré une balle dans le plafond environ une semaine avant la dispute de Thanksgiving.

L'adjoint au district attorney Marsh M. Goldstein a déclaré au juge municipal Robert L. Swasey que d'après les éléments de preuve Deborah n'aurait pas menacé son mari avec une arme à feu lorsqu'elle a été assassinée.

Les témoignages ayant été épuisés, Randall Megee, l'avocat de Hardy, n'a pas réussi à convaincre le juge Swasey de renoncer à inculper le prévenu de meurtre avec préméditation ou de requalifier son acte en homicide sans intention de donner la mort.

Acteur au chômage, Hardy a été présenté comme un tueur à gages au service du crime organisé lors de l'émission télévisée *Geraldo* et dans un portrait publié dans la revue *New York* en 1977. La police dit n'avoir trouvé aucun indice permettant de le lier à d'autres crimes de sang.

17 août 1991

LE TUEUR À GAGES AUTOPROCLAMÉ PLAIDE COUPABLE DU MEURTRE DE SA FEMME EN 1985

Un résident de La Jolla, qui, d'après la police, se faisait passer sans aucune raison pour un « tueur à gages au service du crime organisé » dans les médias a décidé de ne pas contester sa culpabilité dans le meurtre de sa femme il y a six ans de cela, lors d'une dispute le jour de Thanksgiving. Il ne conteste pas davantage l'avoir enterrée dans le jardin de leur ancien domicile de Canoga Park.

Michael J. Hardy, quarante-six ans, a décidé de plaider de cette manière – soit l'équivalent californien du plaider coupable – devant le tribunal supérieur de Van Nuys qui l'accuse de l'assassinat de son épouse, Deborah L. Hardy, trente et un ans, en 1985.

C'est l'année dernière que les restes de la victime ont été découverts derrière une maison de Sherman Way, après que Robert, vingt-cinq ans, fils de Michael Hardy qui purge aujourd'hui une peine de prison pour cambriolage, eut dévoilé le crime à la police et indiqué, croquis à l'appui, où il avait aidé son père à enterrer le corps.

En 1977, Hardy a été décrit dans un article de la revue *New York*, et plus récemment lors de l'émission télévisée *Geraldo*, comme un tueur à gages travaillant au service du crime organisé et ayant déjà tué quatorze personnes. La police déclare que, pour elle, si Hardy a effectivement un beau casier judiciaire, il n'en est pas pour autant un tueur à gages au service du crime organisé.

Hardy risque onze ans de prison lorsque le juge Judith M. Ashmann procédera à l'énoncé de la sentence le mois prochain. Hardy, qui était accusé de meurtre, aurait pu se voir condamné à quarante-deux ans si, son affaire passant en jugement, il avait été déclaré coupable. Il a donc décidé de ne pas contester sa culpabilité, ceci selon les propos de son avocat, Me James E. Blatt.

« Il ne voulait pas courir le risque de passer le reste de sa vie en prison », nous a précisé ce dernier.

Les résultats de l'autopsie n'étant pas concluants et Hardy étant le seul témoin de la mort, il se pourrait qu'on ne sache jamais comment Deborah Hardy a été tuée le jour de Thanksgiving 1985, a déclaré l'adjoint au district attorney Marsh Goldstein, en charge du dossier.

Robert Hardy, qui reconnaît avoir aidé à enterrer le corps, mais n'a pas été témoin du crime, a déclaré à la police que son père lui avait avoué avoir tué sa femme en la frappant avec une lampe torche.

Après son arrestation, néanmoins, Hardy père a soutenu aux inspecteurs de police que sa femme était déjà mortellement blessée lorsqu'il l'a poussée au moment où elle le menaçait avec une arme.

D'après Goldstein, c'est à cause de ces incohérences et parce que les mains courantes de la police attestent que le couple se disputait souvent de manière violente que l'accusation a accepté de n'accuser Hardy que d'homicide sans intention de donner la mort.

Pour Goldstein, « si cela sent effectivement très fort l'assassinat, le fond de l'affaire est que ce couple avait un lourd passé de violences et qu'il l'a frappée trop fort, ce qui est exactement la définition de l'"homicide sans intention de donner la mort" ».

Pour Me Blatt, même s'il était condamné au maximum de onze ans, Hardy, qui en a déjà passé un en prison, pourrait être libéré dans cinq pour bonne conduite.

Hardy a déjà été condamné à trois reprises, la première pour agression avec arme mortelle, la deuxième pour rapt d'enfant et la troisième pour agression avec arme à feu sur la personne d'un officier de police.

Dans un portrait publié en 1977 dans la revue *New York*, Hardy s'est vanté d'avoir commis huit cents vols de voitures et deux cent cinquante cambriolages, en plus d'avoir des liens avec le crime organisé. Dans l'article, il est aussi mentionné qu'il aurait pris part à quatorze assassinats sur commande. L'année dernière, Hardy est passé à l'émission nationale de Geraldo Rivera sur les tueurs à gages. Protégé par un déguisement, il n'a pas voulu confirmer ou infirmer sa participation dans ces meurtres lorsque Rivera lui a posé la question.

« Je ne vais quand même pas déclarer à la télé nationale que j'ai participé à des meurtres parce que, et vous le savez bien, vous ne m'avez pas payé assez pour ça ! » a-t-il déclaré en se faisant passer pour un certain Michael Hardin.

Les autorités déclarent, elles, n'avoir aucune preuve que Hardy aurait jamais été un tueur à gages.

« Pour moi, c'est un vantard, nous a affirmé Goldstein. Il a certes mené, et longtemps, une existence marquée par la violence, mais aucun tueur à gages qui se respecte n'irait le crier sur les toits. »

Le gang des tire-pas-droit

South Florida Sun-Sentinel

4 octobre 1987

LES MEURTRES SUR COMMANDE

Ç'aurait pu être comique si cela n'avait pas été aussi meurtrier, si des vies n'avaient pas été fauchées sans la moindre pitié, à tout le moins hantées par la terreur. Qu'on les ait traités de « gang des tire-pas-droit » n'empêche pas qu'ils aient tellement tiré qu'à la fin ils ne pouvaient pas ne pas faire mouche et tuer des gens.

Pendant des mois et des mois, des membres de ce gang tentèrent d'assassiner Doug Norwood, mais qu'ils s'y prennent à la mitraillette, à la bombe ou au pistolet paralysant, toujours ils se débrouillaient pour rater leur coup. Même chose avec Dana Free. Trois fiascos. Et lorsque l'heure fut venue d'abattre Victoria Barshear, eh bien… ils décidèrent qu'elle était trop jolie pour mourir.

Telles sont quelques-unes des *gaffes*[1] qui les ridiculisèrent. Cela dit, il n'y a rien de risible dans ce qui est arrivé à Richard Braun et à Anita Spearman. Même s'ils s'y reprirent à deux fois, c'est dans son jardin qu'ils tuèrent Braun. Et une seule visite du gang suffit à ce qu'on retrouve Anita Spearman morte dans son lit.

1. En français dans le texte *(NdT)*.

Tueurs travaillant par petites annonces, c'étaient des losers, des parias et des ratés de la police qui s'étaient placés sous le commandement d'un homme au patronyme on ne peut plus approprié de Richard « Savage ». Leurs cibles, ils les choisissaient de West Palm Beach à Saint Paul, et leurs clients de l'Atlantique aux Rocheuses.

Rien de personnel là-dedans. C'est dans un bar louche du Tennessee où dansaient des strip-teaseuses qu'ils préparèrent la mort de personnes qu'ils n'avaient jamais vues : Anita Spearman, l'adjointe au maire bien connue et respectée de West Palm Beach ; Doug Norwood, un étudiant en droit de l'Arkansas ; Dana Free, un entrepreneur de Géorgie. Et bien d'autres encore.

Ils se voyaient en tueurs à gages. Un jour on était videur dans un bar, le lendemain on tuait sur commande à l'autre bout du pays. Aucun boulot n'était trop important ou trop mesquin. C'est ainsi qu'un des membres du gang aida un inconnu à placer une bombe à bord d'un avion transportant cent cinquante-quatre passagers. Un autre exécuta un père dans son allée sous le regard horrifié de son fils. Un troisième jeta des grenades dans une maison où dormaient une mère et son enfant de quatorze ans.

Ils commettaient leurs crimes dans tout le pays afin de ne pas laisser un sillage de terreur qui aurait pu aider la police dans ses recherches. Que pouvait-il y avoir de commun entre le van piégé d'un homme d'affaires qui explose à Atlanta et une valise qui, elle, explose dans la soute d'un jet à Dallas ? Que pouvait-il y avoir de commun entre l'empoisonnement de toute une exploitation de volailles dans l'Iowa et l'assassinat d'un élu municipal dans le comté de Palm Beach ?

À première vue, la réponse est « rien » et l'on ne se poserait même pas la question. Il n'empêche : en moins d'un an, tout un réseau d'enquêteurs travaillant sur des affaires qui n'avaient rien à voir entre elles trouva le dénominateur commun… dans les dernières pages d'une revue pour fanatiques de la guerre et des armes. Car c'est bien en partant de là que ces enquêteurs reconstituèrent et assemblèrent les pièces du puzzle. Aujourd'hui encore, ils n'en reviennent pas de leur chance.

« C'est vraiment une affaire où la réalité dépasse la fiction… c'en est renversant, nous a confié Tom Stokes, l'agent spécial en charge de l'antenne locale d'Atlanta du Bureau des alcools, tabacs et armes à feu. Il y avait des moments où nous avions besoin d'un organigramme pour nous y retrouver. Ces mecs-là se baladaient dans tout le pays pour commettre leurs méfaits. Dieu merci, nous avons réussi à tout coordonner. »

Pour finir, deux personnes y trouvèrent la mort, plusieurs furent blessées et bien d'autres craignirent pour leur vie. Après avoir échappé trois fois à la mort par mitraillage et jet de bombe, Doug Norwood porte toujours une arme sur lui. Qui pourrait le lui reprocher ? C'est d'un bout à l'autre du pays que le gang de Savage a laissé son sillage de terreur et d'ineptie meurtrière.

La piste s'ouvre au printemps 1985, à Knoxville, dans le Tennessee. Richard Savage en est à sa quatrième aventure commerciale en presque autant d'années et rien ne permet de dire que son Continental Club sera plus florissant que le restaurant, le motel et la maison de retraite qui ont fait faillite avant lui.

Faire marcher un bar à strip-teaseuses, jamais encore il ne s'est lancé dans une profession aussi étrange – on est très loin de son point de départ. Né à Knoxville trente-sept ans plus tôt, Savage s'est enrôlé dans l'armée dès sa sortie du lycée et y a servi sept ans, y compris au Vietnam où il était estafette.

Aussitôt après l'armée, il décide d'endosser un autre uniforme, celui de policier. Mais ce nouvel uniforme ne lui offre pas de promesses durables. S'il décroche bien un diplôme de droit criminel dans le Kentucky, Savage ne travaillera que brièvement comme policier dans l'Oklahoma, puis comme gardien de prison fédérale à Lexington, État du Kentucky. Après quoi il vadrouillera dans tout le Middle West, l'année 80 le voyant déjà à la tête de plusieurs débâcles commerciales.

C'est en 1985 qu'il décide de faire bon usage de tout ce qu'il a appris dans ses carrières précédentes. Et de proposer ses services sur le marché.

Les dernières pages de *Soldier of Fortune* contiennent des petites annonces où ceux que la revue qualifie d'« aventuriers professionnels » peuvent trouver toutes sortes de marchandises et de services. Quel que soit le mois, l'offre va du contre-renseignement au manuel du mercenaire en passant par l'abrégé de la vengeance.

Mais, au début des années 80, les petites annonces de *Soldier of Fortune* proposaient parfois des services nettement plus sinistres. D'après les enquêteurs, ce serait dans ces colonnes que toutes sortes de tueurs à gages faisaient de la publicité pour leurs talents mortels. Et c'est sur ce marché que dans le courant de l'été 85 Richard Savage met son savoir-faire :

« Fusil à louer : mercenaire professionnel, trente-sept ans, cherche travail. Ancien du Vietnam. Discrét (*sic*). Garde du corps, estafette et autres qualifications. Toute offre bienvenue. »

C'est un Sylvester Stallone en Rambo qui se trouve en couverture du numéro de juin dans lequel Savage a fait passer son annonce et précisé que toutes les offres étaient les « bienvenues ». L'annonce donnant le numéro de téléphone du Continental Club, il ne fallut que quelques jours pour que les appels y arrivent. Ils provenaient aussi bien de personnes à la recherche d'un travail que de personnes prêtes à en donner. Dès le milieu de l'été, Savage s'était entouré d'individus prêts à travailler sur commande. À leur nombre Sean Doutre qui, âgé de vingt et un ans, était videur au Continental Club, Michael Wayne Jackson qui, âgé de quarante-deux ans, avait un temps exercé la fonction de chef de police dans une toute petite ville du Texas mais travaillait maintenant comme homme d'entretien, William Buckley qui, âgé de trente-cinq ans, faisait dans la sécurité, plus quelques autres qui semblaient se retrouver dans l'image de macho véhiculée par les petites annonces et les histoires d'action publiées dans *Soldier of Fortune*. Parmi les personnes qui appelèrent, il y avait aussi des clients prêts à payer des boulots plus que douteux. C'est ainsi que Savage fut contacté pour garder de l'or en Alaska ou retrouver des soldats disparus pendant la guerre du Vietnam. La plupart du temps, néanmoins, on appelait parce qu'on voulait que quelqu'un soit tué.

« Je n'en croyais pas mes oreilles, devait déclarer Savage à un reporter du *News/Sun-Sentinel* un an après la parution de son annonce. On voulait que je tue épouse, mère, père et petite amie. »

D'après les enquêteurs, Savage et son gang auraient conclu ce genre de contrat mortel avec bon nombre de clients. La somme à verser était de vingt mille dollars par tête.

Toujours pour les enquêteurs, quelques semaines à peine se seraient écoulées depuis la parution de sa petite annonce lorsque Savage accepta sa première offre et dépêcha une équipe de tueurs dans une banlieue d'Atlanta pour y liquider un certain Richard Braun, un homme d'affaires de quarante-trois ans. Le 9 juin, une bombe fut placée dans son van, où elle explosa avant que Braun n'y monte. Les assassins devaient rattraper cet échec deux mois plus tard.

Le deuxième boulot eut lieu à Fertile, dans l'Iowa. Le propriétaire d'un bar de Saint Paul, dans le Minnesota, un certain Richard Lee Foster, appela Savage et lui affirma que l'élevage de volailles de la Keough Poultry Company de Fertile l'avait volé. Savage ayant mis Michael Wayne Jackson et William Buckley sur l'affaire, une explosion secoua ledit élevage dans la nuit du 23 juin. Personne ne fut blessé, mais, en attendant, Foster s'était vengé.

Au début août, l'équipe de tueurs à gages est de retour en Géorgie, cette fois pour y assassiner un entrepreneur en bâtiment du nom de Dana Free. Savage a reçu vingt mille dollars d'une habitante de Denver qu'un mauvais placement de Free a mise en colère. Sauf que tuer ce dernier n'eut rien de facile.

Le 1er août, Buckley et Jackson posèrent deux grenades sous la voiture de Free. Lequel Free roula toute la journée avec ces deux engins sous son véhicule sans que rien ne se passe – en partie parce qu'une des deux grenades n'avait pas été dégoupillée. Le soir suivant, Buckley se glissa donc à nouveau sous la voiture et y réattacha les grenades en en reliant la goupille à la colonne de direction. Que le véhicule bouge et, les grenades étant dégoupillées, BOUM, tout sauterait !

Le matin venu, Free monte dans sa voiture et se met en devoir de sortir de son allée lorsque, voyant une grenade toujours pas dégoupillée rouler de dessous son auto, il réussit à sauter du véhicule avant que l'autre explose. Aucune blessure… et beaucoup de chance. Il disparaît.

Pour le boulot suivant, on repart dans le Middle West. Le propriétaire de bar Richard Lee Foster est tellement impressionné par la manière dont Savage a géré son mécontentement envers la Keough qu'il décide de l'embaucher pour une autre tâche. Cette fois-là, néanmoins, les résultats ne sont pas aussi bons. Trois nuits durant, la première étant celle du 10 août, des membres du gang collent tout un assortiment d'engins explosifs au Club 63 de Harry, établissement qui fait concurrence à celui de Foster. Aucun de ces engins ne fonctionnant comme il faut, les deux premières nuits les artificiers reviennent au bar pour les enlever. La troisième, l'engin déclenchant une alarme en se mettant à fumer, les démineurs de la police arrivent au bar avant eux.

« Ils étaient tout simplement incapables de faire ce qu'il faut, a déclaré l'agent spécial du Bureau des alcools, tabacs et armes à feu Tom Stokes. On aurait dit le gang des tire-pas-droit et pense-pas-mieux. On en arrivait à se demander si tout ça n'était pas une comédie des erreurs. »

C'est le 26 août que les bévues comiques prennent fin. Selon les enquêteurs, ce jour-là en effet Savage renvoie Doutre en Géorgie et, pour la première fois, le gang frappe avec une précision mortelle. Richard Braun, qui a déjà échappé à la mort, est mitraillé en sortant sa Mercedes de son allée. Son fils âgé de seize ans, qui se trouve lui aussi dans la voiture, est légèrement blessé et voit son père saigner à mort.

Les tueurs sur commande acceptent ensuite un boulot que leur a confié un certain Larry Gray. Originaire de l'Arkansas, celui-ci entend que l'amant de son ex, Doug Norwood, un étudiant en droit de Fayetteville, soit éliminé.

Quatre jours après l'assassinat de Braun, Norwood ouvre la porte de son appartement à deux hommes qui l'attaquent au pistolet paralysant. Norwood en réchappe en balançant un coup de poing au premier et en faisant passer le second à travers une porte vitrée, mais est blessé par balle en s'enfuyant. Il court jusqu'à une voiture garée non loin de là et demande à l'homme qui se tient debout à côté d'elle de lui porter secours.

« Il s'est contenté de me regarder, est monté lentement dans sa voiture et a filé », se souvient encore Norwood.

Aussi bien était-ce parce qu'il venait de s'adresser au chauffeur des gangsters, cet homme n'étant autre que celui qu'il devait plus tard reconnaître sous le nom de Richard Savage. Toujours est-il que Norwood se réfugie dans une laverie automatique proche et y appelle la police. Ses agresseurs, plus tard identifiés comme étant William Buckley et Dean DeLuca, un autre associé de Savage, réussissent à s'enfuir.

Norwood n'avait aucune idée des raisons pour lesquelles on l'avait attaqué ou de la personne qui lui en voulait. Il s'acheta un .357 Magnum et se mit à le porter sur lui où qu'il aille. Cela dit, son arme ne l'aida guère dans l'après-midi du 1er octobre. Une bombe placée sous sa voiture garée sur un parking de l'université de l'Arkansas explosa en effet partiellement lorsqu'il mit le contact. La voiture fut réduite en miettes, mais Norwood s'en sortit sans la moindre blessure.

Pendant que certains membres du gang attendaient un énième moment propice pour avoir Norwood, d'autres s'attelaient déjà à de nouvelles tâches.

D'après les enquêteurs, Mary Alice Wolf, une habitante de Lexington, dans le Kentucky, avait engagé Savage pour tuer Victoria Barshear, la nouvelle épouse de son ex. Savage lui envoie donc Doutre, Buckley et DeLuca pour faire le boulot, mais celui-ci ne sera jamais exécuté. Après avoir vu Barshear, les tueurs à gages décident en effet que la dame est trop belle pour mourir et quittent la ville.

En attendant, l'affaire Dana Free n'est toujours pas réglée. Le 12 octobre, à trois heures du matin, William Buckley, qui avait déjà raté plusieurs fois son coup avec Free, Norwood et Barshear, jette deux grenades dans une maison de Pasadena, Texas. Personne n'est blessé dans l'explosion… Free n'était même pas chez lui ! La maison appartenait en effet à son ex-épouse et à son fils de quatorze ans, l'un comme l'autre dormant profondément à l'intérieur lorsque les projectiles ont fracassé à grand bruit la fenêtre de la salle de séjour.

Le boulot suivant était potentiellement le plus mortel que le gang ait jamais tenté d'exécuter. Le 30 octobre, à l'aéroport international de Dallas/Fort Worth, un avion de l'American Airlines en provenance d'Austin avec cent cinquante-quatre passagers à bord roulait lentement vers le terminal lorsqu'une petite bombe explosa dans la soute à bagages. Les passagers furent évacués à toute allure, terrorisés mais indemnes.

Les enquêteurs devaient plus tard découvrir les restes d'une bombe à retardement placée dans les bagages de la passagère Mary Theilman. C'était elle qui devait mourir, avec tous les autres passagers, c'est probable. Un mois plus tard, les autorités judiciaires mettaient Albert Theilman, le mari de la victime désignée, en état d'accusation. Un an devait s'écouler avant qu'elles n'inculpent aussi William Buckley pour lui avoir vendu la bombe.

C'est aussi en octobre que Richard Savage commença à recevoir des appels d'un certain Robert Spearman, originaire du comté de Palm Beach. Son problème était le suivant : il était marié et ne voulait plus l'être, mais il ne voulait pas davantage d'un divorce.

Le 16 octobre, Savage prend l'avion pour Palm Beach afin d'y rencontrer Spearman qui lui fait une avance de deux mille dollars sur les vingt mille du contrat selon lequel il devra assassiner Anita, quarante-huit ans, l'épouse de Spearman. Cinq jours plus tard, Savage envoie Sean Doutre et Ronald Emert, un autre associé du Continental Club, à West Palm Beach afin de se faire régler le solde.

Doutre et Emert étant repartis avec l'argent, Robert Spearman passa plusieurs appels au Continental Club. Les autorités judiciaires devaient plus tard déclarer que tous ces coups de téléphone avaient pour objet de savoir ce qu'il en était du contrat et d'exiger que Savage se dépêche de l'exécuter.

Quel qu'ait pu être l'objet des coups de fil, Spearman n'eut plus besoin d'appeler dès les premières heures du 16 novembre.

Ce matin-là en effet, après que Spearman eut quitté son domicile de Palm Beach pour passer au siège de sa société de constructions maritimes, Sean Doutre pénétrait dans la maison dont la porte n'était pas fermée à clé, y trouvait une Anita Spearman qui, endormie, se remettait d'une mastectomie et l'abattait sur son lit.

Peu après, Robert Spearman rentra chez lui et y trouva sa femme morte et sa maison saccagée. Il appela vite les services du shérif et se fit passer pour un mari éploré. Les autorités ne mirent pas longtemps à percer son petit jeu.

Il y avait donc toutes ces victimes et tous ces crimes bizarres, mais apparemment rien pour les relier. Que les enquêtes soient aussi dispersées était ce qui devait assurer l'impunité du gang. Mais il en alla autrement : en plus d'avoir lamentablement cafouillé dans leurs tentatives de meurtres, nos tueurs à gages s'étaient conduits d'une manière qui faisait mentir les promesses publiées dans leur annonce.

Celle-ci proclamait en effet qu'ils sauraient être discrets. Sauf qu'ils avaient loué des voitures, gardé les reçus, passé des coups de fil longue distance et s'étaient fait remarquer par des tas de témoins. Sans compter qu'ils ne payaient pas toutes leurs factures, qu'ils gardaient des armes volées et avaient toujours de grosses sommes sur eux. Et qu'ils laissaient des armes de grande puissance bien en vue sur les sièges de leurs voitures. Et qu'enfin, et surtout, ils parlaient trop.

L'affaire des tueurs par petites annonces aurait sans doute pu être résolue avec l'arrestation de Doutre. Mais lorsqu'ils vérifièrent le numéro de série de sa carabine sur l'ordinateur central des biens volés, les policiers ne trouvèrent rien. À Palm Beach, le meurtre remontait à la veille et le numéro de l'arme n'avait pas encore été entré dans la base de données.

Cela étant, Doutre mit quand même, et sérieusement, la police sur la piste de Richard Savage. En plus de sa carabine, les policiers de Maryville avaient trouvé une mitraillette dans sa voiture. Découvrir cette arme signifiait que l'antenne du Bureau des alcools, tabacs et armes à feu la plus proche allait être consultée pour voir si quelqu'un avait envie d'interroger Doutre.

Grant McGarrity, un agent de l'antenne de Knoxville, passa le voir à la prison dans l'après-midi. Doutre se montra très bavard, allant même jusqu'à déclarer, et sans qu'on le lui demande, qu'il travaillait pour un certain Savage, dont l'affaire consistait à envoyer des gens en assassiner d'autres sur commande. Mais bien sûr, il nia avoir jamais lui-même commis le moindre crime.

Le renseignement était intéressant. McGarrity avait entendu parler de Richard Savage et se renseignait déjà sur les armes que recevait ou expédiait le Continental Club.

N'ayant rien dit qui l'incrimine, Doutre fut accusé de vol d'arme, mais put demander sa libération sous caution et quitter Maryville. La carabine volée fut néanmoins conservée aux scellés de la police.

Pendant ce temps-là, Doug Norwood, l'étudiant en droit de l'Arkansas, avait toujours peur et ne cessait de regarder derrière lui. La police n'avançait guère dans son enquête sur la fusillade et la bombe auxquelles il avait réchappé de peu. Elle ne voulait pas davantage entendre parler de sa théorie selon laquelle ç'aurait été l'ex-mari de sa petite amie qui lui envoyait des tueurs à gages.

Ce fut quand même la méfiance de Norwood qui le sauva une troisième fois et permit d'enfin y voir clair dans l'affaire. Le 20 janvier 1986, Norwood eut des soupçons sur une voiture qui le suivait sur le chemin de l'université et appela les deux inspecteurs qui enquêtaient sur la bombe.

La police arrêta la voiture et commença à parler à son conducteur, Michael Wayne Jackson, un policier repérant alors le canon d'une arme qui dépassait d'un pull-over posé sur le siège avant. Jackson aussitôt arrêté, la police confisqua plusieurs armes, dont un fusil semi-automatique.

« Pour moi, dit Norwood, il ne fait aucun doute que Jackson allait m'arroser avec cette mitraillette. »

Il s'avéra que Jackson était tout aussi bavard que Doutre. Il déclara en effet à la police que Savage et lui avaient été embauchés par Larry Gray, l'ex-époux de la petite amie de Norwood, pour éliminer ce dernier. Il ajouta même que Gray les avait contactés par une petite annonce parue dans la revue *Soldier of Fortune*.

Le deuxième coup de chance se produisit le 5 février, date à laquelle Sean Doutre fut de nouveau arrêté près d'Athens, en Géorgie, pour avoir tout simplement quitté un motel proche sans régler ses appels téléphoniques longue distance. Une fois encore, ce fut avec ravissement que les policiers écoutèrent Doutre leur donner des détails sur Savage et son entreprise d'assassinats sur commande.

Peu après, l'agent spécial du Bureau des alcools, tabacs et armes à feu McGarrity décida d'aller rendre visite à un ancien associé de Savage, un certain Ronald Emert, qui était détenu à la prison de Knoxville pour trafic de stupéfiants. De fait, Emert s'avéra être une autre clé du mystère. En échange de la promesse de ne pas être inculpé dans cette affaire de meurtres sur commande, il révéla le voyage qu'il avait fait en Floride avec Doutre afin d'y recevoir de l'argent d'un certain Spearman. Il conseilla aussi à McGarrity d'appeler la police de Maryville afin de jeter un coup d'œil à une carabine qui y prenait la poussière dans l'armoire à scellés.

Jusqu'à ce moment-là, les autorités du comté de Palm Beach n'avaient fait que peu de progrès dans l'affaire Spearman. Celui-ci ne voulant plus coopérer avec les services du shérif, de fait les policiers ne faisaient plus qu'attendre un coup de chance. Qui arriva après l'entretien Emert-McGarrity, lorsque ce dernier récupéra l'arme aux scellés de Maryville.

Les inspecteurs de Palm Beach prirent l'avion pour Knoxville et Emert reconnut le visage de Robert Spearman dans un trombinoscope. Les enquêteurs commencèrent alors à vérifier les appels longue distance, les factures d'hôtels, de locations de voitures et autres reçus conservés par Doutre et d'autres associés du gang.

Le filet commençait enfin à se resserrer. Venus de West Palm Beach à Minneapolis, vers le nord, et Dallas, vers l'ouest, des policiers se réunirent à Atlanta pour une conférence sur le gang de Savage et le Bureau des alcools, tabacs et armes à feu en fit une enquête nationale.

« Tout avait l'air insensé et complètement tiré par les cheveux… mais tout était vrai », se souvient Tom Stokes du Bureau des alcools, tabacs et armes à feu.

Plusieurs agences du maintien de l'ordre se mirent à lancer des inculpations dans le cadre de ces soupçons d'association de malfaiteurs. Savage, Doutre, Jackson, Buckley et les autres furent jetés en prison. Tout comme bien des individus qui avaient engagé leurs services.

Parmi ces derniers se trouvait un Robert Spearman qui, le 4 avril, sortit d'un magasin du North Lake Boulevard de West Palm Beach pour se retrouver nez à nez avec Richard Wille, le shérif du comté, qui l'attendait avec un mandat d'arrêt pour le meurtre de sa femme.

Nos tueurs à gages se retrouvèrent ainsi à devoir faire face à une ribambelle d'accusations de meurtre, conspiration et trafic d'armes en Floride, mais aussi en Géorgie, au Tennessee, Kentucky, Texas, Minnesota et dans l'Iowa.

Le mois dernier, le chapitre Anita Spearman s'est terminé par la condamnation pour meurtre de Richard Savage au tribunal de West Palm Beach. Il écope de quarante ans de prison. Un peu plus tôt, Sean Doutre et Robert Spearman avaient été reconnus coupables de meurtre avec préméditation.

Dans les agressions contre Doug Norwood, Savage, Larry Gray, William Buckley et Dean DeLuca ont tous plaidé coupables. Les attaques à la grenade contre Dana Free ont donné lieu aux inculpations de Savage, Michael Wayne Jackson et Buckley. Ce dernier a été aussi inculpé pour l'explosion de la bombe dans la soute de l'avion à l'aéroport de Dallas. Richard Lee Foster et Mary Alice Wolf ont été, eux, reconnus coupables de conspiration pour avoir engagé les services du gang Savage.

Des chefs d'accusation sont encore à venir dans d'autres affaires. Pour l'instant, nos fusils à louer purgent des peines de prison de cinq ans à perpétuité.

En attendant, les victimes qui ont réchappé aux inepties mortelles du gang essaient de reprendre une vie normale – si tant est que ce soit possible.

Doug Norwood ne le pense pas.

Il vient d'achever ses études de droit cette année et travaille comme procureur du comté de Benton, dans l'Arkansas. Il a attaqué la revue *Soldier of Fortune* pour négligence dans la publication de la petite annonce qui a conduit aux agressions perpétrées à son encontre. Il voulait quatre millions de dollars de dommages et intérêts, mais nous a déclaré avoir conclu un accord mettant fin au procès le mois dernier. Il ne nous a pas donné le montant des dommages qu'il a reçus. Il porte toujours un .357 Magnum sur lui.

« Je prends des mesures de sécurité très poussées, nous a-t-il précisé. Je vis dans un véritable Fort Knox. Je ne permets pas au premier venu d'entrer chez moi pour me parler et je n'ouvre jamais ma porte sans être armé. Je porterai probablement toujours une arme sur moi jusqu'au jour de ma mort. »

Mauvais jusqu'au bout

Los Angeles Times

18 octobre 1987

PORTRAIT D'UN INDIVIDU
SOUPÇONNÉ DE MEURTRE
La piste qui aboutit à Chatsworth Street passait par la justice pénale

Roland Comtois connaissait bien la routine.

Arrêté par la police de Los Angeles qui le soupçonne de cambriolage, il accroche ses lunettes au col ouvert de sa chemise et regarde froidement l'appareil photo. Son regard implacable ne trahit rien. Ni peur. Ni souci. Clic, la photo d'identité est prise.

Pour Comtois, cela fait tout simplement partie de la vie.

Mais aujourd'hui cette photo d'identité prise le 1er juin fait aussi partie d'une histoire qui en dit long sur la justice pénale et l'homme qu'on accuse d'avoir kidnappé, puis abattu deux adolescentes de Chatsworth le mois dernier.

Wendy Masuhara, quatorze ans, a été enlevée le 19 septembre, puis tuée d'une balle dans la tête. Son corps a été laissé dans une voiture abandonnée dans un canyon situé à une dizaine de kilomètres d'un quartier prétendument sûr, mais d'où elle avait été arrachée avec une copine de treize ans.

Celle-ci a été droguée, puis violée et laissée pour morte. Mais elle en a réchappé et a fourni à la police le renseignement qui lui a permis d'identifier Comtois, cinquante-huit ans, et une certaine Marsha Lynn Erickson, trente-trois ans, accusée d'être sa complice. L'un comme l'autre, ils étaient connus de la police et des tribunaux.

Depuis quarante-six ans, Comtois a en effet tracé une piste passant par toutes sortes de commissariats de police, tribunaux et prisons. C'est un individu que la justice pénale était incapable de maîtriser ou remettre dans le droit chemin. Quant à en protéger la société…

Il se rebiffe

« Incorrigible dès son plus jeune âge, écrivait déjà un contrôleur judiciaire en 1962, il s'est rebiffé violemment contre la société en faisant tout ce qu'il fallait pour obtenir ce qu'il voulait sans le moindre respect pour les droits d'autrui. Dans son fond, c'est un être terre à terre, froid, hostile, cynique et qui n'a peur de rien. »

Vingt-cinq ans plus tard, la police voit en lui quelqu'un qui a réussi à battre le système judiciaire – moins parce qu'il n'aurait pas payé pour ses crimes que parce qu'il n'a jamais réussi à ne plus en commettre. Au total, les archives montrent qu'il a effectué au moins quatre séjours en prison pour tentative de viol, cambriolage et trafic d'héroïne.

Et, tout le dit, après avoir purgé chacune de ces peines, il n'a retrouvé la société que pour retomber dans le crime.

« Il n'y a rien de surprenant à ce qu'il ait pu faire tout cela, nous a déclaré Leroy Orozco, un inspecteur des Homicides qui travaille à plein temps sur les antécédents de Comtois. Toute sa vie est marquée par le crime. Avec le système judiciaire que nous avons, on peut très bien continuer à commettre des crimes et battre le système en obtenant constamment la liberté. Nous avons des gens qui ont un casier bien pire que le sien. »

Sixième enfant d'un couple de Canadiens français, Roland Norman Comtois est né dans le Massachusetts. D'après les archives du tribunal, sa mère est morte lorsqu'il avait trois ans. Il a aussitôt été placé dans une suite interminable d'orphelinats, de familles d'accueil et autres centres d'éducation surveillée.

Adulte, il dit avoir été violé pendant toute cette période. Il affirme aussi qu'on l'aurait menotté et placé sous des douches d'eau glacée pour le punir de faire pipi au lit. Selon lui, certaines cicatrices qu'il a aux poignets le prouveraient. D'un orphelinat en particulier, il déclare : « Si jamais je tombe sur le vieux qui le dirigeait, je lui explose la tronche. »

L'éducation de Comtois s'achève en sixième. Après quoi, les services de la délinquance juvénile du Massachusetts prennent le relais, et ce dès qu'il a onze ans. En 1947, il en a dix-sept lorsqu'il est condamné pour le cambriolage du siège d'une scierie de West Concord, dans le Massachusetts. Il écope d'une peine de deux ans. On ne sait trop combien de temps il aura effectivement passé en prison.

À vingt-trois ans, reconnu coupable d'agression et de tentative de viol à New Bedford, il est condamné à deux ans de prison dans une centrale du Massachusetts. Un an après sa libération, il est arrêté pour voyeurisme et, d'après son casier, sa conditionnelle est révoquée.

En 1956, il abandonne sa femme et sa fille pour vadrouiller à travers tout le pays. Plus tard, il obtient le divorce. Il passe alors quelques années à Los Angeles, où il se remarie, a un fils, travaille comme chauffeur routier et se fait assez d'argent pour lancer une entreprise de transports.

Mais en 1960, l'affaire étant en difficulté, il revient au crime. D'après les archives, parce qu'il a un jour besoin de trois mille deux cents dollars pour réparer son camion, il décide de dévaliser une banque de Bell. Le plan échoue et il est reconnu coupable de tentative de vol.

Libéré sous caution en attente de la sentence, il retourne à Los Angeles, où sa femme dépend des fonds d'assistance du comté pour vivre. Incapable de trouver du travail en attendant son incarcération, un matin d'avril 1960, il pénètre par effraction dans une maison d'Alhambra, mais en est chassé par le propriétaire qui le blesse légèrement par balle. « J'avais désespérément besoin d'argent, écrira-t-il à son contrôleur judiciaire. Je me suis lancé là-dedans sans penser rationnellement. »

Pulsions criminelles

Dans ses conclusions d'août 1960, ce contrôleur déclare : « Il donne l'impression de n'avoir aucune maîtrise de ses pulsions lorsque rien ne marche comme il veut, et c'est là qu'il a recours au crime. »

Le jour où sa femme donne naissance à une fille, il est condamné à un an de prison dans un pénitencier fédéral de Californie pour ses tentatives de cambriolage.

Moins de trois mois après sa libération, il est à nouveau incarcéré, cette fois pour vol à main armée dans une supérette de La Mirada en juillet 1961. « Je n'accuse que moi pour ce que j'ai fait, dit-il à son contrôleur. J'avais complètement perdu la tête. » Une fois encore il plaide coupable. Il en est à sa cinquième condamnation lorsqu'il retourne en prison pour y purger sa plus longue peine, soit jusqu'au 11 mars 1969.

Deux mois après sa libération – il a maintenant passé la moitié de son existence en prison, dans des centres d'éducation surveillée et dans des orphelinats –, il est arrêté pour détention de drogue. En 1971 son épouse cherche à mettre fin au mariage. Le couple se sépare après que Comtois s'est lancé dans un Thanksgiving de folie furieuse où il défonce à coups de poing la porte du domicile conjugal de Long Beach avant de casser la vaisselle en porcelaine dressée pour le repas de fête.

D'après le dossier, Comtois aurait souvent battu sa femme et, d'un tempérament violent, était parfois pris d'accès de rage incontrôlables.

Encore un mariage raté

Deux ans plus tard, Comtois devait déclarer à un juge que c'était la fin de son couple et les échecs qu'il avait essuyés en cherchant un emploi légal qui l'avaient poussé à renouer avec le crime et à plonger dans la drogue. Il est reconnu coupable de détention d'héroïne avec intention d'en faire commerce et de port d'arme interdit à un condamné. Il reconnaît aussi être accro à la drogue.

« J'ai commencé à vendre mes bijoux et d'autres objets que je possédais, mais je refusais de me croire accro, écrit-il au juge qui devait le condamner. Je ne savais plus où me tourner. J'avais tout perdu et j'ai commencé à emprunter à des amis et à des associés au boulot jusqu'à ce que je n'aie plus ni amis ni associés.

« Lorsque j'ai enfin admis que j'étais accro, j'ai commencé à vendre de la drogue pour satisfaire ma dépendance. »

Comtois supplie donc qu'on l'envoie dans un centre de désintoxication plutôt qu'en prison, mais le juge l'expédie en taule pour trois ans de plus.

Il en sort en 1977 et achève sa période de conditionnelle un an plus tard. Ce qu'il fait entre ce moment-là et les enlèvements de Chatsworth le mois dernier est aujourd'hui analysé par des inspecteurs des Homicides. « Pour l'instant, je ne vois rien de bon en lui », nous a déclaré l'inspecteur Orozco.

Ce que l'on sait, c'est qu'il s'est installé dans la San Fernando Valley, sans doute pour être plus près de ses deux enfants qui vivaient à Van Nuys avec son ex.

Pour la police, Comtois est un vagabond qui change constamment d'adresse. Il est possible qu'il ait travaillé un moment comme journalier et l'on sait qu'il recevait une pension d'invalidité pour des raisons qui ne sont pas claires. Cela dit, la police pense qu'il subvenait à ses besoins en cambriolant et escroquant les gens.

Certaines de ses activités sont connues. L'adjoint au district attorney Bradford Stone déclare que Comtois est entré dans une banque de la Valley le 5 novembre 1983 et a tenté d'y toucher un chèque falsifié de soixante-quinze mille dollars. Lorsque le guichetier a voulu vérifier l'authenticité du chèque, Comtois le lui a arraché des mains et s'est enfui.

Faux et usage de faux

Toujours d'après Stone, trois ans plus tard, le 7 novembre 1986, Comtois change la date du chèque et le dépose sur son compte dans une banque de North Hollywood. La semaine suivante le voit se rendre dans d'autres banques de Los Angeles et y tirer soixante-quinze mille dollars sur son compte. Lorsque la police démêle enfin l'imbroglio, Comtois est accusé de faux et usage de faux et vol aggravé le 18 mars dernier.

D'après la police, Comtois se serait servi de cet argent pour acheter une voiture neuve et pour trente mille dollars d'or. En janvier, il s'est aussi acheté un petit camping-car, sans doute avec cet argent.

Relâché moyennant une caution de mille cinq cents dollars, il se fait encore arrêter à au moins deux reprises – en juin parce qu'on le soupçonne de cambriolage et en juillet parce qu'on le soupçonne de conduire un véhicule volé –, tout cela avant l'enlèvement. Les deux fois, il est libéré sous caution.

À l'été, Comtois vivait dans son camping-car Roadstar à rayures marron et se déplaçait librement dans la Valley. Pour la police, il avait une compagne, Marsha Lynn Erickson, mais les enquêteurs ne savent toujours pas où et comment ces deux individus se sont rencontrés.

Née à Los Angeles, Erickson ne cesse de déménager et a récolté douze condamnations dans les dix dernières années – pour prostitution, cambriolage et détention de stupéfiants. Aucune n'a été suivie d'une incarcération. Les archives de la police et des tribunaux montrent qu'elle a été mise en liberté surveillée pour au moins une condamnation et placée dans un centre de désintoxication après une autre arrestation.

Son père parle d'elle comme d'une accro à l'héro de longue date et quelqu'un dont les besoins ont raison de tout effort pour essayer de l'aider. C'est à la condition que son identité soit tenue secrète qu'il nous a fait cette révélation.

Sous l'emprise de la drogue

« La drogue la tenait. La drogue l'a détruite, nous a-t-il encore dit. Tous ses problèmes viennent de là. C'est à cause de l'héroïne qu'elle s'est embringuée dans ces cambriolages et tout le reste. On l'a inscrite à tous les programmes de désintoxication possibles, mais elle y revenait toujours. »

Toujours aux dires de son père, Erickson, qui a eu six enfants et les a tous fait adopter, vivait chez lui et sa mère dans leur maison de Chatsworth en 1984 et 1985, période pendant laquelle elle suivait un traitement de désintoxication.

Mais il y a environ deux ans, toujours incapable de se débarrasser de son addiction, elle a quitté cette maison située à quinze cents mètres de l'endroit de Lurline Avenue où Wendy Masuhara et son amie devaient être enlevées. Ses parents n'ont plus de contacts avec elle depuis lors et vivent aujourd'hui avec la crainte grandissante que leur fille ne soit soupçonnée d'avoir pris part au meurtre.

« Je ne peux pas la défendre parce que je ne la connais plus vraiment, a ajouté son père. Mais j'ai du mal à croire qu'elle ait pu commettre un acte aussi radical. C'était une gentille fille avant qu'elle ne sombre dans la drogue. »

D'après les autorités, Erickson aurait dû être en prison le soir où les deux adolescentes ont été enlevées. Le 16 mars dernier, la conditionnelle qu'elle avait réussi à obtenir, suite à une condamnation de 1983 pour un montant de trois mille deux cents dollars en chèques trafiqués, avait été annulée, ses contrôleurs judiciaires ayant appris qu'elle avait été arrêtée deux fois pour vol en 1986.

Un mandat d'arrêt fut lancé contre elle, sans que jamais la police arrive à la coincer. Chet Baker, un des patrons du Service des conditionnelles du comté de Van Nuys nous a dit qu'il y a tellement de mandats d'arrêt lancés pour violation de la conditionnelle que la police ne peut plus les traiter en priorité.

« Le mandat est entré dans l'ordinateur, mais en dehors de ça la police ne peut pas y consacrer beaucoup de son temps, ajoute Baker. Des mandats de ce genre, il y en a des milliers dans la nature à tout moment. Sans parler du fait qu'Erickson était une vagabonde. Comme si la police savait où aller la cueillir ! »

Toujours d'après la police, même après son arrestation le 19 août, Erickson est restée libre. Lorsque les agents de la Northeast Division l'ont arrêtée pour cambriolage, elle leur a donné un faux nom au moment de son incarcération. Cela lui a permis de déposer une caution avant que les vérifications effectuées sur ses empreintes ne l'identifient comme étant bien Erickson et que la police soit alors avertie qu'elle était recherchée suite à la révocation de sa conditionnelle.

À un mois du meurtre

Moins d'un mois plus tard, Wendy était assassinée.

« Si tout avait fonctionné comme il faut, nous a dit Baker, Erickson aurait été en prison lorsque ça s'est produit. »

Pour la police, l'enlèvement et le meurtre de septembre sont des crimes d'occasion, des actes de violence impulsive. Pour l'instant, il semblerait que, pure coïncidence, le camping-car de Comtois ait été garé ce soir-là dans la portion de Lurline Avenue proche de Devonshire Street. Il n'est pas impossible qu'il se soit arrêté là pour régler un problème mécanique.

« Le pourquoi de leur acte nous est aussi inconnu qu'à vous, nous a dit Harold Lynn, l'adjoint au district attorney qui doit poursuivre Comtois et Erickson. Nous ne pensons pas qu'ils aient choisi ces deux filles au préalable. Elles ne faisaient que se trouver là par hasard. »

Wendy était dans sa maison de Lurline Avenue et venait de passer la soirée à regarder la télévision avec sa copine lorsqu'elle décida de raccompagner cette dernière chez elle, soit à une rue de là. Sauf qu'elles tombèrent sur le camping-car de Roland Comtois et qu'elles se laissèrent entraîner dedans lorsque Erickson leur demanda de lui donner un coup de main.

La police, qui impute l'agression des deux fillettes à Comtois, a dû tirer sur ce dernier lorsqu'elle l'a capturé quatre jours après l'enlèvement. Comtois se remet de ses blessures, mais a été formellement inculpé dans l'affaire de l'enlèvement et de l'assassinat de Chatsworth la semaine dernière. Les charges retenues à son encontre vont du meurtre au kidnapping en passant par la tentative d'assassinat, l'agression sexuelle de la survivante et l'injection de cocaïne dans les veines de cette dernière. Il a plaidé non coupable. Erickson, elle, est toujours dans la nature.

Les suspects pourraient être condamnés à la perpétuité, voire à la peine de mort, s'ils sont reconnus coupables. Pour les procureurs néanmoins, le simple fait que Comtois ait eu la possibilité de barrer la route à Wendy et à sa copine soulève des questions que certains représentants du système judiciaire trouvent inquiétantes.

Pour le procureur Lynn, la réalité est que le système judiciaire est incapable de réinsérer quiconque dans la société.

« Mauvais jusqu'au bout »

« La théorie de la réinsertion n'est qu'un rêve de songe-creux, nous a-t-il déclaré. Prenez un type comme Comtois et vous verrez qu'il est mauvais dès le premier jour et qu'il le sera jusqu'à sa mort. Son casier le dit clairement. »

Pour le Pr Ernest Kamm, directeur du département de Droit pénal de l'université d'État de Californie, campus de Los Angeles, une des failles dans la façon dont la société essaie de traiter les gens du type Comtois vient de ce qu'on croit « qu'il y a eu un moment où cette personne pouvait être socialement intégrée ».

De fait, ajoute-t-il, « on voit bien qu'un grand nombre de gens n'acceptent jamais les règles de la vie en société. Et qu'ils ne peuvent ni ne veulent le faire une fois qu'ils sont passés en prison ».

Kamm dit encore que si la réponse adéquate est peut-être à trouver dans l'« entreposage permanent » des criminels endurcis afin de les tenir à l'écart de la société, les lois californiennes visant à appliquer fermement les condamnations pour récidivistes et à mettre définitivement en prison les criminels à répétition sont souvent contournées.

« La vérité est qu'il y a bien trop de brèches dans ces lois. On peut passer au travers. »

Pour Lynn, Comtois devait commettre un crime aussi horrible que celui dont on l'accuse aujourd'hui avant d'être passible des lois sur la récidive. À ses yeux, ses condamnations antérieures pour vol, cambriolage et trafic de drogue n'auraient pas suffi.

Ça va, ça vient

« Dans notre système, on n'est condamné à perpétuité que lorsqu'on commet un acte considéré comme sérieux, précise encore Lynn. Du moment qu'il ne franchissait pas cette ligne, il comptait au nombre de ceux qui n'arrêtent pas d'entrer en prison et d'en ressortir. »

Bien que les directives prévoient des peines plus longues pour les récidivistes, il semblerait que Comtois ait réussi à obtenir pratiquement tout le temps des condamnations plus légères en plaidant coupable. C'est ainsi que, pour avoir reconnu d'avance sa culpabilité lorsqu'il était accusé de trafic de drogue et de port d'arme illégal en 1974, il ne lui fut pas tenu rigueur de ses condamnations antérieures à l'énoncé de la sentence.

Pour finir, et ce sont les autorités elles-mêmes qui le laissent entendre, le système est encombré et n'a pas assez de ressources pour donner à l'individu toute l'attention nécessaire à sa réinsertion dans la société et à la protection de cette dernière.

« Le système est incapable de répondre à l'énorme afflux d'individus, dit encore le professeur Kamm. Trop fréquemment, ces individus ne sortent plus du cycle infernal. Ils peuvent tout à fait finir par infliger des dommages irréparables à certaines personnes. »

Le casier judiciaire de Roland Comtois

Avril 1941 : il a onze ans lorsqu'il est accusé de vol et diagnostiqué comme délinquant incorrigible. Il est envoyé en centre d'éducation surveillée à Attleboro, dans le Massachusetts.

Mars 1947 : accusé de cambriolage à West Concord, Massachusetts, il est condamné à une peine qui ne devra pas excéder deux ans.

Mai 1952 : accusé d'agression avec l'intention de commettre un viol à New Bedford, Massachusetts, il est condamné à une peine de trois à cinq ans de prison.

Août 1955 : accusé de voyeurisme dans le Massachusetts. Révocation de sa conditionnelle.

Février 1960 : accusé de tentative de hold-up d'une banque de Los Angeles. Condamné à un an de prison fédérale.

Mai 1960 : accusé de vol avec effraction à La Mirada. Confusion de sa peine avec sa condamnation à la prison fédérale.

Juillet 1961 : accusé de vol à Los Angeles. Il est condamné à une peine de prison allant de cinq ans à perpétuité.

Juillet 1974 : accusé de détention d'héroïne avec intention de la revendre et de port d'arme interdit pour tout repris de justice. Condamné à cinq ans de pénitencier fédéral.

18 mars 1987 : accusé de vol aggravé et de faux et usage de faux à Los Angeles. Affaire en attente de jugement.

1er juin 1987 : accusé de cambriolage à Los Angeles. Affaire en attente de jugement.

27 juillet 1987 : accusé de vol de voiture à Los Angeles. Non-lieu.

24 septembre 1987 : accusé de meurtre, tentative d'assassinat, enlèvement et de plusieurs autres crimes à Los Angeles. Affaire en attente de jugement[1].

Sources : greffes des tribunaux et rapports des contrôleurs de conditionnelle.

1. Reconnu coupable de meurtre, Roland Comtois a été condamné à mort. En mauvaise santé à cause de sa dépendance à la drogue et des blessures qu'il avait reçues lors de sa capture, il est mort en prison en 1994 alors qu'il attendait l'exécution de la sentence. Reconnue coupable de complicité de meurtre, Marsha Lynn Erickson a été condamnée à la prison à vie *(NdE)*.

TROISIÈME PARTIE

LES AFFAIRES

La tombe sans nom

South Florida Sun-Sentinel

14 avril 1986

L'IDENTITÉ DE LA VICTIME EST TOUJOURS ENTOURÉE DE MYSTÈRE

La tombe des Hollywood Memorial Gardens n'a toujours pas de nom. On ne sait tout simplement pas lequel devrait y figurer. L'identité de l'homme qui y est enterré reste un mystère.

C'est le 11 mars 1985 qu'il a été assassiné dans une chambre de motel de Fort Lauderdale. Les autorités ont depuis lors percé l'identité de celui qui l'a tué ; reconnu coupable, l'individu a été condamné la semaine dernière, un autre suspect étant toujours recherché.

C'est l'identité de la victime qu'il reste encore à trouver.

« Nous n'avons toujours rien, pas le moindre indice qui nous permettrait de l'identifier, nous a déclaré Edwina Johnson, une enquêtrice des services de médecine légale du comté de Broward. Nous nous sommes beaucoup démenés pour savoir de qui il s'agissait. Nous avons fait toutes les recherches possibles et imaginables et n'avons pas eu de chance. Il nous semble quand même que quelqu'un doit savoir qui c'est. »

L'inspecteur de police Mundy, de Fort Lauderdale, nous dit que, depuis dix ans qu'il travaille aux Homicides, des victimes de meurtres inconnues, il y en a déjà eu, mais pour lui c'est bien la première fois que, l'assassin étant attrapé, le nom de sa victime reste inconnu.

« C'est tout à fait inhabituel, nous a-t-il précisé. Dans tout meurtre à résoudre, on commence par essayer d'identifier la victime et c'est de là qu'on part. Sauf que dans le cas présent nous ne sommes arrivés à rien côté identification. De fait, nous n'avons qu'un mort qui n'a rien d'extraordinaire. Il pourrait correspondre au signalement de milliers d'individus. »

Dans les dossiers de la police et de la morgue, il n'a droit qu'au qualificatif d'« inconnu de race blanche, dossier 85-43 959 ». Les seuls documents gardés au tribunal sont des photos de la victime affaissée dans la chambre du motel et étendue sur la table d'autopsie à la morgue. Le signalement est celui d'un homme d'un mètre soixante-dix-sept et pesant quatre-vingts kilos. Cheveux et moustache bruns, yeux marron. Âgé d'environ trente-cinq ans.

Il a été retrouvé étalé par terre dans une chambre de l'Interlude Motel, 1215 South Federal Highway. Pour la police, il serait monté dans sa chambre avec deux prostitués homosexuels qui l'auraient dévalisé avant de l'assassiner. Il était nu et il n'y avait ni vêtements ni affaires personnelles dans la chambre. Pas de portefeuille, pas de documents d'identité. Rien que des traces de lutte et une empreinte sanglante sur le mur – cette empreinte ayant plus tard permis d'identifier un des assassins.

« Il n'y avait plus rien dans la pièce qui aurait pu nous aider à identifier la victime, nous a dit Mundy. Les assassins ont tout emporté.

« L'inspecteur chargé de l'enquête a donc commencé son travail en prenant les empreintes du mort. Celles-ci ont été ensuite envoyées aux autorités de l'État, à celles des gouvernements fédéraux américain et canadien ainsi qu'à Interpol, aux fins de comparaison. Aucune correspondance n'a été découverte dans les fichiers.

« Des avis de disparition ont été expédiés dans tout le pays avec portrait de la victime attaché aux documents. Quelques pistes possibles nous ont été signalées, mais toutes ont conduit à des impasses.

« Aucune n'a marché. Ce n'était pas notre gars, ajoute Mundy. D'habitude ce sont les signalements qui ne collent pas. Là, en remontant les rares pistes de noms que nous avions, nous sommes tombés sur des types bien vivants et en parfaite santé. »

Au niveau local, les enquêteurs ont fait publier le portrait du mort dans les journaux et les revues. Ce portrait a en outre été montré à la télévision et dans les hôtels et les bars connus pour leurs clientèles essentiellement homosexuelles. Personne n'avait vu cet homme.

En se disant que la victime était peut-être un touriste, les enquêteurs ont alors cherché du côté des agences de location de voitures de Broward, dans l'espoir d'y trouver trace d'un véhicule qui ne serait pas rentré à l'heure et aurait eu la victime comme conducteur. Ils se sont aussi rendus dans divers services de remorquage afin de voir s'il n'y aurait pas eu des voitures abandonnées qu'on aurait ramenées après le meurtre. Toujours sans résultat.

« S'il a loué un véhicule, Dieu seul sait où », nous a déclaré Mundy.

Un mois après l'assassinat, l'empreinte sanglante laissée sur le mur de la chambre du motel a permis l'identification d'un certain Peter L. Ruggirello comme suspect numéro un. Il a été arrêté à Jacksonville il y a un an jour pour jour. Son complice, que la police connaît sous le nom de Wayne Moore, est toujours en cavale.

D'après Mundy, Ruggirello n'a jamais voulu révéler le nom de la victime aux enquêteurs. Lors de son procès à la Circuit Court de Broward, Ruggirello a déclaré que l'homme s'appelait Adam et qu'il l'avait rencontré avec Moore près du Backstreet Bar, dans West Broward Boulevard, non loin du centre-ville. Il a nié avoir quelque lien que ce soit avec le meurtre.

Aux dires du procureur Peter LaPorte, un indic aurait révélé aux autorités que Ruggirello lui aurait un jour confié que l'homme s'appelait Henry Faulkner. Les autorités ne savent pas vraiment si l'un de ces deux noms est vrai, mais pour elles

Ruggirello en sait plus long qu'il ne dit sur l'homme pour le meurtre duquel il a été reconnu coupable.

« Il y a encore pas mal de questions auxquelles seuls Ruggirello et son complice toujours en cavale pourraient répondre », nous a précisé Mundy.

C'est à cause de ces questions sans réponse que Mundy garde le dossier sur le dessus de sa pile. L'affaire n'est pas close, même si, le temps passant, les chances de jamais pouvoir identifier la victime sont de plus en plus ténues.

« Pour moi, c'est quelqu'un d'un autre État, nous a déclaré l'inspecteur. Il n'est pas impossible qu'il ait été porté disparu dans une autre région et que nous n'arrivions jamais à le savoir. »

Double vie

Los Angeles Times

22 avril 1990

LA DOUBLE VIE DE MICHAEL BRYANT
Les voisins de cet homme charmant sont ébranlés par l'accusation de meurtre retenue contre lui

Homme aussi effacé que généreux pour les gens de Woodland Hills qui le connaissaient, Michael Bryant ne sortait pas beaucoup.

Mais s'il menait une existence de reclus, il n'en était pas pour autant désagréable. Il n'hésitait jamais à donner un coup de main à ses voisins. Il envoyait des cartes de Noël et des petits mots gentils à sa propriétaire. Il aimait montrer les tours qu'il avait appris à son doberman.

Bryant, quarante-quatre ans, disait être photographe *free lance*. Mais il passait pas mal de temps à travailler dans son jardin de derrière et était très fier des tomates cerises qu'il donnait à ses amis. « Elles étaient meilleures que celles qu'on achète au supermarché », nous a dit sa propriétaire.

Pour les autorités néanmoins, Michael Bryant et la vie qu'il menait n'étaient que pure façade ; de fait, Francis Malinosky de son vrai nom, Bryant était un ancien administrateur d'école du Vermont qui avait disparu dans la nature en 1979 après être devenu le suspect numéro un dans la disparition d'une institutrice dont il était tombé amoureux.

La double vie de Malinosky a pris fin au début du mois, lorsque les autorités locales et celles du Vermont l'ont retrouvé à Woodland Hills. Arrêté, il a été aussitôt accusé du meurtre de l'institutrice disparue. Qu'il attende son audience d'extradition dans une prison du comté de Los Angeles n'empêche pas que beaucoup de mystère l'entoure encore.

Les enquêteurs affirment avoir trouvé des appareils photo et une carte de visite professionnelle suggérant qu'il était bien photographe lorsqu'ils ont fouillé dans ses affaires. Mais les seules photos qu'ils ont retrouvées le montrent tout sourire au milieu d'un champ de marijuana. S'ils n'ont découvert aucune tomate chez lui, ils sont tombés sur plusieurs kilos de graines de marijuana dans des paquets entreposés dans son garage. Et dans la Volkswagen vieille de vingt-trois ans et sans prétention aucune qu'il conduisait, ils ont aussi trouvé une boîte à café bourrée de billets de cent dollars – pour une valeur totale de deux cent dix-sept mille dollars.

« Trouver ce type n'a fait qu'ajouter à nos questions, nous a dit le sergent Leo Blais, un inspecteur de la police d'État du Vermont qui suit l'affaire Malinosky depuis des années. J'essaie de me faire une idée de ce qu'il a bien pu fabriquer pendant dix ans et ce n'est pas facile. Nous ne savons pas grand-chose sur lui. »

Ceux qui croyaient connaître le Michael Bryant de Woodland Hills ont dû, eux aussi, faire face à la même énigme. Quelqu'un en qui ils voyaient un bon voisin ou un bon locataire est aujourd'hui accusé de meurtre et soupçonné de s'être caché sous au moins quatre identités différentes et d'avoir gagné en partie sa vie en vendant des graines de marijuana – avec des instructions sur l'art et la manière de les faire pousser.

« Tout ce truc est parfaitement inattendu, nous a déclaré Lilian Darling Holt, la propriétaire de Bryant depuis presque cinq ans. C'est renversant. En tant qu'homme et que locataire, Michael était un être merveilleux. Pour moi, tout ça ne colle pas, ajoute-t-elle. Depuis toutes ces années, il devrait quand même y avoir quelque chose qui fasse tilt aujourd'hui et qui me permette de dire : "Ah, nom d'un chien, bien sûr que je comprends maintenant !" Sauf qu'il n'y a rien de tel. Ça me rend triste, c'est tout. Je regrette de ne rien pouvoir faire pour lui. »

Holt n'est pas la seule personne à rester tout à la fois perplexe et encline à le soutenir. Les voisins du 4900 Topanga Canyon Boulevard avec lesquels il s'était lié d'amitié se sont portés volontaires pour prendre soin de son chien pendant qu'il sera en prison. Un avocat qui l'a rencontré dans un bar il y a quelques années de cela l'aide à se battre pour ne pas être extradé dans le Vermont.

« Le choc est énorme chez tous ceux qui le connaissaient, nous a dit son avocat, Greff Michael Abrams. C'était le genre même de personne que les trois quarts des gens ont envie d'avoir pour voisin. »

Et Abrams d'ajouter que Malinosky s'est enfui du Vermont et a commencé à se cacher sous de fausses identités parce que les autorités le harcelaient pour un crime qu'il n'a pas commis.

« Cette affaire ne se réduit pas à ce qu'on en voit au premier abord, dit-il encore. Il n'y a pas besoin d'être un génie pour voir pourquoi il voulait quitter le Vermont. Pour lui, il y avait chasse aux sorcières et c'est pour cela qu'il a décidé de partir. »

Les autorités, elles, affirment n'avoir commis aucune erreur. Malinosky est bel et bien le seul et unique suspect dans la disparition, et très probablement le meurtre, de Judith Leo-Coneys, le 5 novembre 1979. Alors âgée de trente-deux ans et mère d'un petit garçon, celle-ci a disparu après avoir dit à des amis qu'elle se rendait dans une maison dont Malinosky était le propriétaire.

« Tous les gens à qui je parle de lui ici n'en croient pas leurs oreilles, nous a dit Blais lorsqu'il est passé à Los Angeles la semaine dernière afin d'enquêter sur l'existence qu'y menait Malinosky. Ils ne cessent de me dire que c'est pas son genre. »

Pour l'instant, Blais a établi que Malinosky a vécu dans la région de Los Angeles au début des années 80 et qu'il y a travaillé comme peintre en bâtiment. Plus tard, il a séjourné dans l'Utah pour revenir à Los Angeles où, à la fin de l'année 1985, il a commencé à vivre seul dans son trois-pièces de Topanga Canyon Boulevard.

À un moment donné, il a Dieu sait comment pris le pseudonyme de Barry Vandiver Bryant qui, de fait, était l'identité de quelqu'un de réel, nous a encore révélé Blais. Originaire de Charlotte, Caroline du Nord, le véritable Barry Bryant a depuis lors changé de nom à cause des problèmes bancaires qui ont commencé à l'assaillir lorsque Malinosky lui a volé son identité.

En 1979, tout disait que Malinosky faisait un suspect peu vraisemblable. Ayant enseigné plusieurs années dans des écoles de Burlington et alentour, il était connu de beaucoup de gens dans le nord du Vermont. À l'âge de trente-quatre ans, il était directeur adjoint de la section Enseignement spécialisé du Bureau des écoles de Burlington.

Barbu et un peu chauve, il aimait beaucoup les activités sportives. Il avait un appartement à Burlington et, bien plus commode pour aller à la chasse et faire du ski, possédait une maison dans la bourgade de Shelburne. Veuf à la voix douce – son épouse s'était suicidée par balle en 1976 –, Malinosky élevait seul une fille et un fils.

Mais il semblerait bien qu'au milieu de l'année 79 sa vie soit brusquement partie en vrille lorsque Leo-Coneys mit fin à la relation qu'elle avait avec lui depuis deux ans. D'après les documents conservés au greffe du tribunal du comté de Chittenden, cette rupture l'aurait tellement blessé qu'il chercha de l'aide du côté d'un psychiatre et qu'on l'aurait vu espionner Leo-Coneys par les fenêtres de son appartement.

D'après le dossier, quinze jours avant sa disparition, Leo-Coneys aurait même été tenue en respect plusieurs heures durant par un Malinosky armé qui tentait, sans succès, de la convaincre de renouer avec lui.

Dans la matinée du 5 novembre 1979, Leo-Coneys dit à des parents et amis qu'elle va passer reprendre quelque chose qui lui appartient chez Malinosky. Elle a choisi ce matin-là parce qu'elle sait qu'il doit être en train de travailler à Burlington.

Sauf qu'on ne devait plus jamais la revoir. Un peu plus tard dans la journée, sa famille ira la déclarer disparue au commissariat et des inspecteurs apprendront qu'en fait Malinosky n'est jamais allé travailler ce jour-là et ne s'est pas donné la peine d'appeler pour dire pourquoi. Ce même soir, il est repéré au volant de son van à Sheldon et, interrogé par la police, répond qu'il a pris sa journée pour aller à la chasse aux oiseaux et n'a pas vu Leo-Coneys.

Le lendemain, la voiture de Leo-Coneys est retrouvée dans une casse de Roxbury. Un petit mot écrit à la main et signé « R. Peterson » est apposé sur le pare-brise et donne la permission de démantibuler le véhicule pour les pièces détachées.

Dès la disparition de la victime, Malinosky ne cessera d'être interrogé. Jusqu'au 2 décembre 1979, date à laquelle il expédie ses enfants chez ses ex-beaux-parents par bus, vide ses comptes en banque et disparaît. Bien que le corps de Leo-Coneys n'ait jamais été retrouvé, les autorités disent avoir réuni assez d'éléments de preuve pour accabler Malinosky.

D'après les dossiers, des experts du FBI ont trouvé des ressemblances entre l'écriture de ce dernier et celle du petit mot retrouvé sur le pare-brise de la voiture de Leo-Coneys. Des enquêteurs ont aussi retrouvé un chauffeur de taxi qui dit avoir pris Malinosky à Roxbury le jour où Leo-Coneys a disparu. Et la dispatcheuse de taxis qui a pris l'appel se rappelle avoir parlé avec Malinosky en personne. Elle avait été une de ses élèves.

En interrogeant Malinosky pour la première fois, les inspecteurs avaient aussi remarqué que sa parka était déchirée et que du duvet de rembourrage en tombait. Or, toujours d'après les dossiers du tribunal, c'était bien le même type de duvet qu'on avait retrouvé dans la voiture de Leo-Coneys.

La police pensant que Malinosky s'était peut-être suicidé après avoir disparu, l'affaire traîna et ne donna pas lieu à inculpation.

En 1986, le dossier est assigné à Blais qui a pour tâche de le remettre à jour. Il effectue des recherches par ordinateur et apprend que Malinosky est toujours vivant et que dans les années 80 il aurait vécu à Salt Lake City, où il se serait servi de son vrai nom pour obtenir un permis de conduire.

Blais se rend dans l'Utah, mais Malinosky n'y est plus.

Une fois encore, l'affaire traîne jusqu'à ce que, l'année dernière, un nouveau procureur, William Sorrel, soit chargé du dossier et lui donne priorité sur les autres. Le 20 février 1990, l'affaire passe devant un jury d'accusation, qui conclut à la mort de Leo-Coneys, un mandat d'arrêt pour meurtre étant lancé contre Malinosky deux jours plus tard.

D'après les archives du tribunal, la fille de Malinosky aurait dit aux enquêteurs avoir rencontré son père cette année, au Saint Moritz Hotel de New York. Blais apprend alors que le prix de la chambre a été réglé avec une carte de crédit au nom de Barry Vandiver Bryant. À partir de ce moment-là, tous les paiements effectués sous ce nom sont remontés jusqu'à des boîtes postales de Hollywood et de la San Fernando Valley.

Des membres de la brigade des Fugitifs du LAPD interrogent les propriétaires de ces boîtes, ces derniers identifiant Malinosky sous les traits de Barry Bryant. Le 12 avril, les gérants de la poste privée avertissent les inspecteurs que Bryant est passé prendre son courrier.

Des policiers et des agents du FBI rejoignent aussitôt la partie Woodland Hills de Ventura Boulevard, mais Bryant a déjà filé.

Les enquêteurs décidant de vérifier dans les motels des alentours, un employé du Best Western situé aux environs du 21800 Ventura Boulevard reconnaît Malinosky sur une photo et révèle que ce dernier séjourne dans cet établissement depuis le 20 février, soit le jour même où les audiences du jury d'accusation commençaient dans le Vermont. Les enquêteurs sont maintenant d'avis que Malinosky s'est installé au motel en apprenant, sans doute par des amis ou des parents dans le Vermont, que le jury d'accusation venait de rouvrir le dossier.

La police surveillant le motel, Malinosky est arrêté dans le courant de l'après-midi alors qu'il y revenait au volant de sa Volkswagen de 1967. Ses papiers d'identité sont au nom de Michael Bryant et son adresse est celle d'une maison située cinq rues plus loin, dans Topanga Canyon Boulevard.

Dans sa voiture, la police trouvera la boîte à café où il cachait ses deux cent dix-sept mille dollars et un produit habituellement destiné à empêcher la moisissure de se répandre dans des paquets. Pour les inspecteurs, la présence de cette poudre indique que la boîte pleine d'argent a peut-être été enterrée auparavant.

Les enquêteurs se demandent alors où Malinosky a bien pu se procurer tout ce liquide. Le lendemain, la maison du suspect étant fouillée, ce sont des dizaines et des dizaines de paquets de graines de marijuana qu'on découvre dans le garage. La police en conclut que Malinosky a très bien pu rassembler tout cet argent en vendant de la drogue ou des graines de marijuana.

L'inspecteur du LAPD Ronald Tuckett nous a dit que des conseils pour cultiver la marijuana et des objets propres à la consommation de drogue avaient été trouvés dans le garage.

« On dirait qu'il faisait dans le business par correspondance », a-t-il encore précisé.

Bien que l'enquête sur le trafic de drogue se poursuive, il est peu probable que des charges soient retenues contre Malinosky au niveau local, dans la mesure où elles pourraient gêner son extradition dans le Vermont, où il devra répondre d'une accusation de meurtre.

Alerté dans la matinée du 12 avril, soit le jour même où Malinosky prenait son courrier, Blais était déjà dans l'avion qui devait le conduire du Vermont à Los Angeles lorsque l'individu qu'il cherchait depuis 1986 fut conduit en prison. C'est dans une cellule de détention que l'inspecteur et le suspect se rencontrèrent pour la première fois.

« Il ne faisait que regarder par terre, nous a dit Blais. Il était très troublé. Quand je me suis présenté, il m'a simplement répondu : "Je sais qui vous êtes." Je lui ai renvoyé que moi aussi, je le connaissais, puis je lui ai demandé : "Je vous appelle comment ? Frank, Michael, Barry, quoi ?" Il m'a dit de l'appeler Frank. Ça me faisait tout drôle de me retrouver enfin devant lui. »

La mort d'une héritière

Los Angeles Times

29 janvier 1990

LE MEURTRE DE L'HÉRITIÈRE DES KANAN
EST TOUJOURS ENTOURÉ DE MYSTÈRE

Femme d'affaires au fort tempérament, Judy Kanan est issue d'une famille de pionniers. Deux hommes sont toujours soupçonnés dans le meurtre de 1985, mais l'inspecteur chargé du dossier n'a toujours aucune idée de l'individu qui l'a tuée

Il y a cinq ans aujourd'hui même, Judy Kanan, soixante-huit ans, une opiniâtre femme d'affaires issue d'une famille de pionniers, s'arrêtait dans un haras de Woodland Hills pour y nourrir les six chevaux arabes qu'elle adorait aussi fort que des enfants.

Parce qu'il était dans son rituel quotidien de prendre soin de ces bêtes qu'elle aimait, les habitants du cul-de-sac de Collins Street s'étaient habitués à voir Judith Kanan et sa vieille Chevrolet.

Mais, en cet après-midi du mardi 29 janvier 1985, il y avait aussi un tueur qui connaissait parfaitement ses habitudes. Et quand elle descendit de voiture, c'est masqué qu'il l'abattit de quatre balles. Elle mourut aussitôt sur le trottoir près du corral.

Phil Quartararo, un des inspecteurs chargés de l'affaire dès le premier jour, n'a toujours pas renoncé. Il y a peu, après avoir feuilleté un des épais dossiers qu'il a remplis de rapports au fil des ans, il nous a fait un bref résumé de l'affaire.

« Je n'ai aucune idée de la personne qui a tué Judy Kanan », nous a-t-il déclaré. Telle est la situation actuelle dans cette affaire de meurtre qui a retenu l'attention de tous bien des semaines après les faits. Aujourd'hui, cet assassinat est assez largement oublié – sauf par ceux et celles qui connaissaient bien la victime ou qui ont toujours pour tâche de retrouver l'assassin.

« Nous ne voulons pas que ce qui est arrivé soit oublié, a déclaré la semaine dernière la porte-parole de la famille et nièce de la victime, Patty Kanan. Qu'on ne s'en souvienne plus et l'affaire mourra. Nous refusons cet état de choses parce que nous voulons attraper l'assassin.

« Il est toujours dans la nature et ça, c'est effrayant. Un type capable de tuer une vieille femme peut tuer n'importe qui. Ça devrait faire peur à tout le monde, pas seulement à nous. »

Judy Kanan était une descendante des Waring, qui s'établirent à Agoura vers 1860. Dans les années 1980, Judy Kanan et sa sœur aînée, Patricia, étaient à la tête d'un héritage et de terrains d'une valeur de plusieurs millions de dollars. Kanan Road, qui traverse Agoura du nord au sud, a été ainsi nommée en hommage à leur famille.

Les deux sœurs ont vécu ensemble à Hollywood et à l'époque du meurtre possédaient et dirigeaient le Kanan Village Shopping Center d'Agoura, qui constitue le cœur même de leur fortune. Dans ce centre commercial, les deux sœurs géraient aussi un restaurant spécialisé dans le rôti de lapin et de poulet.

Judy Kanan était une véritable énigme. Des deux sœurs, c'était toujours elle qui se mettait en avant dans les négociations. Elle s'était fait une réputation de femme d'affaires coriace et agressive, qui n'hésitait pas à porter les différends devant les tribunaux. Une fois, elle alla même jusqu'à régler une dispute à l'émission de télé « People's Court ». Au centre commercial, elle était connue comme une femme qui ne lâchait pas ses employés avant qu'ils aient fini le boulot, et ses locataires avant qu'ils aient payé le loyer.

Il n'empêche : ses amis et associés en affaires parlent d'elle comme d'une personne aimable et d'une loyauté à toute épreuve. Malgré sa fortune familiale, elle travaillait beaucoup au centre commercial et au restaurant. Elle vivait modestement et conduisait une voiture qui avait treize ans d'âge. Et, tous les après-midi, elle prenait le temps d'aller à Woodland Hills s'occuper de ses chevaux.

D'après la police, néanmoins, son style de femme dure en affaires et son image de chicanière lui ont valu beaucoup d'ennemis et sont peut-être la cause de son assassinat. Après sa mort, un homme d'affaires d'Agoura a pu ainsi déclarer : « Côté suspects, vous allez avoir la moitié des gens d'ici. »

Pour Quartararo, le meurtre a été soigneusement préparé et exécuté. L'assassin connaissait les habitudes de la victime et savait qu'elle était seule quand elle s'occupait de ses chevaux chaque après-midi.

« Je ne sais pas qui c'est, nous a dit Patty Kanan, mais il a choisi le moment où Judy et ma mère étaient séparées. C'était le seul endroit où il pouvait l'avoir. »

D'après le seul témoin du crime, l'homme qui l'a abattue portait un imperméable et un masque ou une capuche pour qu'on ne le reconnaisse pas. La voiture à bord de laquelle il s'est enfui avait été volée dans le parking d'un concessionnaire automobile. Vingt minutes après l'assassinat, il la garait près de Ventura Boulevard et y mettait le feu. Cela eut pour résultat d'éliminer tout élément de preuve et permit au tueur d'effacer ses traces.

Si cet assassinat a bien des caractéristiques d'un travail de professionnel, la police n'est pas encore en mesure d'affirmer que c'en soit un.

« Il n'y avait pratiquement pas de preuves matérielles sur quoi travailler », nous a dit Quartararo.

Plusieurs inspecteurs ont enquêté sur les contrats et différends commerciaux de Kanan. Ils ont passé à la loupe tous ses procès et toutes les plaintes que la victime avait déposées auprès des autorités et ont interrogé des dizaines et des dizaines de personnes.

Dans les semaines qui ont suivi le meurtre, deux hommes sont devenus des suspects « de premier plan » à cause des litiges qui les avaient opposés à Kanan, nous a encore déclaré Quartararo.

Le premier s'était disputé avec elle au centre commercial une semaine avant le meurtre. La bagarre avait pour objet le désir qu'il avait de louer un espace du centre pour y monter un magasin d'équipements stéréo. Ils se sont querellés sur le montant du loyer, jusqu'au moment où Kanan a refusé de lui louer quoi que ce soit.

Le week-end suivant, Kanan a reçu plusieurs appels téléphoniques menaçants émanant d'une femme non identifiée. Le mardi suivant, elle était assassinée.

La police ayant fait circuler un portrait-robot de l'inconnu, il se rendit aux autorités, mais, accompagné d'un avocat, il refusa de répondre aux questions sur le meurtre. Son identité n'a pas été révélée.

Les inspecteurs ayant établi que c'était sa petite amie qui avait menacé Kanan par téléphone, un mandat de perquisition a été obtenu pour fouiller la maison du suspect. Mais rien n'y a été trouvé qui puisse relier cet homme à l'assassinat, nous a déclaré Quartararo. Le suspect n'a donc pas été arrêté.

Le deuxième inconnu, dont la police refuse également de donner l'identité, avait été, plusieurs semaines avant le meurtre, accusé par Kanan elle-même de voler des matériaux de construction au centre commercial. D'après Quartararo, l'homme a donc été arrêté pour ce vol, mais a nié avoir dérobé quoi que ce soit. Une semaine avant le meurtre, les autorités renonçaient à le déférer devant les tribunaux.

Toujours d'après Quartararo, pour les inspecteurs, il se pourrait bien que ce deuxième suspect en ait voulu à Kanan. Un mandat de perquisition ayant été signé par le juge, sa maison a été fouillée, mais, une fois encore, aucune preuve matérielle d'un lien quelconque avec la mort de Kanan n'ayant été trouvée, l'homme n'a pas été inculpé.

Les deux mandats de perquisition sont sous scellés au tribunal, d'autres détails de l'enquête sur ces deux hommes étant eux aussi inaccessibles au public. Quartararo dit en effet que si aucun élément de preuve n'a été trouvé qui puisse établir un lien entre le meurtre et ces deux hommes, ceux-ci n'en demeurent pas moins suspects.

Pour Quartararo, qui s'occupe régulièrement d'autres meurtres dans l'ouest de la San Fernando Valley, il y a trois ans qu'aucun nouvel indice n'est apparu dans l'affaire Kanan. À son avis, il faudra plus que le simple travail d'un inspecteur pour résoudre ce meurtre.

« Si personne ne se présente avec d'autres informations, cette affaire-là, nous n'arriverons jamais à la résoudre », nous a-t-il déclaré.

Que le meurtre soit toujours sans solution est frustrant pour la famille Kanan. Patricia Kanan, qui approche des quatre-vingts ans, vient de vendre le restaurant qu'elle dirigeait avec sa sœur. À cause de ses ennuis de santé, elle a confié la gestion du centre commercial à sa fille, Patty.

L'aînée des Kanan a refusé de faire le moindre commentaire sur l'affaire.

« La frustration, tel est bien le mot qui convient pour dire ce que nous ressentons, déclare de son côté Patty Kanan. La frustration et la tristesse. Nous voulons vraiment savoir qui a fait ça. »

Patricia Kanan, qui est célibataire, a quitté la maison qu'elle partageait avec sa sœur l'année dernière et vit aujourd'hui avec sa fille dans un endroit tenu secret. Si les Kanan ne vivent pas dans la peur de l'assassin, ils attendent avec impatience que justice soit faite.

« Ma mère et notre famille sont inquiets de voir que quelqu'un a tué et croit pouvoir s'en tirer sans encombre, dit encore Patty Kanan. Cet acte était calculé et fait froid dans le dos. Et l'individu qui l'a commis est toujours dans la nature. Je n'aime pas me dire qu'on peut tuer impunément. »

29 septembre 1990

LE NEVEU EST LE SEUL SUSPECT IDENTIFIÉ DANS LE MEURTRE DE KANAN

Selon les documents de la police et de la justice, près de six ans après l'assassinat de Judy Kanan près d'un haras de Woodland Hills – descendante d'une famille de pionniers, c'était une femme d'affaires à la forte personnalité –, l'enquête sur ce meurtre toujours pas résolu se focalise aujourd'hui sur la seule personne du neveu de la victime.

Une demande de mandat de perquisition déposée ce mois-ci auprès du tribunal municipal de Van Nuys désigne en effet Michael Kanan, trente-quatre ans, le fils du frère de la victime, comme étant son assassin.

D'après le document du tribunal, après le meurtre, le suspect aurait déclaré à une connaissance devenue par la suite indicateur de la police : « C'est le pied de voir quelque chose dont on est responsable... Cette salope a eu ce qu'elle méritait. »

La police de Los Angeles dit vouloir recueillir d'autres éléments de preuve avant de demander aux services du district attorney du comté de Los Angeles de déposer plainte pour assassinat contre Michael Kanan, aujourd'hui emprisonné pour un cambriolage qui n'a rien à voir avec l'affaire.

Par la bouche de son avocat, le suspect nie avoir pris une part quelconque dans ce meurtre.

C'est le 29 janvier 1985 que Judy Kanan, soixante-huit ans, a été abattue de quatre coups de feu par un homme masqué et vêtu d'un imperméable. Comme à son habitude, la victime venait d'arriver au haras qui se trouve au bout du cul-de-sac de Collins Street. Elle avait l'intention d'y nourrir ses six chevaux arabes. L'assassin l'a tuée sur le trottoir et s'est enfui à bord d'une voiture volée, qu'il a plus tard abandonnée avant d'y mettre le feu.

La police n'a pas retrouvé beaucoup d'indices sur les lieux de la fusillade et, l'enquête s'enlisant, le mystère n'a fait que s'épaissir.

Judy Kanan est une descendante des Waring, qui s'établirent à Agoura vers 1860. Dans les années 1980, Kanan et sa sœur aînée, Patricia, étaient à la tête d'un héritage et de terrains d'une valeur de plusieurs millions de dollars.

À l'époque, la police, pour qui ce n'étaient pas les suspects potentiels qui manquaient, se concentra surtout sur les querelles d'affaires de la victime. C'est ainsi qu'un businessman d'Agoura a pu déclarer : « Côté suspects, vous allez avoir la moitié des gens d'ici. C'est la femme la plus détestée d'Agoura qu'on vient d'assassiner. »

En janvier de cette année, le cinquième anniversaire de l'assassinat approchant, la police a déclaré n'être toujours pas près de résoudre le mystère. « Je n'ai aucune idée de la personne qui a tué Judy Kanan », a déclaré l'inspecteur Phil Quartararo.

Cela dit, les dossiers de la police et de la justice révèlent que les enquêteurs pensent aujourd'hui que le meurtre a été commis par Michael Kanan et motivé par un différend financier au sein de la famille.

Peu après le cinquième anniversaire de la mort de Judy Kanan, une personne qui connaît Michael Kanan s'est en effet présentée aux autorités avec des renseignements détaillés sur le meurtre. Elle a en particulier déclaré que le suspect lui avait demandé d'assassiner Judy Kanan.

D'après les documents de la justice, l'indicateur aurait alors précisé à la police que le meurtre tournait autour d'une dispute entre Judy Kanan et son frère, George Richard Kanan – le père de Michael – à propos d'un emprunt de deux mille six cents dollars. De plus, il pensait que George Kanan avait fait croire à son fils que Judy Kanan contrôlait la plus grande partie des terres familiales.

« L'indicateur fait apparaître que George Richard Kanan haïssait sa sœur et inculquait sa haine à son fils, Michael, peut-on lire dans le mandat de perquisition. George Kanan avait fait croire à son fils que Judy Kanan lui avait volé tout son héritage. »

D'après les documents de la justice et pour l'indicateur, le meurtre se serait déroulé de la manière suivante :

En 1984, George Kanan signe un accord avec sa sœur pour lui emprunter deux mille six cents dollars, la raison de cet emprunt restant inconnue. Mais, à la fin de l'année, il n'est pas en mesure de régler sa dette et, de ce fait, pense perdre une grande partie de ce qu'il possède à Agoura au profit de sa sœur.

« L'indicateur a déclaré que George Kanan était très en colère que Judy lui ait fait signer cet accord », peut-on encore lire dans le mandat de perquisition.

Toujours dans ce mandat, on lit aussi : « Peu après que l'emprunt eut été effectué, Michael Kanan approche l'indicateur avec un plan pour tuer Judy Kanan. Au début, il pensait assassiner Judy et sa sœur, Pat, dans leur restaurant et avait prévu de faire passer le meurtre pour un hold-up. Le plan a ensuite changé, seule Judy étant visée et le meurtre devant se dérouler au haras où elle montait nourrir ses chevaux tous les jours. »

D'après l'indicateur, quelques semaines avant l'assassinat, Michael Kanan lui montre une arme de poing qui servira à tuer Judy Kanan. La police et l'indicateur sont d'avis que cette arme a été dérobée dans une voiture garée près de Balboa Park, dans l'aire de jeux de Sepulveda Dam. Cela étant, ni l'arme ni son propriétaire n'ont été retrouvés.

L'indicateur déclare à la police avoir volé une voiture à la mi-janvier 1985 et l'avoir garée près du haras où Judy Kanan gardait ses chevaux. La voiture devait servir à la fuite du meurtrier après l'assassinat, mais, remarquée par la police le 25 janvier, elle est mise en fourrière.

Pour l'indicateur, le plan s'arrêtait là, mais quatre jours plus tard sa surprise fut grande d'apprendre le meurtre de Judy Kanan aux infos télévisées.

« ... ç'a été fait selon le plan, lit-on dans le mandat de perquisition. Peu après avoir vu le bulletin d'informations, l'indicateur interroge Michael Kanan qui reconnaît avoir commis le crime... Pour l'indicateur, Michael Kanan a tué parce qu'il avait le sentiment que l'indicateur serait incapable d'aller jusqu'au bout. »

Quartararo, auquel on a confié l'enquête dès le début, déclare que Michael a été interrogé avec d'autres membres de la famille au début de l'affaire, mais que « nous ne nous sommes jamais concentrés sur lui ».

Environ un an après l'assassinat, Michael Kanan devient un criminel en cavale lorsqu'il viole sa liberté sous caution après avoir été arrêté pour le cambriolage d'un local commercial, affirme la police. Il n'a été arrêté que le mois dernier à Burbank et se trouve aujourd'hui enfermé à la prison du comté sans possibilité de liberté sous caution.

William H. Schultz, l'avocat qui représente Michael Kanan, nie que son client ait pris part au meurtre de Kanan en quelque manière que ce soit.

« Les charges retenues contre lui sont illogiques et sans fondement », a-t-il déclaré. Il n'a pas voulu faire d'autres commentaires.

George Richard Kanan, lui, n'a pas pu être joint pour dire ce qu'il pense.

La police croit à la version de l'indicateur dans la mesure où celui-ci a fourni certains détails qui n'avaient jamais été rendus publics. Elle refuse de révéler son identité pour des raisons de sécurité.

C'est grâce aux renseignements qu'il lui a donnés qu'au début du mois elle a procédé à la fouille d'un garde-meuble de Chatsworth dont se servait Michael Kanan. Elle y a trouvé un imperméable et des gants, mais pas l'arme du crime.

En attendant, Quartararo déclare être en mesure de corroborer une partie de la version de l'indicateur ; il a en particulier retrouvé des documents juridiques ayant trait à l'emprunt de deux mille six cents dollars et confirme qu'une voiture volée garée dans le cul-de-sac de Collins Street quatre jours avant que Judy Kanan n'y soit assassinée a bien été mise à la fourrière.

Avant d'accuser formellement le suspect, la police entend aussi corroborer les propos de l'indicateur sur l'origine de l'arme qui a servi au meurtre. Parce que Michael Kanan a un jour été arrêté pour tentative de cambriolage de voiture près du parcours de golf de Balboa de l'aire de jeux de Sepulveda Dam, la police est d'avis que l'arme pourrait provenir d'un cambriolage du même genre effectué dans le voisinage.

Quartararo dit avoir cherché dans les rapports établis sur les crimes et délits perpétrés dans la zone du parc un mois avant l'assassinat, mais n'avoir rien trouvé sur le vol d'une arme. Il a donc demandé à quiconque se serait fait dérober une arme de poing à la fin 1984-début 1985 d'entrer en contact avec la police. Il est aussi prêt à accorder une récompense de cinquante mille dollars à toute personne lui fournissant un renseignement qui pourrait conduire à la condamnation du meurtrier de Judy Kanan.

« Nous n'avons pas besoin de corroborer cette partie-là de l'histoire, nous a-t-il encore déclaré. Si nous arrivons à établir que l'arme provient, comme l'affirme l'indicateur, d'une voiture du coin, le district attorney déposera officiellement plainte », même s'il n'a pas l'arme qui a vraiment servi au crime à présenter comme pièce à conviction.

21 mars 1991

AUCUNE CHARGE NE SERA RETENUE DANS L'AFFAIRE KANAN

Le procureur a décidé de ne pas retenir de charges contre un homme pourtant soupçonné dans le meurtre hautement médiatisé de sa tante, une riche propriétaire terrienne et descendante d'une famille de pionniers d'Agoura, il y a six ans de cela. Cela étant, la police de Los Angeles n'en continue pas moins de le tenir pour le suspect numéro un.

Après un examen détaillé du dossier par les services du district attorney du comté de Los Angeles, le procureur a conclu qu'il n'y avait pas assez d'éléments de preuve pour accuser formellement Michael Kanan, trente-quatre ans, du meurtre de Judy Kanan, a déclaré Sandi Gibbons, la porte-parole du cabinet du procureur.

Michael Kanan a pour sa part, et par le biais de son avocat, nié toute participation au meurtre.

Judy Kanan, soixante-huit ans, la descendante d'une famille qui s'est établie à Agoura dans les années 1860, a été tuée de quatre coups de feu par un homme masqué et portant un imperméable. Celui-ci l'avait abordée au moment où elle arrivait dans un haras de Woodland Hills, le 29 janvier 1985, afin d'y nourrir les chevaux qu'elle y gardait.

L'assassin ayant réussi à s'échapper, il n'avait été procédé à aucune arrestation. Mais, au début de l'année dernière, un indicateur qui disait être en proie à la culpabilité a contacté la police et désigné Michael Kanan, le neveu de la victime, comme étant l'assassin.

Selon des documents de la cour, il aurait affirmé que le meurtre avait pour origine d'anciennes tensions portées à leur paroxysme par une dispute sur un prêt de deux mille six cents dollars consenti par Judy Kanan au père de Michael, George Richard Kanan.

Les inspecteurs n'ont pas eu besoin de mettre Michael Kanan en état d'arrestation dans la mesure où il était déjà en prison pour violation des termes de la conditionnelle qu'il avait obtenue dans une affaire de cambriolage sans rapport avec le meurtre. À l'heure actuelle, Michael Kanan purge en effet une peine de deux ans pour cette violation de conditionnelle.

Après avoir corroboré certaines parties de la déposition de leur indicateur sur la manière dont s'est déroulé le meurtre, les inspecteurs qui voulaient une inculpation d'assassinat ont soumis, l'année dernière, l'affaire à l'appréciation du district attorney.

Gibbons se refuse à dire pourquoi leur requête a été rejetée ; aussi bien, fait-elle remarquer, l'enquête n'est-elle pas close.

Les inspecteurs en charge de l'affaire n'ont pas contesté la décision du district attorney de ne pas inculper le suspect.

« Ç'a été moins une, nous a déclaré le lieutenant William Gaida, et pour nous Michael Kanan reste le suspect numéro un. Nous avons besoin d'autres éléments de preuve et d'autres renseignements. Nous considérons que l'indicateur est fiable et sommes convaincus d'aller dans la bonne direction. »

Selon des documents déposés au tribunal pendant l'enquête, Michael Kanan aurait un jour demandé à l'indicateur de l'aider à tuer Judy Kanan et lui aurait suggéré un plan très semblable à la manière dont, de fait, le meurtre a été commis.

Toujours selon ces documents, l'indicateur aurait aussi déclaré que l'assassinat aurait été perpétré sans qu'il y participe et qu'après Michael Kanan lui aurait dit : « C'est le pied de voir quelque chose dont on est responsable… Cette salope a eu ce qu'elle méritait. »

L'indicateur a également révélé l'existence d'un garde-meuble dont se servait Michael Kanan et dans lequel la police a plus tard saisi un imperméable et des gants que, selon elle, l'assassin portait lors du meurtre.

Cela dit, la police reconnaît que la crédibilité de cet indicateur pourrait être mise en doute par les jurés si l'affaire était portée devant un tribunal aujourd'hui : certains détails qu'il a précisés n'ont en effet pas encore pu être corroborés par les enquêteurs.

L'arme du crime n'a jamais été retrouvée. Pour Phil Quartararo, un des éléments clés de la version donnée par l'indicateur est que Michael Kanan aurait volé cette arme dans la voiture garée par un joggeur sur l'aire de jeux de Sepulveda Dam.

Quartararo affirme en outre avoir examiné les rapports de plusieurs centaines de crimes et délits perpétrés dans cette zone pendant les mois qui précèdent le meurtre, mais n'avoir connaissance d'aucun cas où un vol de cette nature se serait produit.

Quartararo, qui est en charge de l'enquête depuis le premier jour, nous a précisé que, s'il n'avait aucune intention de laisser tomber l'affaire, l'enquête, elle, « est allée aussi loin qu'il était possible de la mener, à moins que quelqu'un d'autre ne se présente pour nous aider »[1].

1. Cinq ans après la décision du procureur de ne pas retenir de charges contre Michael Kanan, celui-ci a, armes à la main, défié la police devant le domicile de sa mère dans la San Fernando Valley. Il a alors abattu un chien et un cheval et tiré plusieurs coups de feu en direction des policiers. Aucun d'eux n'a été blessé. Au bout de deux heures de siège, il s'est donné la mort en se tirant une balle dans la tête. Il est mort sans jamais reconnaître qu'il avait tué Judy Kanan. La police devait plus tard révéler que l'indicateur qui a mis les inspecteurs sur la piste de Michael Kanan pour le meurtre de sa tante n'était autre que son propre frère *(NdE)*.

Homicide à Hollywood

Los Angeles Times

25 juin 1989

L'AFFAIRE DU COTTON CLUB :
ARRESTATION LIÉE AU MEURTRE
D'UNE PROSTITUÉE EN 1984

Il y a cinq ans de cela, June Mincher, une prostituée de cent dix kilos et propriétaire d'une Rolls-Royce couleur lavande, était abattue sur un trottoir de Van Nuys par un tueur aussi rapide qu'efficace, l'affaire déclenchant une enquête qui mit au jour une étrange galerie de personnages et fit surgir des histoires fort louches, mais ne conduisit à aucune condamnation.

Ce mois-ci, une partie du mystère semble se dénouer à l'occasion d'audiences de tribunal portant sur un autre meurtre commis dans un tout autre univers – celui du Cotton Club avec ses célébrités de Hollywood, ses affaires de cocaïne et ses gros contrats de cinéma.

Les témoignages donnés lors de ces audiences et d'autres documents enregistrés auprès du tribunal contiennent en effet certaines déclarations selon lesquelles ces deux meurtres auraient été commis par les mêmes tueurs à gages, ces derniers s'étant vantés de leurs exploits devant un indicateur muni d'un micro caché que lui avaient fourni les enquêteurs. Si la question de savoir qui a pu embaucher ces tueurs à gages reste ouverte, dans au moins un document déposé à la cour l'indicateur déclare que ce serait la grand-mère de l'individu qui a été acquitté du meurtre. Un des avocats de cette femme, un cadre dirigeant d'une banque d'investissement de Hollywood, rejette cette accusation. La police, elle, se refuse à tout commentaire en arguant que l'enquête est toujours en cours.

Mincher, qui se présentait dans diverses publications locales à caractère sexuel comme une « Déesse noire et indienne du sexe » avec un tour de poitrine d'un mètre quarante, a été abattue le 3 mai 1984. Deux ans plus tard, Gregory Alan Cavalli, un culturiste de vingt-quatre ans issu d'une grande famille de Beverly Hills, était accusé de complicité de meurtre. D'après les autorités, il aurait conduit la voiture qui a servi à la fuite du tueur à gages.

Mais à son procès, l'accusation s'est montrée incapable de faire comparaître ledit tueur à gages et d'en donner même seulement le nom. Et, parmi les principaux témoins à charge, on comptait un ancien cocaïnomane, un transsexuel qui joue dans des films pornographiques et une femme qui se remettait à peine d'une dépression nerveuse après que son fils eut tué sa mère.

Acquittement express

À l'issue de ce procès de trois semaines en 1986, Cavalli sortait libre du tribunal de Van Nuys. Le jury avait mis moins d'une heure pour le déclarer non coupable.

Mais aujourd'hui, soit trois ans plus tard, c'est un nouveau chapitre qui s'ouvre dans l'affaire Mincher.

Les autorités viennent en effet d'accuser deux hommes de son meurtre, l'un et l'autre gardes du corps qui ont travaillé pour une société de surveillance à laquelle avait fait appel la famille Cavalli. Les enquêteurs disent aujourd'hui que Cavalli n'était pas l'homme au volant de la voiture dans laquelle s'est enfui l'assassin et que, de fait, il n'était même pas sur les lieux le soir du crime.

La question de savoir qui a commandité l'assassinat de Mincher reste ouverte, mais pour les autorités Cavalli n'est plus la cible de l'enquête dans la mesure où il ne saurait être jugé deux fois pour le même crime.

« Pas question, a déclaré le sergent de la police de Los Angeles Ed Entwisle. Il a été jugé, c'est terminé. »

Les enquêteurs se refusent à dire qui sont les suspects à leurs yeux. Mais dans un résumé de l'enquête déposé à la Cour supérieure de Los Angeles, et ce en relation avec l'affaire du Cotton Club, on découvre une déclaration faite à la police par le principal indicateur : un des suspects lui aurait affirmé que « Mincher harcelait une riche famille italienne et c'est la grand-mère qui a ordonné l'assassinat ».

Pour l'avocat Mitchell W. Egers, qui représente la famille Cavalli, le terme de « grand-mère » désigne Mary Bowles, une des associées de la firme d'investissements immobiliers Bowles & Associates. « Il n'y a pas d'autre grand-mère... ayant un rôle dans cette affaire », a-t-il déclaré avant de nier que quiconque dans cette famille ait à voir avec l'assassinat de Mincher.

« Tout cela est absurde, insensé et absolument impossible, a-t-il ajouté. Pour moi, il est inconcevable qu'un membre quelconque de la famille Cavalli ait à voir avec quoi que ce soit d'illégal, encore moins avec un meurtre. Ils sont tous aimables et raffinés et jouissent d'une excellente réputation. »

De nouvelles pistes sont découvertes

Ces deux dernières années ont vu apparaître de nouvelles pistes dans l'affaire Mincher, et ce de manière quasiment accidentelle, suite à l'enquête interminable des services du shérif du comté de Los Angeles sur le meurtre du soi-disant producteur de films Roy Radin.

William Molony Mentzer, trente-neuf ans, originaire de Canoga Park, et Robert Ulmer Lowe, quarante-deux ans, originaire de Rockville, Maryland, deux des tueurs à gages présumés arrêtés pour le meurtre de Radin en 1983, viennent d'être aussi inculpés de l'assassinat de Mincher en 1984.

Mentzer a décidé de plaider non coupable, Lowe tentant, lui, d'échapper à une mesure d'extradition du Maryland.

À la Cour supérieure de Los Angeles vient de s'ouvrir la première audience du procès dit de l'« affaire du Cotton Club » parce que la victime, Roy Radin, trouva la mort au cours d'une querelle portant sur le financement du film du même nom.

Bien qu'elle soit incluse dans cette première audience, l'affaire Mincher a été remisée au second plan par des témoignages sensationnels portant sur le meurtre de Radin ; il y est question de trafic de cocaïne, de superbes limousines et d'accusations à l'encontre du producteur de films Robert Evans.

Cela étant, des rapports d'enquête déposés auprès de la cour et certaines déclarations du procureur et de la police à propos de l'affaire Mincher dessinent les contours d'une enquête qui commença et fut arrêtée à deux reprises avant que celle d'aujourd'hui ne soit entamée.

Selon certains propos tenus par des amis et des associés à l'époque de sa mort, June Mincher, vingt-neuf ans, s'était bâti un style de vie passablement lucratif en faisant paraître des petites annonces dans la presse parallèle pour y offrir ses services sexuels. D'après ce qu'ils ont déclaré aux enquêteurs, elle aurait dépensé au moins vingt mille dollars dans des opérations de chirurgie esthétique destinées à lui modifier le visage et les hanches et à augmenter la taille de sa poitrine. Elle conduisait une Rolls-Royce couleur lavande et transportait jusqu'à douze mille dollars dans une poche sous sa perruque.

D'après un témoignage donné au procès Cavalli, c'est dans le courant de l'été 1983 que celui-ci aurait commencé à appeler Mincher après avoir vu une de ses petites annonces dans un journal underground. Leurs relations téléphoniques auraient duré plusieurs mois, et ils allaient parfois jusqu'à se parler plusieurs heures par jour. Cavalli voulait faire sa connaissance, mais Mincher refusait. Il finit par se rendre à son appartement de West Hollywood et par en démolir la porte.

Découvrant alors que Mincher pesait trente à quarante kilos de plus que ce dont elle donnait l'impression dans ses petites annonces, il mit fin à leurs relations.

Furieuse d'être ainsi rejetée, Mincher commença à harceler les Cavalli – le père, Richard Cavalli, mais aussi d'autres parents, Bowles y compris, faisant alors et de manière incessante l'objet d'appels téléphoniques menaçants. Les autorités soupçonnèrent même Mincher d'avoir jeté une bombe incendiaire dans la voiture de Greg Cavalli à la fin de l'année 1983 et d'avoir mis le feu au magasin de surplus militaires que son père tenait à Santa Monica en 1984.

D'après ce témoignage, la famille Cavalli aurait dépensé deux cent mille dollars en surveillance et gardes privés afin de se protéger de Mincher, Gregory Cavalli allant s'installer à Phoenix pour lui échapper.

Le 3 mai 1984, Mincher venait juste de quitter un appartement proche du 6800 Sepulveda Boulevard avec un ami lorsqu'elle fut abattue de sept balles dans la tête, la mort étant instantanée. Touché à la poitrine, l'ami en réchappa. L'assassin courut alors jusqu'à une voiture, qui fila aussitôt.

D'après les documents de la cour, moins de trois heures après la fusillade, la police de Los Angeles commençait à enquêter sur l'implication possible de Cavalli dans ce meurtre. Bien que deux témoins l'aient identifié comme étant le chauffeur de la voiture du fuyard, les enquêteurs ne purent jamais identifier le tireur. L'enquête piétina et fut mise au placard deux mois plus tard.

Comme il est de routine dans les affaires de meurtres non résolues, le dossier fut rouvert par deux nouveaux enquêteurs l'année suivante. D'après les archives de la police, ceux-ci se concentrèrent tout de suite sur les quelque six gardes du corps fournis à la famille Cavalli par une société de Studio City, la A. Michael Pascal & Associates. S'ils obtinrent bien leurs noms, ils furent dans l'impossibilité de tous les localiser et les interroger parce qu'ils avaient quitté la société.

« À ce moment-là, a récemment déclaré Entwisle, nous tentions d'identifier tous les gardes du corps. Nous n'avons jamais pu déterminer s'ils étaient suspects dans ce meurtre alors même que l'enquête pointait vers eux. »

Démarrage du procès

Deux de ces gardes du corps qu'ils n'arrivaient pas à localiser étaient Lowe et Mentzer. En décembre 1985, la police et les procureurs décidèrent de procéder à l'arrestation et à la mise en jugement de Cavalli sans savoir qui était le tueur.

Pendant le procès, en 1986, un transsexuel qui jouait dans des films pornos et était un ami proche de Mentzer donna des détails sur les relations entre Cavalli et Mincher. Cela étant, l'issue du procès se jouait surtout sur les deux témoins qui avaient identifié Cavalli comme étant le chauffeur du véhicule ayant permis la fuite de l'assassin.

Mais, une fois à la barre, le premier de ces témoins reconnut qu'à l'époque de la fusillade il était accro à la cocaïne et aurait très bien pu se tromper. Et le deuxième, que les avocats de Cavalli avaient cité à comparaître, avait, lui, commencé par dire à la police qu'il ne pouvait pas voir le conducteur.

Plus tard, les jurés devaient déclarer que les témoins manquaient de crédibilité et se ranger à l'opinion de la défense, selon laquelle Cavalli se trouvait alors à Phoenix où il passait des coups de fil au moment même où se déroulait le meurtre. Cavalli fut acquitté et l'affaire Mincher une fois de plus remise au placard.

Pendant ce temps-là, les inspecteurs des services du shérif qui travaillaient sur le meurtre de Radin en 1983 enquêtaient sur Mentzer et Lowe.

Radin, trente-trois ans, originaire de Long Island, avait disparu le 13 mai 1983, après être monté dans une limousine de Hollywood qui devait l'emmener à un dîner, où il avait l'intention de parler du financement du film *Cotton Club*. Son cadavre décomposé fut retrouvé un mois plus tard dans un stand de tir en plein air, au sud de Gorman.

Mentzer et Lowe furent considérés comme des suspects possibles, mais l'enquête progressa lentement jusqu'au jour de 1987 où des adjoints au shérif contactèrent William Rider, un ancien chef de la sécurité de l'éditeur de la revue *Hustler*, Larry Flint. Rider connaissait les deux hommes pour les avoir fait travailler.

Modus operandi

D'après sa déposition et certains documents de la cour se rapportant à l'affaire du Cotton Club, Rider déclara aux enquêteurs que Mentzer et Lowe lui avaient parlé de plusieurs meurtres dans lesquels ils avaient été impliqués, l'un d'entre eux étant celui de Radin. L'autre était celui d'une femme de Van Nuys qui, pour eux, était un travesti.

Rider leur rapporta aussi une conversation qu'il avait eue avec Lowe en 1986 alors qu'ils travaillaient dans le Texas. « Lowe s'est mis à beaucoup boire et a raconté à M. Rider comment Mentzer avait tué un travesti noir », peut-on lire dans un rapport d'enquête. Et Rider de préciser :

« Lowe a dit qu'il conduisait la voiture et que Mentzer a tiré plusieurs fois sur la victime alors qu'elle se tenait dans Sepulveda Boulevard, dans la San Fernando Valley… Mentzer a aussi tiré sur le compagnon de la victime, mais ce dernier en a réchappé. Lowe dit que Mentzer a commencé à insulter la victime et à lui flanquer des coups de pied après l'avoir abattue, Lowe, qui l'attendait au volant de la voiture, devant lui dire d'arrêter et de monter dans le véhicule avant que la police n'arrive. »

Correspondance entre l'arme et les douilles

Les enquêteurs firent alors le lien entre tous les faits que Rider leur avait rapportés sur le meurtre de Mincher. Plus tard, Rider devait leur préciser qu'il avait, sans le savoir, prêté l'arme du crime à Mentzer et donner aux autorités un .22 semi-automatique équipé d'un silencieux. D'après les documents de la cour, les enquêteurs ont établi la correspondance entre cette arme et les douilles des projectiles qui ont tué Mincher.

Rider accepta ensuite de travailler pour les enquêteurs du shérif, de rencontrer Lowe, Mentzer et un troisième ex-garde du corps qui avait travaillé pour la Pascal, Robert Leroy

Deremer, trente-huit ans, et d'enregistrer leurs conversations en cachette.

En mai 1988, ceci d'après les rapports du shérif, alors qu'il se trouvait en compagnie de Rider à bord d'une voiture aux environs de Frederick, dans le Maryland, Deremer reparla du meurtre de Mincher et déclara avoir ramené Mentzer sur les lieux du crime peu après la fusillade afin que celui-ci puisse voir ce que fabriquait la police. Le lendemain, Rider retrouva Lowe dans un bar de la même ville et celui-ci lui décrivit ce qu'il avait fait, la conversation étant enregistrée à son insu.

Deux mois plus tard, c'était au tour de Mentzer d'y passer. Rider le retrouva à Los Angeles et orienta la conversation, là encore enregistrée, sur le meurtre. D'après les rapports, Mentzer déclara avoir placé une bombe sous la voiture de Mincher quelques semaines avant le meurtre, mais l'engin n'avait pas voulu exploser. Il lui dit aussi être entré dans l'appartement de Mincher par effraction et avoir rossé cette dernière à coups de crosse de pistolet. Au cours d'une autre conversation, Mentzer précisa même avoir eu recours à des projectiles à charge creuse pour la tuer parce qu'à son avis – et il se trompait – on ne pouvait pas les rattacher à une arme précise.

On pense qu'en plus du témoignage de Rider ces enregistrements seront les preuves à charge les plus importantes contre Mentzer et Lowe si jamais ils devaient être jugés. La semaine dernière, les autorités compétentes ont affirmé que Deremer avait accepté de témoigner contre ses deux anciens collègues en échange de son immunité dans l'affaire.

Si ces mêmes autorités sont persuadées de savoir un jour par qui Mincher a été tuée, le nom de celui qui a ordonné l'assassinat reste une énigme.

Troisième enquête sur l'affaire

Au début de l'année, la police de Los Angeles a rouvert l'affaire pour la troisième fois après que les services du shérif en eurent mis au jour les grandes lignes.

« Nous remontons des pistes inexplorées, nous a dit Entwisle. Des gens impliqués dans cette affaire sont toujours dans la nature. »

Les autorités se refusent à dire quels individus elles tiennent pour suspects. Cela dit, une chose est certaine : Gregory Cavalli, lui, ne pourra pas être rejugé.

« Pour ce qui est de M. Cavalli, l'affaire est close, a déclaré l'adjoint au district attorney Andrew W. Diamond, qui n'a pas réussi à le faire condamner en 1986. On ne pourra plus jamais l'inculper du meurtre de June Mincher. »

L'adjoint au district attorney David P. Conn, qui dirige l'accusation contre Mentzer et Lowe, s'est refusé à tout commentaire. « Je n'ai pas envie de spéculer sur le rôle de Gregory Cavalli dans cette affaire, a-t-il déclaré. Il a été acquitté. »

Cavalli, qui est revenu s'installer en Californie du Sud depuis son procès, n'a pas pu être joint pour donner son opinion.

Pascal, dont la société de surveillance se trouve maintenant à Beverly Hills, nous a confirmé la semaine dernière que Mentzer et Lowe avaient effectivement travaillé pour lui lorsque sa firme a été engagée par la famille Cavalli. Mais il s'est, lui aussi, refusé à tout autre commentaire. Il n'a pas été inculpé.

La Famille

Los Angeles Times

30 septembre 1988

QUATRE INDIVIDUS ARRÊTÉS POUR LE QUADRUPLE MEURTRE DE LAKE VIEW TERRACE

Quatre hommes ont été arrêtés ce jeudi pour le quadruple meurtre au cours duquel deux hommes, une mère et sa fillette de vingt-huit mois ont été abattus dans une maison de Lake View Terrace, où de la cocaïne en « cailloux » était vendue, déclare la police de Los Angeles.

Toujours d'après la police, ces quatre hommes pourraient être aussi impliqués dans deux autres assassinats perpétrés dans la San Fernando Valley.

Une équipe de deux cents policiers, comprenant entre autres des membres de la SWAT[1], a fait une descente sur trois points de vente fortifiés et douze autres lieux situés au nord-est de la Valley afin que tous les suspects soient arrêtés, a précisé un porte-parole de la police.

Le lieutenant Fred Nixon a identifié les suspects comme étant : Stanley Bryant, trente ans, originaire de Pacoima ; Antonio Johnson, vingt-huit ans, originaire de Lake View Terrace ; Nash Newbil, cinquante-deux ans, originaire de Lake View

1. Special Weapons and Tactics Team, équivalent américain de notre GIGN *(NdT).*

Terrace et Levi Flack Junior, vingt-quatre ans, dont l'adresse n'a pu être déterminée.

Emprisonnés sans caution

Bryant et Johnson ont été arrêtés pour meurtre et Newbil et Flack pour complicité de meurtre. Tous ont été placés en détention provisoire à la prison de la division de Foothill, sans possibilité de caution.

« L'arrestation de ces quatre individus a été faite en rapport avec le quadruple assassinat, a déclaré Nixon. Certains indices nous font penser qu'ils sont impliqués dans deux autres meurtres. Les mandats de perquisition des quinze lieux visités ont été obtenus en relation avec l'enquête sur ces six assassinats. Les recherches se poursuivent. »

De même que tous les détails de l'enquête, le lieu des descentes et des arrestations n'était toujours pas révélé jeudi. Mais les inspecteurs précisent que les arrestations font suite à une enquête sur la fusillade de Lake View Terrace, qui a fait quatre morts le 28 août dernier.

Dans cet incident, deux hommes originaires de Saint Louis, Andre Armstrong, trente et un ans, et James Brown, quarante-trois ans, ont été tués après être entrés dans une maison proche du 11400, Wheeler Avenue. Ces deux hommes étant abattus, un individu est sorti de la maison armé d'une carabine et a tiré sur la voiture qu'avaient utilisée Armstrong et Brown pour s'y rendre.

Ces coups de feu ont tué Lorretha Anderson English, vingt-trois ans, originaire de Seaside, et sa fille, Chemise, qui se tenaient sur la banquette arrière. Âgé d'un an, le fils de Lorretha Anderson, qui, lui aussi, se trouvait sur la banquette arrière n'a été que légèrement blessé. La police refuse de divulguer son prénom.

Après la fusillade, l'homme à la carabine a sauté dans la voiture et a roulé sur environ quinze cents mètres avant d'abandonner le véhicule dans une ruelle. Les cadavres et le bébé blessé se trouvaient encore dans la voiture.

Pendant ce temps, les corps d'Armstrong et de Brown étaient chargés dans une autre voiture et emmenés ailleurs. La police les a retrouvés trois jours plus tard à Lopez Canyon.

Sans commentaire

Nixon nous a dit ne pas pouvoir faire de commentaires sur le mobile de ces meurtres. Un peu plus tôt, la police estimait qu'une altercation ayant la drogue pour objet était à l'origine de ces violences.

Les registres du cadastre font apparaître que Newbil est le propriétaire de la maison de Wheeler Avenue où, d'après la police, on vendait de la drogue deux ou trois mois avant la fusillade. Avant cela, l'édifice appartenait à un certain Jeffrey A. Bryant, trente-sept ans, que la police tenait pour un caïd de la drogue qui contrôlait tout le réseau de vente du nord-est de la Valley.

Accusé de diriger un point de vente dans sa maison de Wheeler Avenue, Jeffrey Bryant avait plaidé coupable et été condamné à quatre ans de prison dans un pénitencier de l'État. On pense qu'il n'est autre que le frère de Stanley Bryant, un des suspects arrêtés jeudi.

Lien possible

L'affaire de Wheeler Avenue pourrait avoir des liens avec la fusillade du 31 juillet, au cours de laquelle Douglas Henegan, vingt et un ans, originaire de Panorama City, a été tué, et celle de dimanche dernier, où Tracy Anderson, vingt-quatre ans, originaire de Sylmar, a trouvé la mort. Les victimes de ces fusillades étaient toutes des amis proches.

Henegan a été abattu alors qu'il était assis au bord du trottoir avec des amis à Hansen Dam Park. Anderson, lui, a été tué dans une rue de Pacoima après une bagarre entre plusieurs individus. Lundi, Le Roy Wheeler, dix-neuf ans, originaire de Sylmar, se rendait à la police et était immédiatement arrêté pour meurtre dans l'affaire Anderson.

La police se refuse à donner le mobile des meurtres de

Henegan et Anderson et à dire quel lien ces assassinats pourraient avoir avec les quatre autres. Nixon a néanmoins déclaré que Wheeler est lui aussi soupçonné d'avoir pris part au quadruple assassinat.

16 octobre 1988

POUR LA POLICE, LE CAÏD DE LA DROGUE DIRIGE LES OPÉRATIONS DEPUIS SA CELLULE

La police de Los Angeles pense qu'un détenu de la prison de San Diego dirige tout un réseau de vendeurs de drogue de la San Fernando Valley, réseau dont les patrons ont été accusés du meurtre de quatre personnes dans une maison de Lake View Terrace où l'on vendait de la coke.

Pour les enquêteurs, Jeffrey A. Bryant, trente-sept ans, originaire de Pacoima, est le patron d'un réseau d'au moins deux cents dealers qui contrôlent le trafic de cocaïne en cailloux dans le nord-est de la Valley depuis pratiquement dix ans.

Condamné pour vente de drogue dans sa maison en 1983, Bryant purge actuellement une peine de quatre ans de prison à la Richard S. Donovan Correctional Facility.

« Pour nous, c'est de la prison même qu'il dirige les opérations », déclare le lieutenant Bernard D. Conine, le patron des inspecteurs de la division de Foothill.

Des liens avec un gang opérant dans tout l'État

D'après les autorités, Bryant et d'autres membres haut placés de son organisation ont des liens avec un gang qui s'est formé dans les prisons californiennes au début des années 70, la Black Guerrilla Family. Cette « BGF » – c'est sous cette appellation que ce gang est le plus connu – a commencé par se concentrer sur la politique révolutionnaire, mais est aujourd'hui accusée de diriger un trafic de drogue qui s'étend à tout l'État.

Bryant n'aura à répondre d'aucune accusation dans le quadruple assassinat perpétré le 28 août dans la maison de Wheeler Avenue, dont il avait été propriétaire. Mais pour les enquêteurs l'arrestation de plusieurs de ses lieutenants suite à ces meurtres a décapité le commandement de l'organisation.

S'ils pensent être en mesure de démanteler tout ce réseau un jour, les policiers font remarquer qu'on se presse déjà pour prendre la relève des individus arrêtés pour les meurtres de Wheeler Avenue.

« Nous savons qu'il y a dans cette organisation des gens qui veulent monter en grade, déclare Conine. L'essentiel est quand même qu'on peut toujours se procurer du caillou à Pacoima. »

Grâce à leurs indicateurs, à plusieurs témoins et à des éléments de preuve recueillis lors des fouilles de vingt-six endroits où vivaient et opéraient des membres de l'organisation, les policiers disent avoir une vue d'ensemble de ce qui s'est passé à la maison de Wheeler Avenue et en connaître les raisons.

Selon eux, Andre Louis Armstrong, trente et un ans, et James Brown, quarante-trois ans, tous deux originaires de la région de Pacoima, ont été abattus à coups de carabine à la porte de la maison. D'après eux encore, Lorretha Anderson English, vingt-trois ans, originaire de Seaside, et sa fille de vingt-huit mois, Chemise, ont été mortellement touchées alors qu'elles attendaient dans une voiture garée devant l'édifice. Âgé d'un an et demi, Carlos, le fils de Lorretha, n'a, lui, été que légèrement blessé par des éclats de verre.

Pour l'instant, onze personnes, dont Stanley Bryant, trente ans, le frère cadet de Jeffrey Bryant, sont accusées de meurtre. Parmi elles, outre Stanley Bryant, Le Roy Wheeler, dix-neuf ans, Levi Flack troisième du nom, vingt-quatre ans, Tannis Bryant Curry, vingt-six ans, James Franklin Williams troisième du nom, dix-neuf ans, John Preston Settle, vingt-huit ans, et Antonio Arceneaux, âge non révélé, doivent répondre de quatre accusations de meurtre et d'une de tentative d'assassinat. Tous ces individus sont de Pacoima.

Antonio Johnson, vingt-huit ans, et Nash Newbil, cinquante-deux ans, tous deux originaires de Lake View Terrace, et William

Gene Settle, trente ans, et Provine McGloria, dix-neuf ans, tous deux originaires de Pacoima, sont, eux, accusés de complicité de meurtre.

Les frères Settle, McGloria et Arceneaux sont toujours recherchés par la police.

Seuls Stanley Bryant, Wheeler, Slack et Johnson se sont vu notifier leurs accusations. Tous plaident non coupable, Wheeler plaidant en plus non coupable d'un cinquième assassinat, celui, perpétré le 25 septembre, d'un dealer de Pacoima qui tentait d'entrer en concurrence avec la Bryant Organization.

Selon des rapports de police et des documents du tribunal, ces meurtres font suite à la lutte de pouvoir qui vit un Armstrong ayant fait de la prison pour un crime attribué au gang exiger des compensations financières et un poste de premier plan dans la Bryant Organization.

Décision de groupe

Au lieu d'accorder ce qu'il voulait à Armstrong, l'organisation décida de le tuer à la faveur d'une rencontre à la maison de Lake View Terrace, où le gang conservait son argent et ses stocks de cocaïne. Pour la police, d'autres individus accompagnant alors Armstrong, les membres du gang décidèrent de les éliminer eux aussi.

Selon les documents du tribunal, Wheeler aurait dit à un indicateur de la police : « Il fallait les tuer pour protéger l'organisation. »

Et, parlant d'Armstrong et de Brown, il aurait ajouté :

« Ils ont été abattus [...] en tirant à travers la porte en métal. Il fallait aussi tuer la femme et le bébé. Elle était en train de noter des numéros de plaques d'immatriculation. Bien obligé de les flinguer. »

Les autorités pensent que la Bryant Organization a pris le contrôle des ventes de cocaïne dans le nord-est de la Valley après que James H. (« Doc ») Holiday, un des chefs de la BGF, eut été accusé d'un double meurtre perpétré à Pacoima en 1972.

Les charges retenues contre un Holiday qui, aux yeux de la police, contrôlait le trafic de cocaïne dans cette zone, ont été abandonnées. Il n'en a pas moins été condamné pour tentative de meurtre sur la personne d'un témoin de l'affaire et a été envoyé en prison, laissant ainsi le nord-est de la Valley sous le pouvoir du groupe de Jeffrey Bryant.

La Bryant Organization a commencé à vendre de la cocaïne dans les rues et dans au moins six maisons des environs de Pacoima et de Lake View Terrace. Elle s'est très vite fait une réputation de grande violence.

Un rapport de police déposé dans l'affaire de 1986 qui l'expédia en prison fait apparaître que « la vente du caillou est contrôlée par Jeff Bryant ». Selon les termes de cette déclaration, « [Jeff Bryant] est à la tête d'une organisation composée d'associés et de membres de sa famille, ce groupement ayant pour seul but la distribution et la vente de grandes quantités de cocaïne ».

Aux yeux de la police, l'organisation était responsable de plusieurs meurtres et tentatives de meurtres non résolus. Dans un autre document déposé au tribunal pour l'affaire de 1986, un indicateur a déclaré à la police : « Jeffrey Bryant est un véritable capo de la BGF et a souvent recours à des soldats du gang pour mitrailler et tuer afin de faire respecter sa mainmise sur le trafic de drogue dans la région de Pacoima. »

Pour étendre le réseau

Il n'est pas impossible que Bryant soit entré en contact avec la BGF au milieu des années 70, alors qu'il faisait de la prison suite à une condamnation pour cambriolage de banque. « Nos renseignements font apparaître que la Bryant Organization est très proche de la BGF ; de fait même, elle prétend l'être », déclare Conine.

D'après les documents de la cour, en 1982, Bryant et son frère Stanley, qui selon la police serait le commandant en second du gang de la Valley, ont été accusés d'avoir commandité l'assassinat d'un individu qui saccagea leur voiture après avoir acheté pour cent cinquante dollars d'une cocaïne qu'il jugeait de mauvaise qualité.

Accusé d'avoir appuyé sur la détente, on trouve un certain Armstrong, un ancien condamné qui, parti de Saint Louis pour s'installer à Pacoima, « s'était fait la réputation d'être devenu un tueur à gages », ceci d'après des documents déposés auprès de la cour.

Mais, après une audience préliminaire, les accusations retenues contre les frères Bryant ont été abandonnées, le juge ayant déterminé qu'il n'y avait pas assez de preuves pour affirmer que c'était bien eux qui avaient commandité l'assassinat. Accusé de meurtre avec préméditation, Armstrong devait plus tard plaider coupable et être envoyé en prison pour six ans.

Les archives font apparaître que les Stups commencèrent à beaucoup s'intéresser à la Bryant Organization après le non-lieu obtenu dans cette affaire. La police dit avoir repéré trois maisons appartenant à Jeffrey Bryant, dont celle située près du 11400, Wheeler Avenue, où l'on vendait de la cocaïne. Le trafic était dirigé à partir d'un club de billard de Van Nuys Boulevard.

Selon la police, ces maisons où l'on vendait de la drogue étaient de véritables forteresses ; les fenêtres y étaient protégées par des barreaux, des portes en acier s'ouvrant sur des cages, dans lesquelles entraient les acheteurs. L'argent échangé contre la marchandise passait entre les barreaux de la cage.

D'après les archives de la cour, Stanley recrutait des gens pour travailler dans ces maisons moyennant vingt-cinq dollars de l'heure. Ils y étaient enfermés pour des postes de huit heures. Dans chacune de ces maisons, de l'huile mijotait dans une marmite vingt-quatre heures sur vingt-quatre, les recrues ayant pour consigne d'y jeter la cocaïne en cas de descente de la police.

Au cours des deux premiers mois de 1985, la police effectua des descentes sur ces trois forteresses de la cocaïne, procéda à plusieurs arrestations et confisqua des armes et de petites quantités de drogue. Les éléments de preuve recueillis à l'occasion de ces descentes servirent à accuser Jeffrey Bryant de diriger des points de vente. En 1986 il plaida coupable pour une de ces accusations et fut condamné à quatre ans de prison.

Le chef du groupe une fois emprisonné à San Diego, l'organisation n'en dépérit pas pour autant, fait remarquer la police. Stanley Bryant dirigeait le trafic de l'extérieur de la prison, son frère tirant les ficelles depuis sa cellule. Les enquêteurs pensent que Jeffrey Bryant dirige toujours l'organisation par téléphone et par l'intermédiaire des membres du groupe qui viennent lui rendre visite en prison.

La police a identifié près de deux cents personnes associées à ce groupe. Les renseignements recueillis ont permis d'établir la structure pyramidale de l'organisation. Le nom de Jeffrey Bryant figure tout en haut, avec en dessous quatre niveaux de groupes de plus en plus vastes. D'après ce schéma on descend des patrons de l'organisation aux distributeurs, puis aux dirigeants des points de vente et enfin aux vendeurs de rue.

Si les individus des échelons supérieurs sont probablement associés à la BGF, ceux du bas font essentiellement partie des gangs d'adolescents qui règnent dans les rues. Aux dires de la police, ceux-ci sont recrutés pour vendre la drogue afin que les gros bonnets de l'organisation soient protégés.

« C'est de cette manière que s'isolent et se prémunissent les chefs, déclare un inspecteur proche de l'enquête. Les gens du bas ne sont que de la chair à canon. Que l'un d'entre eux se fasse arrêter et rien n'est plus facile que de lui trouver un remplaçant. »

Mais, toujours selon la police, ce cloisonnement a volé en éclats avec les meurtres du 28 août à la maison de Wheeler Avenue.

D'après les inspecteurs, la cause de ces quatre assassinats est à relier au meurtre de 1982 qui conduisit au non-lieu pour les Bryant et à l'emprisonnement d'Armstrong.

Ce dernier a été libéré de prison en avril. Pour la police, il est retourné brièvement à Saint Louis, puis il est revenu s'installer dans la région de Pacoima avec un ami, James Brown, au début de l'été.

Les enquêteurs pensent qu'Armstrong en voulait à l'organisation de ne pas avoir tenu sa promesse d'aider financièrement sa femme pendant qu'il était en prison.

D'après la police, une rencontre était prévue entre Armstrong et les cadres dirigeants du groupe de Bryant, rencontre au cours de laquelle Armstrong avait non seulement l'intention d'exiger une place de premier plan dans l'organisation, mais entendait encore se faire verser l'argent que, selon lui, sa femme aurait dû toucher.

Mais avant que cette rencontre n'ait lieu, Armstrong, Brown, English et sa fille tombaient dans une embuscade. Leurs corps furent vite enlevés de la propriété et jetés ailleurs. La maison était vide lorsque la police y arriva suite aux coups de fil des voisins.

Quatre semaines devaient s'écouler avant que la police ne recueille assez de preuves de ce qui s'était passé pour commencer à arrêter les lieutenants de l'organisation[1].

19 avril 1992

UNE ÉNORME AFFAIRE DE MEURTRE ET DE DROGUE APPROCHE LENTEMENT DE SON ÉPILOGUE

Pour la cour, les charges retenues contre ce qu'il est convenu d'appeler la Bryant Organization font suite aux assassinats de 1988. Arriver à un verdict pourrait prendre des années

Avec ses dix accusés, ses cinquante-huit volumes de rapports d'enquête totalisant vingt mille pages et ses trente-quatre avocats de la défense, procureurs et enquêteurs, l'affaire des meurtres et trafic de drogue de la Bryant Organization avance dans le système judiciaire à la vitesse d'un éléphant.

C'est l'énormité même de l'affaire qui interdit qu'on aille vite.

Déjà vieilles de presque quatre ans, ces poursuites multiples font suite au meurtre de trois adultes et d'une enfant dans une maison de Lake View Terrace, où l'on affirme qu'étaient en train

1. L'éditorialiste du *Times* Claudia Puig a contribué à cet article.

d'être comptés les quelque cinq cent mille dollars de bénéfices mensuels d'un trafic de caillou. Et la fin est loin d'être en vue.

Selon l'adjointe du district attorney Jan L. Maurizi, le procureur en chef chargé de l'affaire, le procès au criminel des dix individus accusés de ces meurtres ou d'avoir comploté pour prendre le contrôle du trafic de crack dans le nord-est de la San Fernando Valley pourrait entrer dans les annales du droit américain.

« Pour moi, il est tout à fait possible que ce soit le procès le plus long et le plus cher jamais engagé », a-t-elle déclaré la semaine dernière. C'est à cette affaire qu'elle consacre l'essentiel de ses efforts depuis trois ans.

La date du procès n'a pas encore été fixée. Les autorités judiciaires n'ont pas encore trouvé une salle d'audience libre – et assez grande – pour un procès qui, selon certaines estimations, pourrait durer jusqu'à trois ans.

Les frais d'avocats des deux parties à régler par le contribuable s'élèveront à presque deux mille dollars de l'heure durant les séances. Aux dires d'un avocat de la défense, les recherches de l'accusation ont déjà coûté au moins deux millions de dollars.

Sans compter que, dès qu'une salle d'audience sera retenue, il y aura des travaux de rénovation à effectuer. Il faudra en particulier installer des parois de verre à l'épreuve des balles pour la sécurité. Il est aussi probable que des gradins devront être érigés de façon à ce que, avocats et accusés, tout le monde puisse voir correctement le box des témoins. Ce qui ne fera qu'ajouter au coût de l'affaire.

Une fois que les problèmes logistiques du où et du quand seront résolus, les complications n'en seront pas pour autant terminées. Il est en effet possible que l'affaire exige plus qu'un seul jury, dont la sélection pourrait prendre des mois. Tous les témoins passant à la barre devront subir le contre-interrogatoire de dix avocats de la défense. Quatre accusés encourant la peine de mort, c'est une très longue attente qu'il faudra peut-être supporter entre les verdicts et l'énoncé des sentences.

La référence en matière de poursuites longues et coûteuses est l'affaire dite McMartin de viol d'enfants en bas âge. Le premier des deux procès de l'affaire se tint à Los Angeles et dura trente-deux mois, de la sélection des jurés à l'énoncé des sentences. La note à payer par le contribuable a été estimée à quinze millions de dollars.

La présente affaire de meurtres et de trafic de drogue fait suite aux enquêtes menées sur les activités de la Bryant Organization, ainsi nommée en référence aux deux frères originaires de Pacoima qui la dirigeaient. Ces investigations ont débuté après la fusillade du 28 août 1988, dans Wheeler Avenue.

Aussi connue sous l'appellation de « la Famille », l'organisation comprenait jusqu'à deux cents membres et contrôlait l'essentiel des flux de cocaïne dans le nord-est de la San Fernando Valley depuis 1982, cela d'après les charges retenues contre les accusés.

Pour Maurizi, ce groupe était aussi d'une violence extraordinaire pour maintenir son emprise sur ses territoires. Elle accuse ainsi ce gang d'avoir assassiné vingt-cinq personnes pendant ces dix dernières années.

Les victimes de la fusillade de 1988 sont Andre Louis Armstrong, trente et un ans ; James Brown, quarante-trois ans ; Lorretha English, vingt-trois ans, et sa fillette de deux ans, Chemise. Pour les enquêteurs, les meurtres se sont produits au moment où la Bryant Organization cherchait à écarter la concurrence et à refuser les exigences financières d'Armstrong, un ancien associé de la bande récemment libéré de prison.

Selon les autorités, Armstrong a été attiré dans un piège mortel lorsqu'il fut invité à une rencontre à la « caisse » de l'organisation, dans Wheeler Avenue. Armstrong et Brown ont été abattus au moment même où ils entraient dans la maison. Un tueur s'est ensuite précipité vers leur voiture et y a tué English et sa fille, cette dernière étant exécutée d'une balle tirée à bout portant dans la nuque.

Dans les six semaines qui suivirent ces meurtres, des escouades de policiers munis de mandats de perquisition effectuèrent des descentes dans vingt-six endroits où vivaient ou opéraient des membres présumés de l'organisation. Les enquêteurs disent avoir recueilli de nombreux documents détaillant le trafic de drogue du gang, lequel trafic rapportait un minimum d'un million six cent mille dollars par trimestre.

Les éléments de preuve retrouvés lors de ces descentes, l'examen de la scène de crime et les renseignements fournis par un membre haut placé de l'organisation qui a accepté de coopérer avec les autorités ont conduit la justice à inculper douze personnes soupçonnées de diriger le gang et d'en faire respecter la loi par la violence.

Au nombre des personnes inculpées on trouve Stanley Bryant, aujourd'hui âgé de trente-quatre ans, le chef présumé du groupe à l'époque, son frère aîné, Jeff, étant alors incarcéré. Parmi les accusés il y a aussi Le Roy Wheeler, vingt-trois ans, un tueur à gages au service de la Famille, celui-là même qui, d'après les autorités, se précipita vers la voiture où se tenaient English et sa fille et les assassina avec une carabine et une arme de poing.

Retrouver et arrêter les douze suspects ayant pris trois ans, six premières comparutions, audiences préliminaires et sessions de jurys d'accusation se sont déjà tenues ces dernières années. Ce n'est qu'en septembre que le dernier suspect s'est vu notifier qu'il ne pourrait échapper au procès.

Au début du mois, deux des inculpés accusés de trafic de drogue et de complicité de trafic ont plaidé coupables et été les premiers à être condamnés. Le premier a écopé d'une mise à l'épreuve après avoir passé dix-huit mois en prison. La sentence n'a pas encore été prononcée pour le second.

La date et le lieu du procès, voilà ce qu'il reste encore à déterminer.

« Nous n'avons toujours pas trouvé de lieu », déclare Maurizi avant d'expliquer qu'un juge d'une Cour supérieure de Los Angeles qui devait faire connaître ses conclusions dans des premières comparutions s'est vu réorienter sur des procès au civil, laissant ainsi l'affaire Bryant sans salle d'audience.

Avec un procès qui pourrait durer entre un an, selon Maurizi, et trois années, les prétoires libres d'affaires à juger sont difficiles à trouver. Sans parler de la taille de la salle. Pendant les premières audiences avant procès[1], les accusés et les avocats ont occupé tous les sièges, y compris ceux du box des jurés.

Sauf que ces places supplémentaires ne seront pas disponibles pendant le procès. Steve Flanagan, l'avocat de Tannis Curry, pense que l'affaire pourrait exiger deux jurys, voire plus, les preuves à charge retenues contre certains accusés ne pouvant pas être présentées à des jurés ayant à décider du sort d'autres accusés.

« Je pense qu'il nous faut deux jurys, voire plus », a-t-il déclaré.

D'après Maurizi, une salle d'audience devra probablement être entièrement rénovée pour le procès. Et d'ajouter que tous les problèmes de logistique risquent de rendre les procédures si lourdes que les accusés devront être jugés séparément – peut-être même au cours de procès simultanés.

Cependant, l'accusation déclare s'opposer à toute séparation des accusés et espère qu'on trouvera un lieu adéquat dans un des six prétoires habituellement utilisés pour les « procès longue durée » au centre de Los Angeles, ou un des quatre dont on se sert pour le même genre de procès à Van Nuys. Elle pense que tout pourrait commencer au début de l'automne, soit quatre ans après les meurtres.

Selon les avocats le procès sera long à cause de la complexité des accusations de complot qui exigent d'énormes quantités de preuves et de témoignages. Sans compter que juger autant d'accusés ralentit toujours le processus.

« Avec dix accusés on pourrait avoir dix avocats pour interroger chaque témoin en contre », précise Maurizi.

« Plus on a d'accusés, plus la durée du procès augmente, de manière géométrique et pas seulement arithmétique, dit Ralph Novotney, l'avocat de Donald Smith. Je crois avoir entendu quelqu'un déclarer que ça pourrait durer quatre ans. Pour moi, de un à deux ans est plus réaliste. »

1. Audiences durant lesquelles le juge précise les procédures à suivre et simplifie les questions de droit et les faits à analyser afin de réduire les frais de justice *(NdT)*.

Flanagan pense que la sélection des jurés pourrait à elle seule prendre plusieurs mois. Entre l'accusation et tous les accusés, il pourrait y avoir plus de deux cents récusations de jurés, a-t-il ajouté.

« Je ne sais absolument pas combien de temps ça va durer, a fait remarquer Flanagan en parlant du procès. En règle générale, les estimations du procureur sont toujours prudentes. Si elle dit un an, moi je double, au minimum. »

En plus des accusés, l'affaire draine une grande quantité d'avocats et d'enquêteurs. Il y a ainsi dix-sept avocats de la défense – tous commis d'office. Par ailleurs, sept des accusés se sont vu attribuer deux défenseurs parce qu'ils encourent la peine de mort ou la prison à vie s'ils sont reconnus coupables. Chaque accusé a également droit à au moins un enquêteur nommé par la cour.

Du côté accusation, Maurizi est à la tête d'une équipe de quatre adjoints au district attorney et de quatre enquêteurs, dont l'inspecteur de la police de Los Angeles James Vojtecky, l'homme qui dirige l'enquête depuis le début de l'affaire.

Les trois quarts des procureurs et des enquêteurs travaillent à plein temps sur cette affaire depuis un an ou plus. Ils le font essentiellement dans un bureau situé près du tribunal de San Fernando, mais dont le lieu exact est tenu secret pour des raisons de sécurité. Certains membres de l'équipe se sont rendus dans onze États pour interroger des témoins et recueillir des éléments de preuve.

Alors que les trois quarts des affaires de meurtre amènent les enquêteurs à accumuler des rapports et des documents qui rempliront deux ou trois classeurs bleus appelés « livres du meurtre », l'affaire Bryant, elle, a déjà donné naissance à cinquante-huit classeurs... jusqu'à maintenant. Lors d'une des audiences préliminaires, ils ont été alignés dans le box des jurés de façon à ce que l'accusation puisse s'y référer rapidement. Mis côte à côte, il y en avait pour trois mètres.

« C'est un vrai cauchemar que d'essayer de tout collationner, déclare Flanagan. J'ai essayé de tout mettre sur ordinateur. Mais il y en a tellement ! Ça fait environ vingt mille pages. Il y a des milliers et des milliers de numéros de téléphone. »

Il est difficile d'estimer combien de temps a été consacré à l'affaire, ou combien le contribuable devra finir par débourser. Enquêter sur la fusillade a nécessité la participation de nombreuses agences de maintien de l'ordre et, à certains moments, plus de deux cents policiers ont dû être requis pour fouiller les lieux. Flanagan estime qu'à elles seules les enquêtes ont coûté plus de deux millions de dollars. Maurizi, elle, pense que ce n'est pas loin de la vérité, mais ne peut pas confirmer.

Dans le coût véritable de l'affaire, il faut aussi inclure le salaire des procureurs, des inspecteurs de police, des huissiers, des juges et du personnel du tribunal. Les avocats des accusés reçoivent chacun aux environs de cent dollars de l'heure. À ce tarif, un an de tribunal – moins quinze jours de congé – coûtera trois millions et demi de dollars au contribuable, rien que pour les frais d'avocats de la défense.

Ces derniers déclarent que le coût du procès ne devrait pas porter à critique dans la mesure où c'est la Constitution qui garantit à tout accusé un défenseur compétent et un procès équitable. Pour eux, c'est l'accusation qui a déclenché une bataille aussi longue que coûteuse en recourant à des accusations de complot très compliquées.

« Des millions de dollars ont été dépensés pour ces recherches, a déclaré Flanagan. Pour moi, personne ne peut pinailler sur l'argent » dépensé pour les avocats de la défense.

Novotney pense, lui, que si l'accusation laissait tomber certaines « charges bidons » contre les accusés – entre autres que l'organisation aurait comploté pour vendre la drogue –, le coût du procès serait réduit de beaucoup.

« Le coût de la justice est parfois élevé, ajoute Novotney. Et c'est d'une méga-affaire qu'il s'agit. J'ai un client qui encourt la peine de mort. Je suis donc tenu de lui assurer la meilleure défense possible. Et ça, c'est une hypothèse de travail qui n'est pas gratuite. »

En invoquant la clause de confidentialité, Novotney s'est refusé à dire combien avait reçu l'équipe des défenseurs pour les dix-huit mois de travail déjà accomplis sur l'affaire.

Selon Maurizi, la longueur du procès joue en faveur des accusés et de leurs avocats. Plus l'affaire traînera, plus il y aura de risques de voir les preuves de l'accusation se déliter.

« Les souvenirs tendent à s'émousser, des éléments de preuve peuvent être perdus ou détruits, explique-t-elle. Et, dans cette affaire précise, les dangers qui menacent nos témoins constituent un facteur important. »

Vojtecky dit qu'un des accusés, Nash Newbil, cinquante-six ans, bénéficiait d'une libération sous caution dans l'attente du procès lorsqu'il a été incarcéré en septembre suite à l'agression qu'il aurait perpétrée contre un témoin de l'affaire. Il a été accusé d'agression pour avoir censément ordonné à deux hommes de tenir le témoin et lui avoir injecté une drogue hallucinogène dans la langue à l'aide d'une seringue hypodermique. Aux dires de la police, Newbil aurait traité le témoin de « moucharde » pendant l'agression.

Pour l'avocat de la défense Flanagan, la lenteur de l'affaire fait subir de grands dommages aux accusés.

« Pour eux, c'est un vrai cauchemar, ajoute-t-il. Il y a présomption d'innocence, mais ils languissent en prison.

« Je ne pense pas que ce soit la faute de quiconque. Il y a eu des enquêtes effectuées par les deux parties. Pour moi, personne n'essaie de faire traîner les choses[1]. »

1. À elle seule l'énorme quantité d'accusations générées par le quadruple meurtre de Lake View Terrace s'est avérée ingérable. L'affaire a fini par être divisée. Il n'empêche : les cinq années suivantes ont vu plusieurs poursuites être lancées et plusieurs condamnations prononcées contre des membres de la Bryant Oganization, leurs crimes allant du meurtre au trafic de drogue en passant par le blanchiment d'argent. Stanley Bryant et deux autres membres du gang ont été expédiés dans l'allée des condamnés à mort pour les meurtres qu'ils ont commis. Le frère de Stanley, Jeffrey, a été renvoyé en prison suite à sa condamnation pour crimes liés au trafic de drogue. D'après la police et les autorités fédérales, l'organisation la plus importante du trafic de cocaïne dans le nord-est de la vallée était entièrement démantelée en 1997.

Défoncez-vous !

South Florida Sun-Sentinel

7 juin 1987

BILLY LA CAMBRIOLE

Billy Schroeder a vingt-quatre ans. Mais, dans ses bons jours, on lui en donnerait entre vingt-quatre et quarante. Mettez-le à côté de sa photo de jeune homme prise par la police il y a quelques années de cela et vous verrez que le jeune homme a disparu depuis longtemps. Ses cheveux blonds décolorés ont viré au brun et il commence à se dégarnir. Il est maigrichon, sa dépendance à la drogue l'ayant fait beaucoup mincir. Parfois, en plus d'avoir le teint rougeaud, il a les yeux vitreux et semble fixer un point à des kilomètres de sa cellule de trois mètres sur trois.

Autour de ses bras s'enroulent des tatouages à l'encre bleue. Lion, faucon, crâne. Billy Schroeder porte à jamais sa philosophie, ou plutôt son ex-philosophie, gravée sous sa manche : un type avec un shilom et l'inscription « Défoncez-vous ! » s'étalent sur son biceps. Tout cela exécuté par des tatoueurs de prison.

En regardant Billy Schroeder, il est facile d'imaginer le cauchemar que ce devait être de rentrer chez soi et d'y tomber sur ce genre d'inconnu. D'ailleurs ces rencontres se sont bien produites à l'occasion – de fait, Schroeder s'est introduit des centaines de fois dans des maisons sans être vu. Cambrioleur, il l'était, et l'un des plus actifs que la police locale ait découvert depuis plusieurs années.

C'est ainsi que, pendant un certain temps, on eut l'impression que rien ne pouvait l'arrêter. Il déambulait dans les rues de South Broward et de North Dade et, en entrant par les fenêtres ou par les portes dérobées, visitait jusqu'à cinq foyers par jour. Parce qu'il carburait à la cocaïne ou à son manque, ce ne sont en effet pas moins de trois cent cinquante domiciles qui reçurent sa visite en un an, le montant de ces cambriolages étant estimé à deux millions de dollars.

Malgré ce nombre élevé de forfaits, Schroeder n'avait rien d'un génie de la cambriole. Il vivait au-dessus de ses moyens et claquait tous les dollars qu'il volait. Ce n'était qu'un énième drogué au crack qui, en réalité, était moins doué que chanceux. Même lui vous le dira, et il est derrière les barreaux. Et il vous dira aussi que cette chance a autant travaillé pour que contre lui.

« Faut croire que j'étais un cambrioleur doué, mais il me semble que j'ai eu plus de chance qu'autre chose, dit-il. Je bâclais le boulot. J'ai l'impression que si on avait vraiment voulu me coincer, on aurait pu le faire plus tôt. Aujourd'hui, je regrette qu'on n'y soit pas arrivé. Et donc, faut croire qu'en fait la chance ne m'a pas souri. »

Le cambriolage est un crime d'importance moyenne, ce qui signifie que sur l'échelle de la gravité il se situe bien au-dessous du meurtre, mais quelque part au-dessus du simple larcin. Ce qui signifie aussi qu'il induit des priorités similaires dans les services de police et les bureaux des procureurs.

Il n'empêche : le cambriolage est un crime qui affecte toutes les couches de la société et laisse ses stigmates aussi bien chez les riches que chez les pauvres, chez les jeunes que les vieux. Et c'est un des crimes les plus répandus dans notre société. Dans le seul comté de Broward il y a eu vingt-cinq mille cambriolages l'année dernière ; et vingt-deux mille dans le comté de Palm Beach. Dans toute la Floride, le total s'élève à deux cent cinquante mille. Et seulement seize pour cent de ces affaires se sont soldées par une arrestation.

L'histoire d'un des cambrioleurs les plus actifs du comté de Broward ne se réduit donc pas à celle d'un individu accro à la drogue et à ce que cette drogue l'a poussé à faire. Schroeder fait partie d'une épidémie. Et la vraie façon de dire son histoire est de parler aussi de ceux qu'il a cambriolés et de ceux qui l'ont traqué.

Billy Schroeder est né et a été élevé dans le monde ouvrier. Originaire de la région de Lake Forest, à l'ouest de Hollywood, il a grandi dans une maison habitée par sa mère et sa sœur, et a parfois vécu chez ses grands-parents. Il n'y a plus de père dans la maison dès qu'il a quatre ans. C'est dans la rue qu'il apprend à être un homme et comprend ce qu'est l'autorité. À onze ans, la rue lui a fait déjà goûter à la drogue et aux cambriolages. C'est dès cette onzième année qu'il est pris pour la première fois : il s'était introduit chez un voisin et cela lui vaut une mise à l'épreuve.

À partir de là, il plonge droit dans l'univers du vol et de la consommation de drogue. Il est exclu du lycée de Hallandale pour y avoir dealé un dérivé du cannabis dans les toilettes. Après quoi il est arrêté pour avoir vendu des comprimés de Quaalude à un policier en civil.

L'incarcération serait peut-être ce qu'il y a de mieux pour lui, mais il évite la prison et se voit toujours accorder une deuxième chance. Cela change en 1981 lorsque, âgé de dix-sept ans, il est expédié, et comme adulte, au DeSoto Correctional Institute pour cambriolage. C'est là, en prison, qu'il termine ses études secondaires, suit des cours de menuiserie, se fait tatouer, met provisoirement fin à sa dépendance à la drogue et surtout attend sa libération. Celle-ci se produit à la fin 1984, date à laquelle il revient dans le quartier où il a passé son enfance.

Il dit ne pas avoir repiqué à la drogue pendant plus d'un an et avoir travaillé comme employé dans une station-service avant de mettre à profit les talents de menuisier qu'il avait acquis en prison. Chaque fois que son ancienne existence de voleur et de drogué le tentait, il relisait les papiers de sa libération qu'il gardait dans son portefeuille. « Chaque fois que je dérapais, je regardais mes papiers, dit-il. Je ne voulais pas retourner en taule. Je les regardais et je me disais que j'avais gagné ma liberté et payé ma dette. »

Mais, à la fin de l'année 1985, Billy Schroeder, qui a égaré ses papiers, recommence à déraper. Et un soir un ami passe à son appartement et lui fait goûter à la cocaïne conditionnée en crack. Moins de vingt-quatre heures après avoir fumé son premier caillou, tout ce qu'il a appris est perdu. Télé, stéréo et mobilier, tout cela aussi est perdu et échangé contre du crack. Une semaine plus tard enfin, il perd son boulot. Il est redevenu le jouet de ses besoins. Son premier cambriolage sera pour son voisin.

Schroeder retomba vite dans la dépendance à la drogue et aux cambriolages. Ces deux activités l'occupaient entièrement. Il ne pouvait plus exercer l'une sans l'autre. Il se mit à traîner dans les quartiers de South Broward armé d'un tournevis et vêtu d'une fausse chemise de la Florida Power & Light[1].

Le dimanche de Pâques 1986, Gladys Jones entra dans le palmarès de Schroeder. Elle s'en rendit compte – et ce fut comme un doigt glacé qui lui descendait le long de la colonne vertébrale – au moment même où elle ouvrait la porte de la maison proche de Hollywood où elle vivait seule. Dans l'instant, elle vit que les portes du buffet de sa salle à manger étaient grandes ouvertes et que le contenu du meuble avait été répandu par terre. Et lorsqu'elle se tourna vers la gauche, elle découvrit l'étagère vide dans la salle de séjour – la télé avait disparu.

Elle comprit tout de suite ce qui s'était passé. Et, en le comprenant, elle sentit ses genoux se dérober sous elle et sa respiration s'arrêter. Gladys, qui a plus de soixante ans et a demandé qu'on ne divulgue pas son identité véritable, fit alors demi-tour et s'enfuit.

Elle ne revint chez elle que deux heures plus tard. Soit après que les enquêteurs de la police furent passés et repartis, que la brigade canine elle aussi fut passée et repartie et que son gendre ait inspecté toute la maison. C'est d'un pas incertain que Gladys réintégra son foyer et découvrit ce que l'inconnu lui avait dérobé. Elle vit que ses parquets étaient jonchés d'objets que,

1. Une des compagnies d'électricité de Floride *(NdT)*.

semblait-il, le cambrioleur avait examinés, puis rejetés. Ses coffrets à bijoux avaient été jetés sur le lit, le tiroir où elle rangeait ses sous-vêtements visité et le panier d'œufs de Pâques qu'elle avait préparé pour sa petite-fille renversé dans la cuisine. Arrivée à la moitié de ce triste inventaire, elle comprit que c'était surtout sa tranquillité d'esprit qu'on lui avait dérobée. Elle demanda à sa fille de rester avec elle. Elle ne se sentait plus de dormir seule dans sa maison.

Cela fait neuf ans que Bill Cloud, l'enquêteur du shérif du comté de Broward, travaille sur des affaires de cambriolages. Son expérience lui a enseigné qu'elles obéissent à deux constantes : la première est qu'aujourd'hui presque tous les cambrioleurs opèrent pour se payer de la drogue, et la seconde que ceux qui fonctionnent à la drogue bâclent le travail – jusqu'à entrer chez leurs propres voisins avant d'aller visiter des maisons dans d'autres quartiers.

Lorsque, au début de l'année 1986, il commença à voir plusieurs dossiers de cambriolages similaires arriver sur son bureau, Cloud se douta qu'il avait affaire à un cambrioleur qui travaillait à toute vitesse. Il alla donc se promener dans les rues du voisinage et dressa une liste de suspects avec l'aide de l'équipe permanente d'indicateurs qu'il y entretient.

Un des noms qui apparut fut celui de Billy Schroeder. Cloud le fit passer à l'ordinateur central et découvrit son casier judiciaire. Il demanda alors au labo des services du shérif de lui faire un « profil de zone », soit une comparaison entre les empreintes de Schroeder et celles retrouvées dans les cambriolages d'une zone de patrouille incluant Lake Forest. Vu la quantité de demandes adressées à ce labo, traiter la sienne devait prendre des semaines entières. En attendant le résultat, Cloud fit passer des photos de Billy Schroeder prises par l'identité judiciaire aux adjoints du shérif et aux services de police de South Broward. Puis il se mit en chasse.

Les horaires de travail de Billy Schroeder étaient fort enviables – on dépassait rarement les cinq heures de boulot par jour. On ne travaillait que lorsqu'on y était contraint, qu'au moment où, la cocaïne commençant à se faire rare, le manque, lui, commençait à se faire sentir. Alors Billy mettait sa casquette et la chemise de la compagnie d'électricité qu'il s'était fait faire dans une boutique de T-shirts du marché aux puces, et s'accrochait une bombe lacrymo à la ceinture. Cette tenue le faisait ressembler à un employé qui relève les compteurs. Après quoi, à bord d'une voiture volée, il roulait dans le quartier avant et après le déjeuner – entre neuf et onze heures du matin, puis entre deux et quatre heures de l'après-midi, soit aux meilleurs moments pour trouver des maisons vides. Et dès qu'il avait repéré une cible, il allait frapper à la porte d'entrée, tout simplement.

Si jamais quelqu'un venait ouvrir, il avait tout un répertoire de phrases à débiter avant de disparaître. Mais, si personne ne répondait, il passait derrière la maison – l'employé de la compagnie d'électricité qui fait son boulot – et entrait par effraction après s'être assuré qu'il n'y avait pas de système d'alarme. Avec son tournevis il était passé maître dans l'art de briser les serrures, de desceller les vitres et d'ôter les jalousies. Il savait taper suffisamment fort sur une porte coulissante en verre pour qu'elle s'effondre en mille débris – et sans faire assez de bruit pour alerter le voisin.

Une fois dans la place, la première chose à visiter était le réfrigérateur – histoire d'avaler toute la nourriture dont on se passe quand on se défonce au crack. Son casse-croûte avalé, il attrapait un sac ou une taie d'oreiller et se mettait en quête de tous les tiroirs, buffets, armoires et autres cachettes à dévaliser. L'opération était rapide – de dix à quinze minutes max. Liquide et bijoux – armes s'il y en avait –, puis, en gagnant la sortie, les gros trucs : la télé, la vidéo, voire les deux, tous les objets les plus prisés dans les maisons où l'on vend du crack dans le sud de la Floride. « Voisin ou autre, je me moquais qu'on me voie », déclare-t-il. Une fois, il alla jusqu'à entrer dans une maison par la porte de devant alors même qu'une voisine arrosait ses fleurs sur le trottoir d'en face. Il s'est contenté de filer en courant quand elle s'est mise à crier. Une autre fois encore, il traversait Miramar en voiture lorsqu'il aperçut un arbre de Noël illuminé dans la fenêtre d'une maison. Aussitôt il fit marche arrière, cassa la vitre et chargea sa voiture de cadeaux trouvés sous le sapin… et fit trois voyages pour ne rien louper.

À la fin de la journée, il rejoignait une des maisons où l'on vend du crack à l'ouest de Hollywood et y échangeait son butin. Les petits vendeurs qui travaillaient dans les environs l'avaient surnommé « l'homme à l'or » à cause de tous les bijoux qu'il avait toujours à échanger. Quand la journée était bonne, il proposait le butin de quatre ou cinq maisons cambriolées.

Il ne gardait jamais rien de ce qu'il volait et transformait tout en crack et liquide dont il avait besoin pour la chambre d'hôtel où il irait se défoncer, s'effondrer et se cacher. L'inspecteur Cloud pense que s'il a volé pour deux millions de dollars de marchandise, il n'en a jamais reçu qu'aux environs de dix pour cent, soit deux à trois cent mille dollars de liquide et de drogue.

« Tous les jours, je volais une autre famille, poursuit Schroeder. J'ai commencé par un cambriolage par jour pour me payer ma dose journalière. J'avais besoin de deux cents dollars. Après, c'est monté à trois cents et j'ai été obligé d'en cambrioler deux. Puis c'est arrivé à cinq cents et quatre maisons et ça a continué de grimper.

« À un moment donné, c'est devenu un jeu. Je me foutais de tout le reste. Je descendais une rue en voiture et je me disais "Amstram gram pic et pic et colégram, c'est cette maison que je vais me faire."

« Je ne vivais que pour ma drogue. C'était ma vie, mon avenir. J'y claquais jusqu'au moindre centime.

« Et j'avais la trouille. Comme je me disais que les flics me cherchaient à cause de mes empreintes, je vivais à l'hôtel et en changeais presque tous les jours. Je n'en sortais que pour aller piller une autre maison ou me procurer de la drogue. Une fois dans ma chambre, je mettais la chaîne et le verrou et je poussais un bureau contre la porte. »

Le profil de zone avec les empreintes de Billy Schroeder qu'avait demandé l'inspecteur Cloud lui revint enfin avec plusieurs identifications catégoriques. Cloud demanda alors à l'attorney de l'État un mandat d'arrêt, requête qui devait mettre plusieurs semaines à traverser les marécages de la justice. Il n'empêche : Cloud était maintenant sûr de tenir son homme. Il ne lui restait plus qu'à le pincer.

Pendant ce temps-là, des inspecteurs d'autres secteurs (Hollywood, Hallandale, Miramar et North Miami) découvraient que Schroeder était un artiste de l'effraction de plus en plus actif.

« C'en était à un point où il suffisait que je jette un coup d'œil à un rapport de cambriolage pour dire que Billy était passé par là, déclare l'inspecteur de Hallandale Dermot Mangan. Si ça s'était passé dans la journée, que la maison avait été saccagée et la nourriture avalée, neuf fois sur dix c'était lui. »

« Nous le cherchions tous, se rappelle Cloud. Un jour, j'ai eu vent qu'il allait se rendre dans un magasin X pour y encaisser un chèque. Je l'y ai attendu, mais dès qu'il voyait un type avec une veste et une cravate il filait en courant. Il était tellement parano que, pour lui, tout individu en costume était un flic. Cette fois-là, il se trouve qu'il avait raison. C'est comme ça qu'on n'arrêtait pas de le rater. À ses motels, dans la rue. Parfois, on ne le loupait que de quelques minutes. Le coincer s'est transformé en mission. »

Après le cambriolage, Gladys Jones a consacré beaucoup de son temps à faire installer de l'éclairage à l'extérieur de sa maison, à tailler les buissons devant les baies vitrées et à équiper toutes les fenêtres de grillages en acier. « Je déteste ça, dit-elle. Ma maison est horrible à regarder et j'ai l'impression d'être prisonnière alors que c'est moi la victime. J'ai encore peur d'être toute seule chez moi. »

Un soir, bien après le cambriolage, elle était en train de s'habiller pour sortir lorsqu'elle plongea la main dans son coffret à bijoux pour y prendre un collier en or bien précis. Il avait disparu – encore un objet dont elle n'avait pas remarqué la disparition après le cambriolage. Cette découverte fit tout remonter en elle ; intrusion, pertes, colère, tout lui revint. Mais, plus que tout, cette découverte ralluma sa peur.

Gladys commença à compter les jours qui la séparaient d'une retraite qui ne devait arriver que deux ans plus tard. Alors elle mettrait sa maison en vente et partirait du sud de la Floride. En attendant, la nuit, elle restait éveillée dans son lit et tendait l'oreille... Et quand elle rentrait d'une soirée, elle déverrouillait la porte, s'immobilisait et écoutait...

Souvent, lorsqu'elle était seule chez elle, elle se demandait . « J'ai entendu quelque chose dehors ou c'est mon imagination ? » La peur que Billy Schroeder lui a laissée en héritage ne la lâchera jamais, dit-elle.

Billy Schroeder aurait pu s'en sortir. Sur un coup du côté de North Dale, il décrocha le jackpot – à savoir un tas de bijoux qu'il transforma en plusieurs sacs de liquide et de crack.

« Je me retrouvais avec vingt mille dollars en liquide, se souvient-il. J'ai dit à ma copine : "Allez, on dégage. J'ai l'argent, allons dans un centre de soins et on décroche." »

Ils décidèrent de filer dans le New Jersey et allèrent même jusqu'à acheter les billets d'avion. Mais, en se rendant à l'aéroport, Billy et sa copine passèrent chez des amis pour leur dire au revoir. Et tout le monde fêta ces adieux en fumant un dernier caillou. À peine quelques heures plus tard, Billy prenait une suite dans un Hilton, un sac plein de crack à la main. En quelques jours l'argent du jackpot avait disparu.

Schroeder ne devait plus jamais retrouver une chance de s'en sortir. Sa dépendance augmentant, elle en vint à lui coûter près de mille dollars par jour. Il cambriolait de plus en plus de maisons tous les jours, les risques ne cessant de croître alors qu'il bâclait de plus en plus le boulot. Il en arriva à ne plus porter son faux uniforme d'employé de la compagnie d'électricité.

Le 26 février 1987, la police de Davie reçut un appel signalant qu'un cambriolage était peut-être en cours. Les policiers se rendirent sur les lieux et virent qu'une fenêtre de la maison était ouverte et, détail révélateur, que son grillage antimoustiques avait été posé contre le mur extérieur. Quelques minutes plus tard, ils pénétraient dans la maison et y trouvaient un cambrioleur caché dans la cabine de douche de la salle de bain. L'homme leur dit s'appeler William Burns.

Au moment où les policiers de Davie incarcéraient leur homme à la prison du comté, un adjoint du shérif qui y bouclait son propre prisonnier jeta un coup d'œil à Burns et reconnut en lui l'individu représenté sur les photos que l'inspecteur Cloud faisait circuler depuis presque un an.

« Vous n'êtes pas William Burns », dit-il.

La joyeuse suite de cambriolages de Billy Schroeder venait de prendre fin.

Les flics qui voulaient lui parler durent faire la queue. Il fallut deux jours au cambrioleur insaisissable pour sortir de son brouillard de cocaïne et se rendre compte qu'il était en prison. Mais lorsque enfin il y parvint, empreintes, preuves et casier judiciaire, il fit le tour de la question et dit simplement :

– Allons-y. Je veux mettre tout ça derrière moi.

Menotté et enchaîné aux banquettes arrière des voitures de police, il fut alors ramené dans différents endroits de Floride du Sud. Il lui fallut trois semaines pour couvrir tout son territoire et montrer les maisons dans lesquelles il était entré. Les inspecteurs comparèrent ses souvenirs à leurs rapports et, tout bien considéré, résolurent près de trois cent cinquante affaires. Sans parler de dizaines et dizaines d'autres dont Schroeder ne se rappelle plus.

Rien ne fut retrouvé des millions de dollars de biens qu'il avait volés. « Tout a disparu », déclare Cloud.

Schroeder fut accusé de treize cambriolages – l'accuser de tous ceux qu'il avait commis aurait pris des années. Le 21 mai, il plaida coupable en pleurant et accepta un accord qui pourrait l'envoyer en prison pour un minimum de vingt ans.

« Je veux mettre tout ça derrière moi, répétait-il au juge. Il faut que je regarde l'avenir. »

En attendant cet avenir, il a été incarcéré dans l'aile ouest du North Broward Detention Center, où se retrouvent tous les prisonniers placés en thérapie et désintoxication obligatoires. Il prend part aux programmes de « La vie nouvelle » offerts par la prison, travaille à la blanchisserie et se porte volontaire pour parler des dangers de la drogue aux groupes d'adolescents qui visitent la prison. Il semble s'être résigné à un long séjour en prison. Il donne aussi l'impression d'être sincèrement repentant.

Mais parce qu'il ne peut que gagner à se montrer contrit, sa sincérité n'en reste pas moins sujette à caution.

Cela dit, il pleure chaque fois qu'il parle du moment où, il y a plus d'un an de cela, il fuma du caillou pour la première fois. Et il pleure aussi en parlant des familles qu'il a détroussées. Il dit qu'un jour peut-être il y aura restitution, cette possibilité étant, dans la réalité, parfaitement risible.

« Je veux juste faire quelque chose, dit-il. Je pense à toutes les familles que j'ai dévalisées et je sais bien que je dois faire quelque chose pour elles. »

Comme beaucoup de détenus, Schroeder dit avoir trouvé Jésus. Depuis, il essaie de cacher son « Défoncez-vous ! » sous sa manche et regrette le jour où il se l'est fait tatouer sur le bras. Il dit vouloir une deuxième chance. Une deuxième chance, c'est tout ce qu'il veut. Mais, en son for intérieur, il sait que c'est peut-être un peu trop tard pour lui.

« J'espère pouvoir réessayer la société un jour, dit-il. Je n'ai pas envie d'en être complètement rejeté. »

La société, Billy Schroeder lui a tourné le dos un jour, mais il espère qu'aujourd'hui elle ne lui renverra pas la monnaie de sa pièce. Il voudrait qu'on ait pitié du diable. Mais cette pitié-là n'est pas facile à trouver.

« J'aime bien Billy Schroeder, reprend l'inspecteur Bill Cloud. Mais je n'ai aucune sympathie pour lui. C'est pour les gens qu'il a volés que j'ai de la sympathie. Le viol de leur espace et la perte de leurs biens, voilà ce qu'ils devront se coltiner jusqu'à la fin de leurs jours. Ils ont travaillé toute leur vie pour avoir certains de ces biens et pouf, quelqu'un entre chez eux et tout disparaît. »

Ces sentiments sont comme l'écho de la porte de prison qui se referme en claquant : « Ce sont des gens qu'il détruisait avec ce qu'il faisait, dit l'inspecteur Dermot Mangan. Et pour ça, il faut payer. »

« C'est triste, fait remarquer la victime Gladys Jones. Il est évident que ce gamin a besoin d'aide. Mais les gens qu'il a blessés ont eux aussi besoin de quelque chose. Quand je pense à ce que j'ai enduré et constate que je ne suis qu'une des personnes à qui il a infligé ça, je me sens toujours très blessée et en colère. »

L'avocat Norman Elliott Kent, que la cour a désigné pour défendre Schroeder après que celui-ci eut avoué ses crimes, se refuse aux explications toutes faites du genre c'est la drogue qui l'y a poussé, Schroeder est le produit de son milieu, il mérite une chance de plus, etc., etc. Il y a beaucoup de vrai dans tout cela, mais il n'empêche : à un moment donné Billy Schroeder a choisi. Et là, il est responsable.

« Billy était un drogué et l'argent de la drogue file vite, ajoute Kent. Et malgré tout ce qu'il a réussi à voler, il ne reste que des victimes blessées et un accusé qui se sent mal. Que reste-t-il à Billy sinon ses poches vides, sa dépendance à la drogue et sa condamnation à la prison ? S'il est une leçon à tirer de tout cela, la voici : faites comprendre aux gens ce qui peut se passer. Et son message à lui, c'est que pour finir tout le monde y perd. »

Le matin est arrivé à l'aile ouest de la prison et un petit groupe de lycéens s'est rassemblé dans la salle polyvalente avant de commencer sa visite du pénitencier. Avec tous les claquements de portes, les grands déclics de serrures électroniques et les bruits qui rebondissent en échos sur le béton et l'acier, les lycéens sont obligés de se pencher en avant pour entendre l'intervenant.

Cet intervenant est un détenu, un jeune homme au visage prématurément vieilli. Il est venu leur dire qu'il n'est jamais qu'un perdant qui a certes compris comment gagner et redresser ses torts… mais bien trop tard.

« Bonjour, je m'appelle Bill, commence-t-il. Et je suis un drogué.

« J'ai commencé à prendre de la drogue quand j'avais onze ans. Très vite après, j'ai commencé à entrer chez les gens par les fenêtres. J'ai fait du mal à beaucoup de monde. Et voilà : je suis devant vous et… »

À l'affût

Los Angeles Times

23 février 1989

L'EMBUSCADE

Une infirmière tuée alors qu'elle portait secours à un homme étendu sur la chaussée

Une infirmière qui avait arrêté sa voiture dans les collines au-dessus de Studio City pour porter secours à un homme étendu sur la chaussée a été mortellement blessée ce mercredi par cet homme, qui s'est brusquement redressé et a sorti une arme.

La mort par embuscade de Lucille Marie Warren, quarante ans, au croisement de Montcalm Avenue et de Woodrow Wilson Drive, dans un quartier résidentiel des Hollywood Hills, n'a donné lieu à aucune arrestation.

D'après la police, Lucille Warren a été abattue à six heures quarante-cinq du matin, alors qu'elle rentrait chez elle, à Inglewood. Elle venait de quitter une maison de Montcalm Avenue, où elle travaillait comme infirmière de nuit.

Pour les enquêteurs, certains indices tendent à prouver qu'elle aurait bien été la cible voulue de l'attaque et que peut-être même elle connaissait son assassin. Les inspecteurs cherchent à savoir si Warren, qui avait divorcé et vivait avec ses deux enfants adolescents, n'aurait pas été impliquée dans un conflit personnel qui aurait pu conduire à la fusillade.

« Nous n'avons pas l'impression qu'il s'agisse d'un meurtre de hasard », a déclaré l'inspecteur des Homicides Mike Coffey.

Le mobile reste inconnu

Si le mobile du meurtre reste inconnu, pour la police il n'est pas impossible que le tueur se soit posté dans la rue parce qu'il savait que Warren approchait et qu'elle s'arrêterait en voyant quelqu'un qui avait besoin d'aide.

« C'était une infirmière, fait remarquer le lieutenant Ron LaRue. Il suffisait de le savoir pour trouver un moyen de l'amener à s'arrêter. Le suspect était couché sur la chaussée, elle s'est arrêtée. »

D'après la police, cela faisait au moins deux mois que Warren travaillait dans cette maison de l'impasse Montcalm. La responsable du service des infirmières de Van Nuys par l'intermédiaire duquel Warren trouvait ses emplois s'est refusée à tout commentaire.

Les inspecteurs s'interdisent de donner le nom de la personne pour laquelle travaillait Warren. D'après le cadastre de Los Angeles, la résidence protégée où elle s'occupait d'un malade appartient au compositeur Miklos Rozsa. Âgé de quatre-vingt-un ans, celui-ci a reçu trois oscars pour ses musiques de film.

L'infirmière Warren quittait l'impasse après avoir terminé son travail de nuit lorsqu'elle s'est arrêtée au carrefour de Woodrow Wilson Drive en voyant un homme étendu au milieu de la chaussée, affirme la police.

Il sort une arme de ses vêtements

Warren était descendue de voiture et se dirigeait vers l'avant de celle-ci lorsque l'homme s'est relevé et a sorti une arme de poing de ses vêtements. Les policiers ignorent s'ils se sont parlé avant que l'inconnu tire plusieurs coups de feu sur elle.

L'infirmière a été touchée au moins deux fois, dont une à la tête. Mortellement blessée, elle s'est effondrée sur la chaussée. Un autre projectile a traversé le pare-brise de sa voiture et s'est fiché dans un talus de l'autre côté de la voie. Pour la police, le tireur a alors couru jusqu'à un véhicule garé non loin de là et a filé à toute allure. La victime n'a pas été dévalisée.

Un résident a appelé la police avec son téléphone de voiture après avoir vu une femme couchée sur la chaussée. Aux dires de Coffey, plusieurs résidents des alentours ont été témoins de certains moments de l'agression et ont pu fournir un signalement de l'assassin et de sa voiture, permettant ainsi à la police de reconstituer toute la scène.

Warren a été conduite au Saint Joseph Medical Center de Burbank, où elle est morte à dix heures quarante-huit du matin.

La police commençant à boucler le périmètre, certains voisins se sont rassemblés à proximité ou ont regardé de leurs fenêtres. Pour la police, pareille fusillade – elle s'est produite près d'une maison d'angle possédée par l'artiste David Hockney – est tout à fait inhabituelle dans ce quartier tranquille et aisé.

« C'est dans toute la ville que la violence devient ordinaire, a déclaré quelqu'un qui a refusé de nous dire son nom. On paie cher pour s'en éloigner, mais ça ne suffit pas toujours[1]. »

1. L'ex-petit ami de Lucille Warren a été arrêté, jugé et condamné pour meurtre. Ancien contrôleur de conditionnelle, il a écopé de vingt-sept ans de prison. Il est à remarquer qu'il a évité la mort, le juge ayant arrêté qu'il n'était pas à l'affût, circonstance particulière qui l'aurait rendu passible de la peine capitale. Pour le juge, la notion d'affût ne peut s'appliquer qu'aux assassins qui se cachent pour surprendre leur victime. Étant donné que le meurtrier était étendu au milieu de la chaussée au vu de tous lorsque Warren s'est approchée, on ne peut pas dire qu'il se cachait – et donc il n'était pas à l'affût *(NdE)*.

L'éditorialiste du *Times* Amy Pyle a contribué à cet article.

Le chant du coffre[1]

Los Angeles Times

11 juin 1989

QUI A TUÉ VIC WEISS ?
La piste est froide

La rencontre Jack Cooke-Jerry Buss s'était bien déroulée. Vic Weiss était près de conclure le transfert de l'entraîneur de basket de l'université du Nevada, campus de Las Vegas, Jerry Tarkanian, à Los Angeles pour y diriger les Lakers, l'équipe que Cooke vendait à Buss.

Mallette à la main, le très râblé mais énergique Weiss, un promoteur sportif de cinquante et un ans (à l'occasion on était aussi agent et homme d'affaires), quitta la salle de réunion d'un hôtel de Beverly Hills, sauta dans sa Rolls et partit dans les collines pour regagner sa maison d'Encino.

Mais il ne devait jamais y arriver. Quatre jours plus tard, le 17 juin 1979, sa Rolls-Royce rouge et blanc était repérée dans le garage d'un hôtel de North Hollywood.

Le coffre ouvert, on y découvrit le corps de Victor J. Weiss, les mains attachées dans le dos. Il avait été tué de deux balles dans la tête.

1. Nom donné par la mafia aux cris de la victime quand on l'enferme dans un coffre de voiture *(NdT)*.

Des liens avec le crime organisé

Dix ans plus tard, le meurtre de Weiss n'a toujours pas été résolu et demeure un des plus étonnants mystères de la San Fernando Valley. Pour la police, Weiss a été victime d'un assassinat commandité par le crime organisé – et il n'y a rien de plus difficile à résoudre.

L'affaire a plongé les inspecteurs dans le milieu des indics et de la mafia et les a conduits à se méfier de tout le monde, y compris parfois de leurs propres collègues. Un jour ils ont ainsi découvert qu'ils étaient suivis par la personne même sur laquelle ils enquêtaient.

Ils ont néanmoins réussi à apprendre beaucoup de choses sur la vie secrète de Vic Weiss. Ils se sont ainsi aperçus que si, publiquement, il fréquentait les gens les plus irréprochables du monde du sport et des affaires, en privé il traînait avec des criminels, avait accumulé d'énormes dettes en pariant sur des rencontres sportives et se mettait à gauche une partie de l'argent sale qu'il livrait aux mafieux de Las Vegas.

Pour la police, ce sont ces dernières imprudences qui lui ont coûté la vie. Mais on ne sait toujours pas qui a commandité et qui a exécuté son assassinat.

Seul à enquêter sur l'affaire depuis le début, Leroy Orozco déclare qu'après vingt et un ans de service en qualité d'inspecteur des Homicides il n'a encore jamais travaillé sur quelque chose qui le trouble autant que ce meurtre. Il a suivi des pistes dans tout le pays, mais n'a jamais pu arrêter personne. Il a enquêté avec soin et traqué toutes sortes de suspects possibles... pour finir par apprendre – sinistre coïncidence, en apparence – qu'eux aussi avaient été assassinés.

Résultat d'une décennie d'enquête, Orozco a deux tiroirs pleins de rapports, de notes et d'éléments de preuve. Mais même dix ans plus tard, il n'a pas besoin d'ouvrir ses classeurs pour se rappeler les détails de l'affaire. Il se rappelle même ce qu'il faisait – il emmenait toute sa famille manger des glaces après un bon dîner de fête des Pères –, quand, son biper électronique se mettant à sonner, il fut appelé à rejoindre le garage de North Hollywood.

« Je n'ai jamais eu d'affaire aussi difficile, dit-il. Et elle n'est pas près de s'évanouir.

« Des affaires comme ça, il ne vous en tombe qu'une fois dans une vie. Combien de fois, surtout à Los Angeles, peut-on lire des histoires d'assassinats commandités par la mafia sur fond d'intrigues à Las Vegas et de flics suivis par les tueurs ? J'ai tout de suite su que ce serait difficile. Dès l'instant où je suis entré dans ce garage et où j'ai vu la Rolls, j'ai compris que j'étais dedans… et jusqu'au cou. »

Vic Weiss était l'image même de la réussite. Élevé dans la région de Pasadena – où il alla à l'école avec son ami de toujours Tarkanian –, il commence par réussir dans l'immobilier et les assurances et plus tard devient propriétaire de parts dans plusieurs concessions Ford et Rolls-Royce de Van Nuys. Sa Rolls rouge et blanc était équipée d'un intérieur or. Il portait une Rolex et une bague ornée d'un diamant. Il était connu pour régler les dîners ou les boissons quand il était avec des amis ou des associés en affaires.

De la négociation comme passe-temps favori

C'est en 1973 qu'il devient pour la première fois important dans le monde du sport en négociant le contrat du prétendant au titre de champion de boxe poids welter Armando Muniz. N'étant pas un agent professionnel, il s'occupe des négociations pour son ami Tarkanian comme s'il s'agissait d'un hobby. C'est ce hobby qui l'amènera à la table des négociations avec Cooke et Buss au Beverly Comstock Hotel le 14 juin 1979.

D'après les rapports de police sur cette réunion, les détails de l'accord destiné à transférer Tarkanian aux Lakers furent rédigés par Weiss et Cooke sur un morceau de papier que Weiss glissa dans sa mallette en partant.

« Il devait se sentir sûr de son affaire, déclare Orozco. Les négociations s'étaient bien déroulées. »

Weiss devait ensuite aller dîner dehors avec sa femme, Rose, mais d'après la police il avait d'abord prévu de passer voir Tarkanian, qui l'attendait dans un hôtel de Long Beach pour avoir son rapport sur les négociations. Tarkanian ne reçut jamais sa visite et les négociations s'arrêtèrent là. Les Lakers finirent par engager un autre entraîneur.

Rose Weiss signala la disparition de son époux, mais on ne retrouva la trace de ce dernier que quatre jours plus tard, lorsqu'un garde chargé de la sécurité repéra sa Rolls dans le garage de l'hôtel Sheraton Universal. Après que son corps en décomposition eut été découvert et enlevé, les inspecteurs ne découvrirent aucun indice pouvant leur faire comprendre ce qui s'était passé.

Le portefeuille et la mallette de la victime avaient disparu, mais on ne lui avait pris ni sa bague ni sa montre. Pour la police, il ne s'agissait donc pas d'une affaire de vol. Cooke, Buss et Tarkanian étant vite éliminés de la liste des suspects, les inspecteurs se retrouvèrent avec un beau mystère.

Cela dit, bien que n'offrant aucun indice, la Rolls permit quand même d'ouvrir une piste. Plusieurs personnes qui avaient appris la nouvelle du meurtre dans les médias appelèrent en effet la police et affirmèrent avoir vu cette voiture passablement remarquable le jour où Weiss avait disparu, nous a confié Orozco. Grâce à ces témoignages, les enquêteurs furent en mesure de reconstituer l'itinéraire qu'avait suivi Weiss. Parti de Beverly Hills, celui-ci avait emprunté Beverly Glen Boulevard jusqu'à Ventura Boulevard et pris vers l'ouest pour rejoindre Encino.

Grand et mystérieux

Un témoin affirma avoir vu la Rolls se garer le long d'un trottoir d'Encino et une Cadillac blanche avec trois personnes à l'intérieur s'arrêter derrière elle. Toujours d'après ce témoin, Weiss serait alors sorti de sa voiture tandis que deux hommes – dont un blond qui faisait deux mètres – descendaient de la Cadillac.

Le témoin aurait ensuite vu le blond agiter un doigt sous le nez de Weiss en lui parlant d'un air coléreux. Au bout de quelques instants, Weiss réintégrait sa voiture, le grand blond s'installant sur le siège arrière tandis que l'autre homme prenait place à l'avant, sur le siège passager. Puis les deux voitures s'éloignèrent ensemble.

En fouillant dans le passé de Weiss, les inspecteurs furent vite persuadés que le témoin avait bien vu ses assassins. Ils découvrirent que Weiss vivait sur un pied que ses moyens financiers ne lui permettaient pas. Ils apprirent aussi que bon nombre de ses associés avaient des liens avec le crime organisé.

D'après Orozco, Weiss n'avait en effet aucun intérêt financier dans les concessions de voitures dont il était prétendument propriétaire ; de fait, il n'était que consultant ou agent de promotion. C'était un de ses associés qui possédait sa maison d'Encino et sa Rolls était en leasing.

« À sa mort, il n'avait plus guère que quelques contrats d'assurances et c'est à peu près tout », dit Orozco.

La police commença aussi à recevoir des appels anonymes et des renseignements provenant de policiers de Las Vegas et d'indics infiltrés dans la pègre, tous mettant l'accent sur le fait que Weiss travaillait avec des mafieux du Nevada et de Floride. Les indics déclarèrent en outre que Weiss avait des dettes de jeu.

Crime typique du milieu

Tous ces renseignements convainquirent la police que Weiss avait été kidnappé par les trois individus de la Cadillac avant d'être exécuté dans le plus pur style mafia.

Orozco et son coéquipier John Helvin suivirent un des amis proches de Weiss jusqu'au centre de la Floride, où il avait filé dès après le meurtre et où il travaillait comme vendeur de voitures. Sous couvert d'un anonymat garanti, cet homme leur dit savoir que Weiss avait accumulé plus de soixante mille dollars de dettes de jeu à Las Vegas. Et que pour les rembourser il avait commencé à aller souvent à Las Vegas en avion afin d'y livrer des paquets d'argent sale blanchi à Los Angeles.

Et le vendeur d'ajouter que, toutes les semaines, l'argent arrivait emballé dans du papier brun et qu'on le plaçait dans le coffre de la Rolls. Weiss prenait alors l'avion pour Las Vegas, d'où il revenait le même jour. Sauf qu'il écrémait ces sommes et qu'on l'avait pincé et averti d'arrêter ça tout de suite.

Selon Orozco, les inspecteurs avaient donc émis l'hypothèse que Weiss avait été assassiné pour être passé outre à l'avertissement. Ils avaient alors commencé à analyser les factures de téléphone de Weiss et de certains de ses associés, avaient découvert qu'il avait des liens avec des patrons du crime organisé et s'étaient rendus à Las Vegas et à New Port Richey, Floride, pour y obtenir des mandats de perquisition concernant les domiciles des gens qui avaient eu à voir avec son assassinat.

Échec des recherches

À Las Vegas, les policiers avaient bien reçu un mandat de perquisition des autorités locales, mais la maison qu'ils se proposaient de fouiller était vide le matin où ils y arrivèrent. De l'avis d'Orozco, le suspect avait été averti et avait préféré déménager.

À New Port Richey, les choses n'étaient pas allées mieux.

Orozco et Helvin y étaient arrivés en fin d'après-midi et avaient longé la maison qu'ils avaient prévu de fouiller le lendemain après avoir obtenu un mandat de perquisition des autorités locales. D'après Orozco, la bâtisse appartenait à un nervi soupçonné de faire respecter par la force les décisions d'une famille du crime organisé. Les inspecteurs avaient remarqué la présence d'un bateau dans le canal à l'arrière de la maison et d'une Camaro noire garée devant : les occupants n'avaient donc pas été avertis de la fouille et se trouvaient toujours dans les murs.

Le lendemain matin, Orozco avait jeté un coup d'œil par la fenêtre de la chambre de son motel et aperçu la Camaro noire dans un parking situé de l'autre côté d'un canal proche du motel. Un homme était assis derrière le volant et surveillait le motel.

« Nous avons joué à pile ou face pour décider qui sortirait du motel le premier », dit Orozco.

Helvin avait perdu. Les deux inspecteurs avaient sorti leurs armes et, Orozco le couvrant, Helvin était vite descendu jusqu'à l'entrée. Orozco l'avait suivi, mais lorsqu'ils étaient montés dans leur voiture de location, la Camaro noire avait disparu.

En plus de quoi, Orozco et son coéquipier s'étaient vu refuser le mandat de perquisition parce qu'ils n'avaient pas assez de preuves pour démontrer que le nervi qui faisait respecter les décisions de la famille du crime organisé était mêlé à l'assassinat de Weiss.

Orozco dit s'être senti passablement parano en revenant à Los Angeles.

Ne sachant pas comment leurs faits et gestes avaient été rapportés aux individus sur lesquels ils enquêtaient, Orozco et Helvin avaient décidé de ne plus parler de l'affaire à certains policiers du commissariat et d'ailleurs. Orozco raconte que, un inspecteur de Los Angeles lui ayant un jour demandé comment marchait son enquête, il lui avait donné de faux renseignements. Quelques jours plus tard, un indicateur infiltré dans le milieu du crime organisé l'appelait pour lui donner les mêmes renseignements erronés.

« Après ça, nous n'avons plus parlé à personne, reprend Orozco. Nous arrivions au boulot, nous faisions notre travail et nous rentrions chez nous, point final. Si je partais en ville pour enquêter sur l'affaire, je n'en informais que mon lieutenant. »

Orozco et Helvin continuèrent ainsi de travailler à plein temps sur le dossier pendant deux ans. Trois des individus sur lesquels ils enquêtaient furent alors victimes de meurtres qui ne semblaient pas liés entre eux.

Voleur de bijoux

Un de ces individus était un certain Jeffrey Rockman, dont le nom avait été trouvé sur un bout de papier dans le bureau de Weiss. La police apprit que, âgé de trente-trois ans, ce Rockman était un voleur de bijoux qui travaillait pour un syndicat du crime organisé canadien et avait très probablement vendu des objets volés à Weiss.

Mais les policiers ne trouvèrent pas Rockman assez tôt pour lui poser des questions sur l'assassinat. Le 29 avril 1980, en effet, il était abattu dans sa maison de ville de Marina del Rey. D'après Orozco, les inspecteurs découvrirent alors que Rockman s'appelait en réalité Anthony Starr et qu'il avait eu le droit de changer de nom au titre du programme fédéral de protection des témoins, après avoir déposé dans une affaire de hold-up de banque à Detroit. La police pense que son assassinat n'avait aucun lien avec l'affaire Weiss.

Autre voleur, et dealer de drogue, avec lequel Weiss était associé : Ronald Launius. Malgré l'enquête dont il fut l'objet, jamais on ne trouva le moindre indice pouvant le relier au meurtre de Weiss.

Le 1er juillet 1981, Launius, alors âgé de trente-sept ans, fut un des quatre individus battus à mort dans un repaire de drogués de Laurel Canyon. L'année dernière, un ancien propriétaire de boîte de nuit de Hollywood et son garde du corps ont été accusés de les avoir tués pour se venger d'un vol.

Orozco affirme que Launius avait eu des liens avec Horace McKenna, un ancien policier de la route de Californie qui dirigeait une chaîne de bars à danseuses nues. Pour la police, McKenna trempait dans la prostitution, la fausse monnaie, les narcotiques et le jeu dans toute la région de Los Angeles.

Les inspecteurs en charge du dossier Weiss ont essayé de savoir si McKenna était lié au meurtre de Weiss, mais n'ont jamais même seulement réussi à établir si les deux hommes se connaissaient. McKenna a été tué le 9 mars à la porte de sa propriété du comté d'Orange, l'assassin l'arrosant à la mitraillette du siège arrière de sa propre limousine. Ce meurtre n'a toujours pas été résolu.

Au fil des ans, des noms qu'on trouve dans le dossier Weiss apparaissent dans d'autres affaires. Mais, à entendre Orozco, personne n'a jamais pu identifier le grand blond. Bien qu'un indic du milieu ait un jour dit aux policiers que les individus qui avaient tué Weiss avaient eux aussi été abattus pour maintenir la loi du silence, Orozco pense que les assassins pourraient très bien être encore vivants et libres.

Aujourd'hui, Helvin a pris sa retraite et Orozco s'occupe

d'autres affaires. Mais il reçoit toujours des appels d'indics qui lui donnent des renseignements sur l'assassinat de Weiss. Parfois même d'autres policiers lui signalent qu'ils ont entendu parler de son affaire en menant d'autres enquêtes.

« Dans les autres affaires non résolues, on finit par se cogner dans un mur quand on a épuisé toutes les recherches et on décide alors de ranger le dossier, dit encore Orozco. Mais là, non : ce n'est pas pareil. On a beau essayer de le ranger, il continue de refaire surface. »

De temps à autre, Orozco suit la route empruntée par Weiss lors de son dernier périple. Il attend le renseignement qui le conduira à une arrestation ou lui donnera le nom du grand blond.

« Mais pour ça, dit-il avec regret, il faudrait que quelqu'un se fasse coincer ou arrêter pour quelque chose d'autre et qu'il veuille bien nous filer un coup de main[1]. »

1. À ce jour l'affaire Weiss n'est toujours pas résolue *(NdE)*.

Affaire toujours en cours

Los Angeles Times

25 mai 1992

LA POLICE DE LA VALLEY
S'INTERROGE SUR LA MORT D'UN HOMME
TUÉ PENDANT LES ÉMEUTES

L'assassinat de l'ouvrier de l'Utah et deux autres meurtres, dont celui d'un jeune homme de quinze ans, ne sont toujours pas résolus

Quelque chose avait poussé John Willers à ressortir. Mais ce quelque chose est un mystère au cœur d'un autre mystère.

Le soir où Los Angeles se déchira après que la justice eut rendu son verdict dans l'affaire Rodney G. King, Willers, trente-six ans, abandonna à deux reprises la sécurité de la chambre qu'il avait prise au motel de Mission Hills pour s'enfoncer dans la nuit. La première fois, ce fut avec d'autres clients du motel qui voulaient en savoir plus sur un accident de voiture suivi de plusieurs coups de feu. La deuxième fois, il était seul.

Son corps fut retrouvé plus tard au milieu de Sepulveda Boulevard. John Willers avait été abattu dans l'un des assassinats les plus étranges de ces émeutes.

Aujourd'hui, les inspecteurs chargés d'élucider le meurtre du 29 avril, les parents de Willers et l'équipe d'ouvriers du bâtiment avec laquelle il était venu à Los Angeles en sont à se demander qui a pu tuer ce carreleur aussi aimable que tranquille. Plus que cela même, ils s'interrogent sur ce qui a bien pu le pousser à sortir par cette nuit de tous les dangers alors que presque tout le monde restait en sûreté à l'intérieur.

La police de Los Angeles a été à deux doigts de considérer son assassinat comme lié aux émeutes. Pour les inspecteurs, il y a trop d'inconnues. Mais pour ceux qui connaissaient Willers, savoir si oui ou non il a été victime des émeutes semble sans grand intérêt.

« Ça n'a aucune importance, déclare le contremaître de l'équipe d'ouvriers du bâtiment dans laquelle travaillait Willers. Quelqu'un l'a abattu sans aucune raison. Los Angeles est une belle ville, mais vous pouvez vous la garder. Je serai drôlement content le jour où ce chantier sera terminé et où je pourrai m'en aller. Et pas question de revenir. Comment voulez-vous qu'on se fasse à un truc pareil ? C'est comme d'être la victime d'un attentat terroriste. »

Le 29 avril au soir, Willers, qui était divorcé et vivait seul à Salt Lake City, était descendu à la Mission Hills Inn de Sepulveda Boulevard, près de Chatsworth Street. Il avait traversé plusieurs États de l'Ouest « pour aller là où il y a du boulot », ajoute son contremaître.

Il était arrivé à Los Angeles avec sept autres membres de la Kerbs Construction Company trois jours avant les émeutes afin d'y effectuer le carrelage d'un supermarché en construction dans le quartier de Mission Hills.

Le contremaître de Willers et un autre carreleur avec lequel il travaillait ont accepté de parler de l'incident à condition que leurs identités ne soient pas dévoilées. Ils pensent qu'on pourrait les prendre pour cibles pour avoir témoigné, même si de fait aucun d'entre eux n'a assisté à la fusillade ou vu le tueur.

D'après eux, certains membres de l'équipe de la Kerbs regardaient les infos sur les émeutes dans leur chambre quand ils entendirent des voitures descendre Sepulveda Boulevard à toute allure. Et juste après des bruits de collision, suivis de plusieurs détonations.

L'inspecteur de police Woodrow Parks déclare que l'accident s'est produit aux environs de vingt-deux heures quarante-cinq, alors que trois personnes occupant une voiture poursuivaient deux individus soupçonnés de vol montés dans une autre. Après avoir fait le tour du parking du motel, la voiture de tête rentra plein pot dans celle qui la suivait dans le boulevard. Les voleurs présumés tirèrent alors sur les trois passagers coincés dans l'autre véhicule, mais les ratèrent. Après quoi ils s'enfuirent à pied.

Cet incident avait poussé nombre de clients du motel à sortir, certains seulement pour voir ce qui se passait, d'autres pour aider les blessés ou détourner la circulation. D'après ses collègues, Willers est sorti avec les autres. Il est resté dehors jusqu'au moment où, les automobilistes blessés ayant été emmenés à l'hôpital en ambulance, les policiers en état d'alerte à cause des émeutes s'éloignèrent rapidement. Les deux épaves furent alors repoussées et abandonnées sur le terre-plein central.

D'après la police, Willers et les autres clients du motel regagnent aussitôt leurs chambres. Mais, environ une demi-heure plus tard, Willers décide de ressortir. Et passe voir deux collègues dans leur chambre avant de partir.

« On avait la télé allumée et on savait ce qui se passait dehors, dit un des ouvriers auxquels Willers a rendu visite. On lui a dit qu'il valait mieux qu'il reste à l'intérieur. Il n'a pas répondu et il est parti. Il voulait sortir. »

Quelques minutes plus tard, des collègues de Willers installés dans diverses chambres entendent des coups de feu dehors.

« C'était lui... ils l'avaient tué, dit son contremaître. Des gens sont passés sur le balcon et l'ont vu étendu dans la rue. Il avait mal jugé la situation pour ressortir comme ça. Je ne sais pas à quoi il pensait. On se tirait dessus et lui, il voulait quand même ressortir. »

Pendant ce temps-là, à moins de dix kilomètres de là, des policiers en tenue antiémeute dispersaient la foule qui s'était rassemblée devant le commissariat de la division de Foothill de Pacoima. Ils étaient bombardés de pierres et de bouteilles. Des gens tiraient des coups de feu en l'air et incendiaient des poubelles dans les environs.

Laissant cette situation chaotique derrière eux, les inspecteurs de Foothill Parks et Robert Bogison rejoignirent l'endroit où Willers avait été abattu. Ils firent vite les premières constatations, une escouade de huit policiers en tenue montant la garde autour d'eux.

« On était là-bas à essayer d'enquêter, on portait des gilets pare-balles et on ne savait même pas si la fusillade n'allait pas recommencer, déclare Parks. On avait du mal à se concentrer. Il fallait toujours laisser une voie de circulation ouverte et chaque fois qu'une voiture passait l'atmosphère se tendait. »

« Les inspecteurs réussirent à localiser deux personnes qui avaient vu deux adolescents quitter le lieu de la fusillade en courant, reprend Parks. Un des deux témoins avait demandé aux ados ce qui se passait, mais ceux-ci l'avaient insulté et avaient continué à courir. Aux dires des témoins, ils n'avaient pas l'air armé. »

Pour l'inspecteur Parks, ces deux jeunes gens sont considérés comme des suspects, mais il n'y a pas assez de preuves pour affirmer que la fusillade ait eu à voir avec les émeutes. Willers était blanc et les deux ados noirs, mais ce soir-là personne d'autre ne signala de troubles dans ce secteur.

Parks recherche d'autres témoins ou quiconque pourrait le renseigner sur la fusillade. Il a aussi établi un portrait-robot d'un des deux jeunes gens.

« Ce meurtre n'avait rien à voir avec le pillage, l'émeute et tout ce à quoi pouvaient se rattacher les autres crimes signalés dans la ville, poursuit Parks. Nous n'avons aucun indice sur le pourquoi de l'affaire. »

D'autres mobiles caractéristiques des crimes de rue ont été vite rejetés. Willers n'avait pas été dévalisé. Et pour l'inspecteur Parks, le laps de temps qui s'est écoulé entre l'assassinat et l'accident de voiture montre que ces deux incidents ne sont pas liés.

Les enquêteurs se retrouvent devant une affaire où la victime n'avait pas l'air de connaître son assassin et, de fait, ne l'avait même jamais vu avant le meurtre. Pour eux, il n'y a rien de plus difficile à résoudre que ce genre de cas.

« On a très peu de choses pour démarrer, nous a dit Parks la semaine dernière. Dans un meurtre classique, on passe beaucoup de temps à étudier le passé de la victime et c'est très souvent ce qui donne la direction à suivre. Mais dans le cas présent, la victime ne connaît personne à Los Angeles. Elle n'est que la victime de hasard de la violence ambiante. Que Willers ait été ceci ou cela ou ait fait ça ou autre chose ne nous conduira pas à son assassin. »

Pour l'inspecteur Parks, le meilleur espoir d'arriver à une arrestation réside dans le portrait-robot d'un des deux ados exécuté d'après les dépositions des témoins. « C'est tout ce qu'on a. »

La police a en revanche nettement plus d'éléments pour enquêter sur deux autres crimes perpétrés dans la San Fernando Valley et initialement mis dans la même catégorie que les soixante autres attribués aux émeutes.

Edward Traven, quinze ans, a été mortellement blessé à San Fernando environ deux heures avant le meurtre de Willers. Il a été abattu au croisement de San Fernando Road et de San Fernando Mission Boulevard par quelqu'un qui a tiré dans la Cadillac où il se trouvait avec son frère et un ami.

Formule classique de défi dans les gangs, le tireur lui avait lancé : « T'es d'où, toi ? » et, pour la police, Edward traînait bien avec des membres de gangs. Aux yeux des inspecteurs, l'assassinat du jeune homme serait un exemple de meurtre de gang n'ayant aucun lien avec les émeutes, même si pour certains membres de sa famille, et ils insistent, Edward Traven ne serait pas mort si les troubles n'avaient pas engendré une atmosphère de grande violence.

Les inspecteurs de San Fernando tentent d'identifier un suspect parmi les innombrables membres des gangs des environs.

L'assassinat d'Imad Sharaf, trente et un ans, n'est lui non plus toujours pas résolu. Son cadavre a été retrouvé le matin du 3 mai, au moment où les pompiers répondaient à un appel signalant un feu de broussailles près de la bretelle de sortie du San Fernando Mission Boulevard vers le San Diego Freeway. Sharaf, qui travaillait comme technicien dans un labo photo, avait été arrosé d'un produit inflammable auquel son agresseur a mis le feu.

Bien que lui aussi ait été comptabilisé comme victime des émeutes, la police de Los Angeles est d'un autre avis. Les enquêteurs attachés au dossier se concentrent sur son affaire et sur ses tractations personnelles afin d'y repérer un mobile et de trouver un suspect.

« Pour nous, cela fait suite à une bagarre, nous a déclaré l'inspectrice Olivia Pixler. On dirait bien que l'inconnu qui l'a tué le connaissait. »

Pour elle, incendier le cadavre pourrait être une tentative destinée à mettre cet assassinat sur le compte des émeutes.

Le meurtre de Willers demeure l'affaire sur laquelle la police de la Valley a le moins de prise parmi toutes celles ayant des liens avec les émeutes. Pour ceux qui le connaissaient ou qui enquêtent sur sa mort, une grande part du mystère est la raison qui a pu le pousser à ressortir de sa chambre de motel.

« Nous ne savons absolument pas pourquoi il est ressorti, déclare Parks. Il ne l'a dit à personne. La seule chose qui nous vienne à l'esprit est qu'il est peut-être ressorti pour aller voir les épaves » des voitures impliquées dans la course-poursuite.

Dianne Housden, la sœur de Willers, suggère que son frère ne se rendait pas compte du danger. Élevé dans une banlieue de Portland, Oregon, il avait passé les trois quarts de sa vie dans des provinces du Pacific Northwest, l'Utah, le Nevada et l'Arizona.

« Ce qui se passait à Los Angeles lui était complètement étranger, poursuit Housden qui habite Everett, dans l'État de Washington. À mon avis, il n'arrivait pas à croire ce qui se passait et il aura voulu aller voir. Il a dû se dire : "C'est bizarre, tout ça" et vouloir aller jeter un coup d'œil. C'était un esprit libre. Je ne pense pas qu'il se soit rendu compte du danger dans lequel il se mettait. »

Le contremaître de Willers en est d'accord.

« John était gentil et ouvert, dit-il. Il venait d'un endroit où y a pas ces trucs, genre émeutes et coups de feu tirés d'une bagnole. Il a jamais cru qu'il pouvait être en danger. Sauf qu'il l'était. »

Housden savait que son frère était à Los Angeles parce qu'un jour avant le début des émeutes il l'avait appelée pour lui dire qu'il essayait de retrouver ses deux enfants adolescents qu'il avait perdus de vue mais qui devaient vivre avec son ex dans le sud de la Californie.

« Il allait essayer de retrouver ses enfants, mais il n'en a jamais eu la possibilité », dit-elle.

Dans la valise de Willers, la police a découvert des cartes et des mandats libellés à l'ordre de son fils et de sa fille. Cette semaine, Housden dit avoir enfin localisé les enfants qui vivent à Hemet. Elle leur fera suivre les derniers cadeaux de leur père.

Tout comme les collègues de travail de Willers, Housden dit que sa famille a beaucoup de mal à encaisser sa mort.

« Nous ne sommes pas d'une région où il y a de la violence, dit-elle. Nous n'avons pas été élevés dans un endroit de ce genre. C'est injuste quelle que soit la personne à qui ça arrive, mais il n'y avait aucune raison pour que ça tombe sur lui.

« Son seul crime a été de se trouver au mauvais endroit au mauvais moment[1]. »

1. Le meurtre de John Willers n'est toujours pas résolu et le dossier reste ouvert *(NdE)*.

Portrait du romancier en journaliste

Par Michael Carlson

Michael Connelly est un reporter. Et un bon. Pas du tout au sens d'un écrivain de romans à quatre sous qui n'hésite pas à triturer les éléments d'une histoire afin qu'ils se fondent dans un moule destiné à réduire les émotions du lecteur aux certitudes en vigueur dans les tabloïdes. Il n'est pas davantage un « journaliste d'investigation », terme moderne appliqué aux licenciés en journalisme qui réécrivent les communiqués de presse lorsqu'ils décrochent l'interview d'une célébrité. Reporter, il l'est au meilleur sens du terme, à savoir celui qui est capable de recueillir des renseignements et de voir l'histoire cachée au milieu des faits, celui qui est capable de trier les émotions de toutes sortes de gens et de voir comment elles affectent ces faits et, plus que tout, celui qui est capable de coucher tout cela sur le papier de manière à ce que son lecteur puisse faire comme lui.

Lorsque je commençai ma carrière à Londres, je dus étudier le manuel de style de l'agence UPI. Tout ce qu'on y dit sur l'art de structurer une histoire – les célèbres « qui ? », « quoi ? », « quand ? », « où ? » et « comment ? » – se retrouve dans ses histoires et de la manière la plus claire et propre qui soit. Il organise ses récits comme le ferait un reporter afin que le lecteur voie bien ce qu'il a vu. Cela va bien plus loin que le « Rien que les faits, m'dame » cher à Jack Webb. La capacité qu'il a de présenter très clairement l'histoire sert ses meilleures qualités de reporter, à savoir sa perception et son empathie.

Par perception, j'entends la faculté de voir et d'entendre, ou, mieux, d'écouter ce qui se dit et de voir ce que cela signifie. Cela fait appel au plus grand talent que peut avoir un bon reporter : sa capacité à comprendre les gens. Il n'est pas possible de voir une bonne histoire sans voir d'où elle vient. Trop souvent, en ce monde, les journalistes passent de l'école de journalisme à des salles de rédaction hermétiquement fermées ; protégés par des codes de sécurité, ils sont alors coupés de la vie des gens mêmes sur lesquels ils sont censés enquêter. Ils ont grandi dans un monde où les relations sont clairement définies, où les conflits se déroulent dans des périmètres très étroits et où les gens sur lesquels ils écrivent n'existent que pour leur fournir de la copie.

Ce n'est pas dans ce monde-là que vivent les flics. Pas ceux qui patrouillent dans les rues.

Les flics savent bien que la tragédie naît du contraste entre espoir et réalité. Ils savent la vie que menaient vraiment les victimes qu'ils découvrent et les effets véritables des forfaits commis par les criminels qu'ils pourchassent. Ils ne sauraient échapper à cette connaissance et ne peuvent pas tout simplement oublier le crime pour rentrer chez eux et dormir tranquillement.

Pour ce qui est de l'art de la fiction chez Connelly, l'article le plus important de ce recueil est « L'appel » (sous-titré « Homicide à Lauderdale »), où il raconte la semaine entière qu'il passa avec la brigade des Homicides de Fort Lauderdale. Il y déclare que ce qu'il a vu a nourri toute sa fiction et, à lire cet article, on voit bien à quel point cela est vrai. Pas seulement en ce qui concerne les détails du crime et de l'enquête, mais aussi dans la manière dont le reporter Connelly fait sienne la façon de penser des flics – la façon dont il l'intériorise. Ainsi leur lassitude devient-elle palpable. Lorsque Connelly dit combien il sera difficile de résoudre l'affaire, ce sont les émotions des enquêteurs que l'on éprouve, les frustrations qui font partie intégrante de leur vie de tous les jours. À mes yeux, c'est à l'origine même de tout ce que nous savons sur Harry Bosch, de l'espèce de grande lassitude qui l'habite dans toute la série.

Avoir de l'empathie, ce n'est pas s'identifier ; il y a là une différence cruciale. Connelly nous dit en effet, comme Bosch, qu'il a ramassé les douilles de salves tirées à des enterrements de policiers et qu'il les conserve dans un bocal. Avec les flics il a patrouillé, examiné des scènes de crime et des cadavres, mais flic, il ne l'est pas. Connelly est reporter et réussit à maintenir la distance du journaliste entre lui et ses sujets, ce qui lui permet de voir le tableau général du monde dans lequel ils vivent.

On trouve une merveilleuse litote dans un article sur l'Unité des poursuites judiciaires à l'étranger, dont les membres traquent des Mexicains de retour au pays mais soupçonnés d'avoir commis des crimes aux États-Unis. Connelly a montré en détail les différences qui, dans le droit mexicain, font que pour certains avocats des libertés civiles des suspects recherchés par cette unité pourraient ne pas bénéficier des mêmes droits que s'ils avaient été capturés aux États-Unis. Il écrit : « Ross et ses collègues policiers sont d'avis que tout suspect de meurtre qui s'enfuit pour éviter d'être poursuivi à Los Angeles accepte *de facto* le système judiciaire du pays vers lequel il fuit.

« "Il faut accepter les risques encourus en fuyant", dit Moya. »

Je parie que cette remarque suscita plus d'un sourire ironique, mais c'est la façon dont elle est rapportée d'un ton égal qui lui donne toute sa force : on comprend alors exactement la manière dont les flics voient le monde, surtout devant une critique que, on le sent, ils trouvent naïve même si l'intention était bonne.

Cela étant, l'empathie de Connelly ne se limite pas aux flics – elle va aussi aux victimes du crime et parfois aux criminels eux-mêmes. Quand on lit les articles sur Wilder, le tueur en série du sud de la Floride qui étendit ses activités à l'ensemble du pays, c'est aux parents des filles qu'on n'a toujours pas retrouvées au bout d'un an qu'elle va. « Après un an de ce supplice, nous n'avons toujours pas bougé de cette station-service. Je ne sais toujours pas ce qui lui est arrivé après », répète la maman d'une de ces filles en parlant de l'endroit où celle-ci a été vue pour la dernière fois. C'est cette répétition qui donne à ces moments tout ce qu'il faut pour émouvoir le lecteur.

Ce mélange d'empathie et de perception donne à l'auteur une position tout à la fois de détachement et d'implication. En général, le résultat de cette formule est le cynisme ; c'est même depuis longtemps le calvaire des journalistes et des policiers. La création de Bosch par un Connelly qui évite d'être un dur à cuire parfaitement cynique en intériorisant la douleur dont il est témoin est de ce point de vue une réussite remarquable, et ce d'autant plus que l'auteur parvient à garder cette position même lorsqu'il fait parler Bosch à la première personne ; ainsi procède-t-il, et avec force, dans les livres où Harry travaille comme un détective privé de Los Angeles tout ce qu'il y a de plus classique.

Connelly ne prend qu'une seule fois, dans *Le Poète*, un journaliste comme protagoniste de l'histoire. En règle générale, la presse ne joue pas un rôle de premier plan dans la série Bosch. Les trois quarts du temps, les journalistes y sont traités comme Connelly lui-même dit l'avoir été lorsqu'il assura pour la première fois la rubrique des faits divers à Los Angeles : on le tolérait comme un inconvénient dont on ne peut pas se débarrasser, comme une fourmi dans un pique-nique. Harry a une journaliste à laquelle il fait plus ou moins confiance, mais il se fait aussi avoir par les informations télévisées et montre alors bien moins de colère que moi me mettant à sa place lorsque je lus *Wonderland Avenue.*

Le Poète est le premier roman qu'écrivit Connelly après avoir lâché le métier de journaliste. C'est son premier ouvrage sans Bosch et, ce n'est peut-être pas une coïncidence, son premier best-seller. Mais ce n'est pas pour cela qu'il l'a écrit. Comme raison principale, il explique qu'en emportant ses dossiers sur les meurtres non résolus, il se rendit compte du nombre de fois où les assassins s'en tirent sans encombre et décida d'écrire un livre où le tueur ne serait pas arrêté et l'affaire resterait sans suite. Il ne s'attendait pas à ce que ses lecteurs réagissent aussi fort.

Si vous lisez ces lignes, vous savez sans doute que Connelly finit par revenir à l'idée d'écrire une suite. Il l'attribue au fait « de s'être guéri de [son] cynisme », en grande partie après la naissance de sa fille. Il y a aussi qu'à ce moment-là il a quitté Los

Angeles pour revenir en Floride et il n'est pas impossible que cela ait aussi à voir avec ce changement.

Comparez les articles écrits pour le *South Florida Sun-Sentinel* et ceux rédigés plus tard pour le *Los Angeles Times* et vous verrez que l'auteur a beaucoup changé. Il dit que la salle de rédaction du *Times* était plus âgée et que, plus cyniques, les vétérans du journal étaient nettement plus conscients de leur propre importance. On voit bien pourquoi. Los Angeles est une ville qui suinte le crime et, toile de fond d'innombrables films et séries télévisées, donne plus de résonance à chaque crime perpétré sur son territoire. Les Américains émigrent vers l'Ouest depuis des siècles et s'y retrouvent hors de la réalité. Les Latinos montent vers *el Norte* pour réaliser le rêve d'une vie meilleure. Les Asiatiques y sont venus pour construire les chemins de fer ou fuir des guerres. Avoir choisi le nom de Bosch le dit bien sous forme de métaphore : c'est dans l'entrée du bâtiment du *Los Angeles Times* que devrait être accroché *Le Jardin des délices.*

L'attitude de Connelly est celle d'un *outsider* plutôt que celle d'un Angelino (d'un autochtone de Los Angeles). Connelly dit être arrivé à son entretien d'embauche juste après un cambriolage de première importance, ce dernier lui servant plus tard de base pour *Les Égouts de Los Angeles.* Il se serait alors écrié : « Ça alors ! C'est là qu'il faut être ! » Se trouver en dehors lui donne le petit élément de distance dont il a besoin pour observer tous les termes de l'équation. Cela lui donne aussi la liberté de dire la nature de la ville, son histoire et sa culture, et d'en faire son arrière-plan.

À Los Angeles, c'est sa vision de la police et de l'univers du crime qui s'élargit. Il y trouve plus de profondeur au monde des flics, aussi bien dans ses bons que dans ses mauvais aspects. Son empathie commence à s'étendre aux criminels, certains devenant eux-mêmes des victimes dans l'univers étrange d'un LAPD qui tient d'une espèce de bureaucratie paramilitaire dirigée par une suite de chefs de police auprès desquels Donald Rumsfeld prend des allures de Jimmy Carter.

Connelly rapporte les deux côtés de l'histoire, contrebalançant ainsi avec quelque pessimisme le point de vue de la police. Un cambrioleur qui a tué un flic en essayant de lui prendre son arme est abattu de trois balles dans la tête par la police. Il s'en sort à deux reprises et par deux fois tend miraculeusement la main vers une arme qui se trouve là comme par hasard. Le sous-entendu (il avait déjà tué un flic) est ramené à la surface, subtilement certes mais sans qu'on puisse s'y tromper. Des cambrioleurs montés à bord d'une voiture échangent des coups de feu avec des flics armés de carabines de la Section spéciale des enquêtes qui les avaient regardés dévaliser un fast-food avant de les encercler. Connelly rapporte l'incident sans biaiser, mais attend la fin pour affirmer que, les cambrioleurs ne disposant que de pistolets à plombs non chargés, ils n'avaient donc aucune raison de choisir l'affrontement armé avec les flics.

C'est au milieu de ces ambiguïtés qu'évolue Harry Bosch. Son univers ne saurait être défini ou compris sans qu'on sente la pression sous laquelle opère la police et la frustration endémique dans cette profession. Le comprendre explique la propension des flics à serrer les rangs et à se protéger les uns les autres. Cela dit, les flics font aussi partie d'une bureaucratie qui se dévore avec férocité. Repensez à la première description que nous fait Connelly de la façon dont on travaille au *Los Angeles Times.* Il dit que la salle de rédaction évoquait plus l'image d'une famille avec un sens strict de la hiérarchie que ce qu'on voyait au journal de Floride où les journalistes avaient pratiquement le même âge et se fréquentaient en dehors du travail. C'est de la cour des grands qu'il parle. Même chose pour un LAPD qui est la force de police la plus en vue de toute l'Amérique.

Certaines des scènes les plus réussies de la série Bosch traitent de ses heurts avec les représentants de l'autorité, qu'il s'agisse de Harvey « 98 » Pounds ou des pontes du Bureau of Homeland Security[1]. Bosch n'a aucune indulgence pour les carriéristes ou ceux qui se battent pour leur pré carré, tant il est occupé à essayer de préserver son intégrité alors même qu'il voit dispa-

1. Ou Bureau de la sécurité du territoire, organisme créé après les attentats du 11 Septembre *(NdT).*

raître ce qui sépare ceux qui s'en tiennent au règlement et ceux qui le violent, ce qui distingue l'ordre du chaos. Tel est le foyer vers lequel il revient. Voilà pourquoi il passe tant de temps assis dans le noir et tente d'amortir le coup en écoutant du jazz.

Les auteurs de romans policiers que j'aime le plus sont ceux qui innovent dans le genre. La façon dont Hammett dit les mensonges des gens, leurs évitements et leurs témoignages intéressés, tout cela sans aucun jugement de valeur stylistique pour s'interposer entre le lecteur et le personnage. Les symphonies de comparaisons de Chandler, la capacité de Marlowe à lâcher des vannes alors que dans la réalité le bon mot ne vous viendrait que le lendemain. La façon dont Donald Westlake cisèle la prose nue et hachée de Richard Stark, qui correspond à la vision du monde elle aussi nue et hachée de Parker. La capacité de George Higgins à faire avancer l'intrigue par des dialogues qui vous en apprennent davantage sur ses personnages qu'aucune description ne pourrait le faire. L'arsenal d'allitérations en riffs déchirants de James Ellroy.

En surface, Connelly n'ouvre aucun nouveau territoire. Il écrit bien et proprement, mais prêtez-y attention et vous verrez comme on est loin du simple « bien écrit ». De fait, son style est une excroissance de reportages où le dur à cuire n'est jamais cynique.

Dans les années 30, beaucoup de gens comparaient Hammett à Hemingway et laissaient souvent entendre que Hammett était le premier à avoir eu recours à la prose dur à cuire. C'est bien injuste pour un Hemingway dont *De nos jours* est travaillé avec une pureté nue rarement égalée. Cette pureté, Hemingway l'attribuait au style « câble » qu'on apprend pour que, réduite au minimum, sa prose coûte le moins possible quand il faut télégraphier son papier au journal. Cela dit, côté dur à cuire, ni l'un ni l'autre n'ont la rudesse de Paul Cain dans *Fast One* ou de Raoul Whitfield dans *Green Ice*. Cherchez ailleurs chez Hemingway ou chez Hammett et vous découvrirez une prose travaillée de manière pratiquement romantique – aussi bien refusaient-ils tous les deux d'obéir entièrement au cynisme : ils connaissaient trop bien la réalité pour ça.

Connelly a décidé d'écrire des policiers après avoir vu *The Long Goodbye*[1] dans la très cynique version de Robert Altman et s'être tourné vers les romans de Chandler qu'il dévora l'un après l'autre. Et c'est avec le romancier Harry Crews qu'il étudia la création littéraire à l'université de Floride. Si d'après lui le style de vie et les succès de Crews l'influencèrent plus que son style d'écriture, je vois, moi, des éléments de tristesse propres à Crews – on est entre le gothique du Sud et le théâtre de l'absurde – dans la fiction de Connelly. Je vois aussi dans le personnage de Harry Bosch un héros très crewsien : on n'est pas à sa place dans le monde et on s'efforce à tout rompre de s'y intégrer.

Bosch est le catalyseur qui permet à Connelly de transformer la réalité en fiction. Écrire de la bonne fiction dans le style dur à cuire exige un certain détachement, la faculté de ne pas laisser la charge émotionnelle de l'histoire tout submerger.

Cela dit, il est inutile que tout soit dur et comme enfermé dans une coquille. Dans le roman policier, la comparaison la plus proche que je puisse faire est avec un Ross MacDonald dont le Lew Archer est un fin observateur des changements sociétaux – c'en est presque un reporter –, et dont la prose donne au lecteur une perspective claire sur ce que voit Archer sans cynisme ni ornements.

C'est très exactement dans ce sens-là que je vois Michael Connelly en écrivain du style dur à cuire – et l'un des meilleurs. Il est parvenu à ce détachement sans y laisser l'émotion ni sacrifier l'empathie. Il réussit à maintenir une impression paradoxale de distance et d'implication dans sa fiction. Comme le reporter qui partage l'expérience des flics sans en devenir un, qui sait garder l'équilibre entre la douleur des victimes, la nature des bourreaux et les frustrations de la police. C'est ici, dans ces articles, qu'il a appris à le faire.

1. *Sur un air de navaja* en français, pour le roman de Chandler *(NdT)*.

Vous avez peut-être remarqué que j'ai commencé cet essai en déclarant que Connelly est un reporter. Pas qu'il l'était. Qu'il l'est. L'apprenti romancier coincé dans la carrière en qualité de journaliste est un vieux cliché. Je ne vois pas que Connelly soit jamais coincé. Je ne sais pas s'il se rendit sur sa première scène de crime et y prit ses notes en ayant dans l'idée que cela pourrait lui servir pour un livre. Vous verrez certainement dans ces articles tout le matériel brut nécessaire – les crimes, les criminels, les flics et la ville – qui fait sa fiction. Mais ce que montrent surtout ces articles, c'est que Connelly était un sacré reporter. Et que l'être constituait un bon départ pour devenir un sacré romancier.

Né à New Haven, Connecticut, Michael Carlson vit à Londres avec sa femme et son fils d'un an. Il a écrit sur Michael Connelly dans The Spectator, The Daily Telegraph, The Financial Times, The Perth Sunday Times *d'Australie,* Shots *et* Crime Time, *où il dirige aussi la section cinéma. Ses études sur les metteurs en scène Sergio Leone, Clint Eastwood et Oliver Stone ont paru dans la série « Pocket Essentials ».*

Crédits

Mes remerciements au *South Florida Sun-Sentinel* et au *Los Angeles Times* qui ont autorisé la réimpression de ces articles.

South Florida Sun-Sentinel

Wilder accusé du meurtre d'une femme au foyer
Copyright 1984. Réimpression autorisée par le *South Florida Sun-Sentinel.*

Wilder menait une double vie dans le sud de la Floride
Copyright 1984. Réimpression autorisée par le *South Florida Sun-Sentinel.*

Un an plus tard des victimes de Wilder manquent toujours à l'appel
Copyright 1985. Réimpression autorisée par le *South Florida Sun-Sentinel.*

L'identité de la victime est toujours entourée de mystère
Copyright 1986. Réimpression autorisée par le *South Florida Sun-Sentinel.*

La brigade antimafia
Copyright 1987. Réimpression autorisée par le *South Florida Sun-Sentinel.*

Billy la Cambriole
Copyright 1987. Réimpression autorisée par le *South Florida Sun-Sentinel.*

Les meurtres sur commande
Copyright 1987. Réimpression autorisée par le *South Florida Sun-Sentinel.*

Homicide à Lauderdale
Copyright 1987. Réimpression autorisée par le *South Florida Sun-Sentinel.*

Los Angeles Times

Portrait d'un individu soupçonné de meurtre
Copyright 1987. Réimpression autorisée par le *Los Angeles Times.*

Un habitant de Tarzana emprisonné pour le meurtre de son père disparu
Copyright 1987. Réimpression autorisée par le *Los Angeles Times.*

L'Unité du LAPD pour les poursuites judiciaires à l'étranger
Copyright 1987. Réimpression autorisée par le *Los Angeles Times.*

Sakai se défend contre ses assassins
Copyright 1988. Réimpression autorisée par le *Los Angeles Times.*

Affaire de meurtre
Copyright 1988. Réimpression autorisée par le *Los Angeles Times.*

Un bleu est tué en voulant reprendre son arme
Copyright 1988. Réimpression autorisée par le *Los Angeles Times.*

La mort pour la mort
Copyright 1988. Réimpression autorisée par le *Los Angeles Times.*

Mille personnes assistent à l'enterrement d'un jeune officier de police
Copyright 1988. Réimpression autorisée par le *Los Angeles Times.*

Quatre individus arrêtés pour le quadruple meurtre de Lake View Terrace
Copyright 1988. Réimpression autorisée par le *Los Angeles Times.*

Pour la police, le caïd de la drogue dirige les opérations depuis sa cellule
Copyright 1988. Réimpression autorisée par le *Los Angeles Times.*

L'embuscade
Copyright 1989. Réimpression autorisée par le *Los Angeles Times.*

Qui a tué Vic Weiss ?
Copyright 1989. Réimpression autorisée par le *Los Angeles Times.*

L'affaire du Cotton Club : arrestation liée au meurtre d'une prostituée en 1984
Copyright 1989. Réimpression autorisée par le *Los Angeles Times.*

Le suspect est depuis presque deux ans dans la nature après le meurtre de son père
Copyright 1989. Réimpression autorisée par le *Los Angeles Times.*

Le meurtre de l'héritière des Kanan est toujours entouré de mystère
Copyright 1990. Réimpression autorisée par le *Los Angeles Times.*

Une unité de surveillance abat trois suspects de cambriolage
Copyright 1990. Réimpression autorisée par le *Los Angeles Times.*

La double vie de Michael Bryant
Copyright 1990. Réimpression autorisée par le *Los Angeles Times.*

Le neveu est le seul suspect identifié dans le meurtre de Kanan
Copyright 1990. Réimpression autorisée par le *Los Angeles Times.*

D'après la fille, le père et l'épouse qu'il est accusé d'avoir assassinée se seraient disputés
Copyright 1991. Réimpression autorisée par le *Los Angeles Times.*

Procès exigé contre un homme accusé d'avoir tué son épouse et de l'avoir enterrée dans son jardin
Copyright 1991. Réimpression autorisée par le *Los Angeles Times.*

Accusé d'un meurtre en 1982, il crie à la vendetta policière
Copyright 1991. Réimpression autorisée par le *Los Angeles Times.*

Aucune charge ne sera retenue dans l'affaire Kanan
Copyright 1991. Réimpression autorisée par le *Los Angeles Times.*

Le tueur à gages autoproclamé plaide coupable du meurtre de sa femme en 1985
Copyright 1991. Réimpression autorisée par le *Los Angeles Times.*

Soupçonnée de meurtre, elle cherche à se disculper en attaquant en justice
Copyright 1991. Réimpression autorisée par le *Los Angeles Times.*

Après avoir perdu son procès, l'épouse est toujours soupçonnée d'avoir assassiné son mari
Copyright 1991. Réimpression autorisée par le *Los Angeles Times.*

Le meurtre de son épouse met fin à la double vie qu'il menait
Copyright 1991. Réimpression autorisée par le *Los Angeles Times.*

L'avocat traite d'assassins une brigade du LAPD dès l'ouverture du procès en violation des droits civils
Copyright 1992. Réimpression autorisée par le *Los Angeles Times.*

Le FBI enquête sur la mort de cambrioleurs abattus par des policiers du LAPD
Copyright 1992. Réimpression autorisée par le *Los Angeles Times.*

Le rapport Christopher: une arme à double tranchant
Copyright 1992. Réimpression autorisée par le *Los Angeles Times.*

L'inspecteur du LAPD donne des détails sur la fusillade fatale

Gates veut être « juge, juré et bourreau », déclare l'avocat

Le conseil municipal poursuivi en justice suite à la fusillade fatale

Une énorme affaire de meurtre et de drogue approche lentement de son épilogue

378 000 $ de frais accordés aux avocats dans une affaire de brutalités policières

La police de la Valley s'interroge sur la mort d'un homme tué pendant les émeutes

Remerciements

L'éditeur tient à remercier les personnes suivantes pour le dur travail qu'elles ont effectué et le soutien qu'elles lui ont apporté pour que ce livre devienne réalité.

Un grand merci à Steve Vascik Troisième du Nom pour ses conseils de professionnel.

Un merci tout particulier aux sœurs Siu, Flora et Jennifer, qui nous ont accordé une aide inestimable du début à la fin de cette entreprise.

Et encore merci à Glenn Bernasconi.

Et, surtout, merci à Michael Connelly.

Table

DU MÊME AUTEUR

Les Égouts de Los Angeles
Prix Calibre 38, 1993
Seuil, 1993, nouvelle édition, 2000
et « Points », n° P19

La Glace noire
Seuil, 1995
et « Points », n° P269

La Blonde en béton
Prix Calibre 38, 1996
Seuil, 1996
et « Points », n° P390

Le Poète
Prix Mystère, 1998
Seuil, 1997
et « Points », n° P534

Le Cadavre dans la Rolls
Seuil, 1998
et « Points », n° P646

Créance de sang
Grand Prix de littérature policière, 1999
Seuil, 1999
et « Points », n° P835

Le Dernier Coyote
Seuil, 1999
et « Points », n° P781

La lune était noire
Seuil, 2000
et « Points », n° P876

L'Envol des anges
Seuil, 2000
et « Points », n° P989

L'Oiseau des ténèbres
Seuil, 2001
et « Points », n° P1042

Wonderland Avenue
Seuil, 2002
et « Points », n° P1088

Darling Lilly
Seuil, 2003
et « Points », n° P1230

Lumière morte
Seuil, 2003
et « Points », n° P1271

Los Angeles River
Seuil, 2004
et « Points », n° P1359

Deuil interdit
Seuil, 2005
et « Points », n° P1476

La Défense Lincoln
Seuil, 2006

RÉALISATION : NORD-COMPO À VILLENEUVE-D'ASCQ
IMPRESSION : DIDOT CAM AU MESNIL-SUR-L'ESTRÉE
DÉPÔT LÉGAL : NOVEMBRE 2006. N° 84785 (81865)

DANS LA MÊME COLLECTION

Brigitte Aubert
Les Quatre Fils du Dr March
La Rose de fer
La Mort des bois
Requiem caraïbe
Transfixions
La Mort des neiges
Funérarium
Une âme de trop

Peter Blauner
Le Dernier Beau Jour

Lawrence Block
La Balade entre les tombes
Le diable t'attend
Tous les hommes morts
Tuons et créons, c'est l'heure
Le Blues du libraire
Même les scélérats
La Spinoza Connection
Au cœur de la mort
Ils y passeront tous
Le Bogart de la cambriole
L'Amour du métier
Les Péchés des pères
La Longue Nuit du sans-sommeil
Les Lettres mauves
Trompe la mort
Cendrillon mon amour
Lendemains de terreur
Le Cambrioleur en maraude
Les fleurs meurent aussi

C. J. Box

Détonations rapprochées
La Mort au fond du canyon
Winterkill
Sanglants Trophées

Jean-Denis Bruet-Ferreol

Les Visages de Dieu

Jan Burke

En plein vol

Leonard Chang

Pour rien, ou presque
Brûlé
Protection trop rapprochée

Sarah Cohen-Scali

Les Doigts blancs

Michael Connelly

Les Égouts de Los Angeles
La Glace noire
La Blonde en béton
Le Poète
Le Cadavre dans la Rolls
Créance de sang
Le Dernier Coyote
La lune était noire
L'Envol des anges
L'Oiseau des ténèbres
Wonderland Avenue
Darling Lilly
Lumière morte
Los Angeles River

Deuil interdit
La Défense Lincoln

Robert Crais
L'Ange traqué
Casting pour l'enfer
Meurtre à la sauce cajun

Eno Daven
L'Énigme du pavillon aux grues

David Laing Dawson
La Villa des ombres
Minuit passé, une enquête du Dr Snow

Ed Dee
Des morts à la criée
L'Ange du Bronx
Pas d'erreur sur la personne
Un saut dans le vide
La Fille de l'arnaqueur

William Olivier Desmond
L'Encombrant

Bradley Denton
Blackburn

Robert Ferrigno
Pas un pour sauver l'autre

Stephen W. Frey
Offre Publique d'Assassinat
Opération vautour

Sue Grafton
K… comme killer

L… comme lequel ?
M… comme machination
N… comme nausée
O… comme oubli
P… comme péril
Q… comme querelle
R… comme ricochet

George Dawes Green
La Saint-Valentin de l'homme des cavernes

Dan Greenburg
Le Prochain sur la liste

Denise Hamilton
La Filière du jasmin
Par peur du scandale
Trafic d'anges

Steve Hamilton
Ciel de sang

Veit Heinichen
Les Requins de Trieste

Jack Hitt
Meurtre à cinq mains

Steve Hodel
L'Affaire du Dahlia noir

Anthony Hyde
China Lake

David Ignatius
Nom de code : SIRO

Thierry Jonquet
Mon vieux

Faye Kellerman
Les Os de Jupiter
Premières Armes

Jonathan Kellerman
La Clinique
La Sourde
Billy Straight
Le Monstre
Dr la Mort
Chair et Sang
Le Rameau brisé
Qu'elle repose en paix
La Dernière Note
La Preuve par le sang
Le Club des conspirateurs

Philip Kerr
Une enquête philosophique

Michael Koryta
La Mort du privé

Paul Levine
L'Héritage empoisonné
Cadavres incompatibles
Trésors sanglants

Elsa Lewin
Le Parapluie jaune

Herbert Lieberman
Nécropolis
Le Tueur et son ombre

La Fille aux yeux de Botticelli
Le Concierge
Le Vagabond de Holmby Park

Michael Malone
Enquête sous la neige
Juges et Assassins
First Lady

Henning Mankell
Le Guerrier solitaire
La Cinquième Femme
Les Morts de la Saint-Jean
La Muraille invisible
Les Chiens de Riga
La Lionne blanche
L'Homme qui souriait
Avant le gel
Le Retour du professeur de danse

Dominique Manotti
Sombre Sentier

Alexandra Marinina
Le Cauchemar
La Mort pour la mort
La Mort et un peu d'amour
La Liste noire
Je suis mort hier
Le Styliste
Ne gênez pas le bourreau

Petros Markaris
Le Che s'est suicidé

Andreu Martín
Un homme peut en cacher un autre

Deon Meyer
Jusqu'au dernier
Les Soldats de l'aube
L'âme du chasseur

Chris Mooney
Déviances mortelles
L'Enfant à la luge

Walter Mosley
Le Casseur
Little Scarlet

Dallas Murphy
Loverman

Håkan Nesser
Retour à la Grande Ombre

Kyotaro Nishimura
Les Dunes de Tottori

Sara Paretsky
Refus de mémoire
Canailles & Co

Michael Pearce
Enlèvements au Caire

George P. Pelecanos
Hard Revolution

Michael Pye
Destins volés

Sam Reaves
Le taxi mène l'enquête

Barbara Seranella
Tous des rats
Sans penser à mal

Edward Sklepowich
Mort dans une cité sereine
L'Adieu à la chair

Ake Smedberg
Disparitions à la chaîne

April Smith
Montana Avenue

Mike Stewart
Mon frère en Alabama

James Swain
Le Sens de l'arnaque
Funny Money

Austin Wright
Tony et Susan

L. R. Wright
Le Suspect
Mort en hiver
Pas de sang dans la clairière